KB266973

HOOKED
훅트

HOOKED

All Rights Reserved

Design and typography copyright © Watkins Media Limited 2024

Text Copyright © Talitha Fosh 2024

First published in the UK and USA in 2024 by Watkins, an imprint of Watkins Media Limited

watkinspublishing.com

Korean Translation Copyright © 2026 by O'Fan House

Korean edition is published by arrangement with Watkins Media Limited

through Imprima Korea Agency

이 책의 한국어판 저작권은 Imprima Korea Agency를 통해

Watkins Media Limited와의 독점 계약으로 오팬하우스에 있습니다.

저작권법에 의해 한국 내에서 보호를 받는 저작물이므로

무단전재와 무단복제를 금합니다.

HOOKED
훅트

중독에 빠진 일상을
건강하게 회복하기 위한 안내서

탈리타 포시 지음
Talitha Fosh   최가영 옮김

일러두기

1   단행본, 잡지는 겹낫표(『』)로, 책의 일부나 기사 등은 홑낫표(「」)로, 신문은 겹화살괄호(《》)로,
     음악·그림·영화 등 책 이외의 작품명은 홑화살괄호(〈〉)로 표기했다.
2   외래어 표기는 국립국어원 외래어표기법을 따랐으나, 관습적으로 굳은 표기는 그대로 허용했다.
3   본문 안에 있는 각주와 참고 자료의 한국 웹사이트는 옮긴이의 것이다.

차례

수치심의 연대기를 끊어 내는 법

'틀린 나'가 아니라 '아픈 나'를 안아 주기 위하여

김관욱[*]

덕성여대 문화인류학과 교수

나는 오랜 시간 가정의학 전문의로 몸의 질병을 돌보았고, 이제는 의료인류학자로서 인간의 고통이 사회와 문화 속에서 어떻게 형상화되는지 연구하고 가르치고 있다. 그동안 내가 목격한 중독의 본질은 단순히 '나쁜 습관'이나 '의지 부족'이 아니었다. 그것은 각자가 처한 고립과 불안, 그리고 감당하기 힘든 감정으로부터 도망치기 위해 선택한 지극히 인간적이지만 파괴적인 '탈출구'였습니다.

저자 탈리타 포시는 이 책에서 열다섯 살의 술, 스무 살의 코

---

[*] 의료인류학자이자, 가정의학 전문의. 저서로 『AI가 대체하는, 대체 못하는 노동』, 『지불되지 않는 사회』, 『몸』, 『달라붙는 감정들』(공저), 『나는 현명한 흡연자가 되기로 했다』, 『사람입니다, 고객님』, 『아프면 보이는 것들』(공저), 『아프지 않았으면 좋겠습니다』 등이 있다.

카인, 그리고 섭식장애라는 자신의 아픈 연대기를 가감 없이 드러
낸다. 그녀의 고백은 중독이란 '나의 기분을 바꾸기 위해 자아의
울타리를 벗어나려는 시도'라는 명확한 정의로 이어진다. 우리는
누구나 불안, 화, 두려움에 대처하기 위해 무언가에 의존한다. 하
지만 그 행위가 내 삶을 갉아먹고 있음에도 멈출 수 없다면 우리는
이미 '중독'이라는 거대한 파도에 올라탄 것이다.

나는 이 책이 강조하는 '수치심'에 대한 통찰에 깊이 공감한
다. 수치심은 중독이라는 엔진을 돌리는 가장 질 나쁜 연료다. 내
가 잘못된 행동을 했다는 '죄책감'은 수정을 가능하게 하지만, 나
라는 존재 자체가 틀려먹었다는 '수치심'은 지독한 자기혐오를 낳
고 우리를 비밀의 방에 가둔다. 수치심은 아주 어린 시절부터 우
리 내면에 뿌리내려 중독적인 행동을 은밀히 지속하게 만드는 동
력이 된다.

저자는 이 지독한 수치심의 해독제로 '수용'과 '자신에게 상냥
하기'를 처방한다. 이것은 결코 유약한 위로가 아니다. 치유는 자
신이 무엇을 회피하려 했는지 진실을 마주하는 용기에서 시작된
다. 일기장을 꺼내 어린 시절의 나에게 편지를 쓰고, 'HALT(허기,
분노, 외로움, 피로)'를 세심히 살피며 스스로를 돌보는 행위는 파편
화된 자아를 다시 연결하는 숭고한 의례와 같다.

"중독의 반대는 연결"이라는 말처럼 저자는 우리에게 다시
세상과, 그리고 무엇보다 자기 자신과 연결될 것을 권한다. 회복은

완벽한 도달점이 아니라 끊임없이 이어지는 여정이다. 합리화라는 늪에서 빠져나와 자신의 신념과 습관을 재검토하는 과정은 고통스럽지만 그 끝에는 '어떤 기분도 두려워하지 않는 자유'가 기다리고 있다.

이 책은 중독의 늪에서 허우적거리는 이들뿐만 아니라 현대 사회의 빠른 속도와 성취 압박에 시달리는 우리 모두를 위한 지침서다. 교수로서, 그리고 한때 임상의였던 학자로서 나는 확신한다. 자신에게 상냥해지기로 결심하는 순간, 중독의 사슬은 끊어지기 시작할 것이다. 이 책이 그 첫 번째 상냥한 손길이 되어 줄 것이다.

우리는 전보다 덜 외로울 것이다

애드와 아보아[*]

2014년에 중독치료센터에서 탈리를 처음 만났을 때 우리는 바로 친구가 되었다. 마침 내 평생 그런 친구가 가장 절박하게 필요했던 시기였다. 우리는 마음으로 이어졌고, 진정성과 진실함, 정직과 존중에 뿌리를 둔 유대를 쌓았다. 전부 그때껏 내 삶에 결핍되어 있던 것이었다.

그녀를 만난 것은 내게 운명적인 사건이었다. 나는 탈리와 어울리면서 진짜 우정이 무엇인지 배웠고, 사람과 사람의 연결은 어떻게 해야 하는지를 깨달았다. 이 원칙을 다른 관계에도 적용하는 데는 수년에 걸친 시행착오가 더 필요했지만, 탈리와의 우정은 내가 지금

---

[*] Adwoa Aboah. 영국의 배우 겸 모델.

믿고 있는 모든 것의 출발점이 되었다. 그것은 나를 지탱하는 기반이고, 계속해서 돌아가게 되는 원점이다. 우리의 우정은 당시 내게 꼭 필요한 것이었다. 만약 상대방에게 솔직하고 상대방을 존중하면서 공감하고 이해하려는 열린 자세를 갖는다면 아무리 상황이 슬프고 절망적이어도 내가 속할 공동체를 찾을 수 있으리라는 믿을 만한 증거가 필요했기 때문이다. 그리고 탈리를 만난 후 나를 섣불리 판단하지 않으면서 있는 그대로의 나를 반갑게 맞아 주고 사랑하고 응원해 줄 사람들이 있을 것이라는 생각이 들기 시작했다.

처음에는 탈리와의 공통점이 별로 없어 보였다. 사람들은 딱히 중요하지 않은 것들 때문에 타인을 속단한다. 탈리와 나는 자라온 배경도 관심사도 달랐다. 두 가지는 사람들이 색안경 없이 상대방이나 자기 자신을 있는 그대로 바라보지 못하게 하는 흔한 요인이다. 하지만 사람이 재활 치료처럼 특별한 상황에 내몰리면 남들을 판단하거나 누구와 어울릴지 고를 여유가 없어진다.

처한 상황과 문제와 부침은 제각각일지라도 사람은 누구나 덜 외로워지고 싶어 한다고 나는 생각한다. 견딜 수 없이 힘든 순간에는 그런 고통을 겪는 사람이 지구상에 나 혼자라는 생각이 들기 때문이다. 그러나 다른 이들의 이야기를, 가령 이 책에 나오는 탈리의 이야기 같은 것을 들어 보면 그 생각이 단단한 오해임을 바로 깨닫게 된다.

다른 사람의 이야기에서 나 자신을 발견하는 순간 그런 확신이 들 것이다. 그 사람이 나와 완전히 다른 삶을 사는 인물이라면 더더욱 그렇다. 그들이 자신의 약점을 솔직하게 드러내면서 진실을 말하고 그 이야기가 내 안에서 공명하면서 그 속에서 내 모습이 보인다. 그 순간 우리는 전보다 덜 외롭다고 느낀다. 덜 외롭게 만드는 것, 이것이 바로 이 책을 통해 탈리가 하는 일이다.

당신이 중독의 표적이 된 것은 경제적 지위나 배경 때문이 아니다. 중독의 공포는 누구에게나 닥칠 수 있다. 사람이 중독에 빠지는 실질적인 이유는 이 세상이 정신적, 물질적 구원의 기회를 유복한 사람에게만 허락하기 때문이다. 더구나 중독이라는 단어에는 여전히 흉측한 낙인이 따라붙는다. 편협한 흑백논리 탓이다. 공감과 이해가 부족한 사람은 섣불리 단정하고 남의 말에 귀를 기울이지 않는다. 그러나 열린 대화, 편견 없는 어휘와 이야기, 이 책 같은 것들은 사람들이 중독을 바라보는 시각과 중독에 허덕이는 이들을 대하는 방식을 바꿀 수 있다.

공동체 안에서 어울리고 싶다면, 진실을 원한다면, 정직한 이의 진정성 있는 이야기를 듣고 싶다면 탈리의 이야기에 귀를 기울여야 한다. 그녀는 자기를 미화하는 법이 없고, 지금의 자신이 되기까지 엄청나게 노력해 온 사람이니까.

탈리, 정말 고마워요. 당신의 이야기가 긴 여정을 앞둔 사람들에게 영감을 주어 자신을 지지해 줄 각자의 공동체를 다들 꾸리게 되기를 바라요.

들어가면서

많은 사람들이 무엇인가에 중독된 채 살고 있다. 현대사회에서는 중독자가 되지 않는 것이 거의 불가능하다. 텔레비전, 영화, 소셜미디어, 앱, 게임 등 온갖 매체가 우리의 주목을 끄느라 난리다. 매체들은 좋아요, 구독, 몰아 보기, 찾아보기, 게임, 도박으로 유인하며 우리가 깨어 있는 매 순간을 그들의 콘텐츠를 즐기는 데 쓰기를 원한다.

답장을 보내야 할 이메일은 계속 들어오고 편지, 음성 메일, 문자, DM(다이렉트 메시지)에도 신경 써야 한다. 전통적인 광고와 소셜미디어 인플루언서들은 외모를 어떻게 꾸미고, 옷을 어떻게 입고, 어떤 기분을 느껴야 하는지까지 세세하게 알려 준다. 일터나 학교에서 긴 하루를 보내고 집에 돌아오거나 하루 종일 육아에 시달리다 쉴 틈이 생기면 걱정거리를 한두 시간만이라도 잊게 해 줄 무엇인가에 끌린다. 그래서 소셜미디어 피드를 스크롤하거나, 가볍게 한잔하거나, 담배를 피우거나, 달달한 간식을 퍼먹고 그러고 나면 기분이 한결 나아진다. 하지만 이런 것에는 대가가 따른다.

인간의 뇌는 아직 21세기에 적응하지 못했다. 우리 뇌는 이같은 자극의 맹습에 준비가 되지 않았다. 잘 먹고 잘 자고 잘 짝짓기를 하기 위해 수백만 년에 걸쳐 발전해 온 뇌 신경회로는 결국 약물, 스마트폰, 고칼로리 음식의 차지가 되었다. 그 결과 오늘날 우리의 뇌는 이런 자극을 갈망하고 당장 대령하라고 계속해서 명령한다.

나는 기분을 바꾸기 위해 자아의 울타리를 벗어나는 무언가를 사용하는 것을 중독이라 정의한다. 그런 까닭에 나는 중독에 대한 전형적인 고정관념에 도전하려 한다. 흔히 중독자 하면 늘 술에 취해 비틀대거나, 버려진 흉가에서 자기 팔에 주사바늘을 꽂거나, 도박 빚 때문에 도둑질을 하는 사람의 이미지가 떠오른다. 안타깝지만 물론 진짜 그런 사람도 존재한다. 하지만 나는 중독을 차등 척도로 구분해야 한다고 생각한다. 우리는 종종 물질이나 행동을 이용해 각자의 불안, 화, 두려움에 대처한다. 그런데 만약 그 물질 혹은 행동이 내 삶에 부정적인 영향을 미치고 있음에도 그런 행위를 계속한다면 그것이 중독된 상태라고 나는 말하고 싶다. 이때 중독의 위중도와 부정적 결과는 사람마다 다를 수 있다.

스트레스를 잊고 싶어서 늦게까지 침대에 누워 몇 시간이고 숏폼 동영상 목록을 뒤적이는가? 끝판을 깨서 성취감을 느끼려고 게임을 붙잡고 있다가 지인 모임에 못 간 적이 있는가? 불안을 해소하려고 술을 마시지만 언제나 통제력을 잃고 마는가? 누군가는 속으로 뜨끔해서 반성하고 싶어질지 모르겠다. 이 책은 그런 이들의 성찰을 돕는 안내서다.

코로나19 대유행이 시작된 이후 세상이 변했고, 우리 모두는 좌선이라도 하듯 억지로 나 자신과 마주해야 했다. 많은 이들에게 이것은 참기 힘든 고난이었다. 정신없는 일상에서 벗어나 그렇게 고요하고 차분하게 홀로 지낸 것은 태어나서 처음이었기 때문이다.

마지막으로 가만히 앉아 아무것도 안 하거나 배경 소음 없이 조용한 동네를 산책한 게 언제였는가? 오롯이 나 자신하고만 단둘이 있는다는 것은 몹시도 낯선 느낌이었을 것이다. 내 생각 혹은 내 기분에 집중해야 하지만 그런 생각이나 기분이 달갑지 않은 종류일 때도 있으니 말이다. 그래서 사람들은 대신에 라디오를 듣거나 팟캐스트를 켜 놓거나 술을 마신다.

코로나19 전에는 의식적으로든 무의식적으로든 바쁘게 살면서 스스로를 산만하게 만드는 것이 가능했다. 친구를 만나고, 외출을 하고, 사무실에서 시간을 보내고, 술을 마시거나 파티에 참석하는 식이다. 그렇게 하루하루를 보내면 자기를 돌아볼 여유가 거의 없었다. 그러다 코로나가 터졌고, 사람들은 가만히 앉아 자기 내면을 들여다보는 것이 얼마나 어려운 일인지 충격을 받았다. 사람들은 오랫동안 피해 왔던 질문을 처음으로 스스로에게 던질 수밖에 없었다. 나는 음주, 약물 사용, 섭식 장애 같은 중독적 행동이 코로나19와 함께 증가하게 된 계기가 이것이라고 생각한다.

머릿속 생각을 회피하려 끊임없이 애쓰는 습관은 근심거리, 나 자신에 대한 부정적인 생각, 각자가 가지고 있거나, 부모로부터 대물림된 수치심과 같이 내 안의 숨겨진 상처를 발견하거나 대면하지 못하게 만든다. 그러나 이런 것들을 중독적 행동으로 잊는 것은 눈 가리고 아웅하기에 불과하다.

이 사실을 깨닫는 것은 유익하고 지속적인 변화를 만드는 첫걸음이다. 반창고만 덕지덕지 붙여 내 감정을 가리는 것이 아니라, 나쁜 습관을 깨면 상처는 알아서 치유된다. 빠르지만 중독적인 미봉책을 지속적이고 알찬 활동으로 대체하면 몸과 마음 모두 건강해지고, 한때는 불가능하다고 생각했던 만족감도 얻을 수 있다.

이 책에서 우리는 중독의 본질을 살펴보고, 중독이 진행되는 과정을 따라가며, 중독에 얽힌 고정관념을 허물 것이다. 또 중독이 어떤 쾌감을 주는지, 이 쾌감은 어째서 늘 부족하다고 느껴지는지를 분석하고 중독의 밑바닥까지 내려가 볼 것이다. 변화를 가로막는 장애물과 흔히 중독자들이 현실 부정을 하는 이유를 논하고, 부정적이고 때로는 파괴적이기까지 한 중독의 결과도 조명할 것이다. 이 책을 따라가다 보면 사례 연구, 실천 연습, 자아 반성 등을 통해 각자 가지고 있을지 모를 중독적 행동을 주지하게 될 수 있다. 그런 다음에 본인이 느끼는 그 행동의 장점을 꼽아 보면 자신이 무엇을 회피하기 위해 그런 행동을 하는지 이해하게 될 것이다. 이런 연습은 깊은 곳에 숨어 있던 감정을 제대로 보게 하고, 자기 자신과 차분히 마주하게 한다. 이것은 자기 자신을 더 잘 돌보고, 건강하지 않은 습관을 버리고, 치료를 시작하기 전에 기반을 다지는 도구다. 이 책에서 나는 떠오르는 생각과 기분을 적거나 그림으로 그려 두고 그때그때 다루는 주제를 곰곰이 생각하는 것을 추천하려 한다. 그러기 편하도록 빈 노트를 새로 마련해 가까이 두는 것이 좋겠다.

하지만 모든 것을 꼭 혼자서 해내려고 할 필요는 없다. 실제로 가족과 친구, 같은 처지의 사람들이 모인 지지 그룹, 전문 치료사 등 도움을 청할 만한 지원군이 다양하게 존재하고, 이 책에서도 각각의 방법을 다룰 것이다. 특히 이 책이 알려 주는, 도움을 요청하는 방법을 꼭 기억하자.

중독치료사 다수는 본인이 회복 중인 중독자이기도 하다. 나도 예외는 아니어서 이 책 거의 맨 끝을 펼치면 내가 재활원에 들어갔을 때 엄마가 보냈던 편지를 찾을 수 있다. 편지에서 엄마는 내 중독을 괴물로 묘사한다. 숨 막히도록 자기중심적인 이 괴물은 나로 하여금 엄마를 속이고, 주목받기 위한 극적 상황 연출과 셀카에 목매고, '좋아요'를 하나라도 더 받으려고 며칠씩 밥을 굶게 만들었다.

그러다 열다섯 살에는 술에 손을 대기 시작했다. 술은 평생 찾아 헤매던 자신감을 내게 선사했다. 나이가 들면서는 참석하는 사교 모임마다 술을 마셨다. 나는 거나하게 취해 경계를 넘기 일쑤였고, 그래서는 안 될 사람들에게 입을 맞추고 해서는 안 될 말들을 내뱉었다. 그러고는 다음 날이면 숙취와 함께 불안과 죄책감에 휩싸였다. 하지만 우중충한 기분을 떨쳐 내려고 또 술을 마셨고, 같은 패턴이 무한 반복됐다. 열일곱 살 때 엄마의 친구 한 분이 나를 익명의 알코올중독자(AA, Alcoholics Anonymous) 모임에 데려갔지만 나는 못 참고 뛰쳐나와 버렸다. 스무 살에 코카인까지 시작하면서 사태는 겉잡을 수 없게 되었다. 단순했던 중독 사이클은 점점 부풀어오르는 소용돌이로 변했다. 나날이 심해지는 자기혐오와 절망감은 스스로 삶을 끝내고 싶어지게 만들었다.

하지만 감사하게도 주변의 든든한 응원이 있었고, 운이 좋아 치료를 받을 기회도 얻었다. 나는 모두의 바람에 백기를 들고 알코올중독자 모임에 꾸준히 다니면서 재활센터 외래 치료를 병행하기로 동의했다.

하지만 술을 끊자마자 한동안 잠자고 있던 섭식 장애가 다시 깨어났다. 나는 일부러 안 먹는 것을 들킨 뒤로 열네 살에 거식증 진단을 받았는데, 폭식하고 다시 토해 내는 일이 흔했다. 결국 퇴

원한 지 고작 6개월 만에 다시 입원했지만 별 효과는 없었다. 몸무게가 너무 급격히 빠진 탓에 나는 남아프리카로 보내져 그곳에 있는 섭식 장애 전문 치료센터에서 5개월을 지내야 했다.

그러나 지금의 나는 어언 9년째 금주 중이고, 식사 습관도 상당히 안정적이다. 지금까지 치료를 받고, 마음챙김 수련을 하고, 습관을 고치고, 조력자들을 가까이 두고, 요가 강사 자격증 과정을 수료하는 등 노력해 온 덕분이다. 안정적이라고 표현한 이유는 회복이라는 것이 생각만큼 간단하게 달성되는 것이 아니기 때문이다. 회복은 긴 여정이고 결코 완벽에 이를 수 없는 과정이다.

남아프리카에서 돌아왔을 무렵 내가 비슷한 어려움을 겪는 사람들을 도울 수 있을지 모른다는 생각이 들었다. 그래서 상담학 기초 과정을 수강하기 시작했다. 그런 다음에는 3년 동안 상담과 심리 치료 훈련을 전문적으로 받았다. 교육 과정을 마친 후에는 내가 환자로 입원했던 바로 그 재활센터에 치료사로 취직했고, 알코올중독자 모임 봉사자로도 활동했다. 그러다 지금의 개인 상담실을 차린 것이다.

내 상담실에는 사별, 불안, 우울증 등 다양한 어려움을 겪고 있는 분들이 찾아온다. 짬을 내 연애 중독과 애착 유형에 관한 세미나도 진행한다. 내담자 중에는 중독이나 섭식 장애로 힘들어하는 분도 적지 않다.

나는 중독 사이클의 본질을 피부로 이해하는 사람이다. 자신에게 문제가 있다는 것을 인정하는 것이 얼마나 수치스러운지, 오히려 고통을 무시하고 외면해 축소하는 것이 얼마나 쉬운지도 잘 안다. 내게는 사방이 막힌 곳에서 앞이 보이지 않는 느낌이, 스스로가 혐오스러운 기분이 몹시 익숙하다. 나는 중독이 얼마나 고통스럽고 파괴적인지를 잘 알고 있다. 하지만 내가 아는 것이 또 있다. 장담하건대 어떤 중독자도 회복될 수 있고, 새로운 시각과 삶의 방식을 찾을 수 있다.

한때 내가 이렇듯 스스로를 망가뜨리면서 평생 살 운명이라고 굳게 믿었던 적이 있다. 그때는 지금처럼 나 자신을 아끼고 돌보며 지내는 날이 오리라고는 상상도 못 했다. 그러다 희망을 품게 된 것은 술을 끊었거나 섭식 장애에서 벗어난 선배들의 경험담 때문이었다. 끝없이 밀려드는 부정적인 혹은 비판적인 생각이 사라지고 자유를 얻었다는 그들의 이야기에 나는 그런 자유와 평화가 내게도 찾아올 수 있다고 믿기 시작했다. 나는 이 책이 당신에게 그런 시작이 되기를 소망한다. 나는 운 좋게 치료받을 기회를 얻은 케이스이지만, 그렇다고 내가 특별하거나 확연히 다른 사람인 것은 아니다. 그러니 당신도 틀림없이 해낼 수 있다고 나는 확신한다.

재활 치료라는 여정 동안 나는 다양한 사람들과 이야기를 나눌 수 있었다. 재활센터와 알코올중독자 모임의 동지들, 중독으로 고생하는 친구들, 중독이 재발한 분들은 물론이고 수많은 치료사들의 이야기를 들었다. 또한 나는 일대일 상담, 그룹 치료, 미술 치료, 음악 치료를 다 받아 본 경험자다. 게다가 치료사가 되고 나서는 업계 선배들로부터 배우려고 노력하고, 이 책에서 언급한 위대한 석학들의 연구를 공부해 내 것으로 흡수했다. 그렇게 회복을 돕는 길잡이로서 실전 경험을 쌓아 왔다.

이 책의 내용은 치료받는 이와 치료하는 이 모두의 처지에서 얻은 내 모든 깨달음을 토대로 한다. 내가 중독 유형 중에서도 극단적인 케이스에 가깝기는 하지만, 이 책에서 소개하는 이론과 연습은 크든 작든 긍정적인 변화를 이루기를 원하는 누구에게나 통할 수 있다. 나는 남들만큼 소셜미디어에 쉽게 빠지는 사람이다. 하지만 지금의 나는 내가 그렇다는 것을 스스로 인식하고 있고, 그 까닭을 이해하기 때문에 소셜미디어가 내 하루를 망치기 전에 문제를 해결할 줄 안다.

막 여정을 시작하려는 당신에게 꼭 당부하고 싶은 한 가지는 자기 자신에게 상냥하라는 것이다. 그러는 것이 앞으로 소개할 연습에서 최선의 결과를 얻는 데 유리하기 때문이다. 스스로를 평가하거나 자책하지 말자. 지금 당신은 완전히 새로운 영역으로 발을 내딛는 것이니까 말이다. 세상에 중독자가 그리 흔하다면 중독이란 무엇인지, 우리는 어떻게 중독자가 되는지부터 알아두는 것이 좋을 것이다. 그럼 시작해 볼까.

1장

중독이란 무엇인가?

중독자는 어떤 사람일까?

데이트 앱에 많은 시간을 쏟는 내담자 N이 있었다. 그 남자는 적잖은 상대와 데이트를 했지만 누구와도 진지한 관계로 발전한 적은 없었다.

"솔직히 제가 데이트에 나가고 싶은지도 잘 모르겠어요."

남자는 말했다.

"그러면서 왜 계속 앱을 이용하는 건가요?"

"자존감에 도움이 돼요. 매치가 되면 내가 못났다는 기분이 안 들어요. 내가 원하면 또 데이트를 할 수 있다는 거니까요."

우리는 데이트 앱에서 시간을 보낸 뒤에 부정적인 결과가 따르는지에 대해서도 이야기를 나누었다.

"시간을 얼마나 썼나요?"

"잘 모르겠네요. 아마 한 시간? 가끔 스스로 다짐해요. 딱 열 페이지만 더 보고 나가자고. 그런데 열 번을 채우면 다시 열 번을 더 넘기고 그렇게 자꾸 늘어나 버려요."

"그래서 그 부정적인 결과는 뭔가요?"

"화면을 넘기느라 엄지손가락이 아파요. 하지만 정말 솔직히 말하면 앱이 제 연애를 망친 것 같아요. 어떤 사람하고 데이트를 하러 가면 그냥 이런 생각이 들어요. 다음에는 더 괜찮은 사람하고 이어질 수 있겠지."

위의 대화를 읽고 당신은 N이 데이트 앱에 중독되었다고 말하겠는가? N은 신체적 통증을 느끼면서도 앱을 내려놓지 못한다. 게다가 앱은 새로운 관계를 맺는 데 부정적인 영향을 주는 듯하다. 하지만 당신이 N을 막 만난 차라면 N에게 중독이 있다는 의심이 들 것이라고 나는 장담하지 못하겠다. N은 금융업계에서 일하고, 일주일에 세 번 운동을 하며, 좋은 친구가 여럿 있고, 서글서글한 사람처럼 보이기 때문이다.

중독자는 어떤 모습일 것이라거나 어떻게 생겨야 한다고 생각하는 사람도 있을 것이다. 하지만 나는 누구에게나 중독이 있을 수 있고, 중독자들이 생각보다 훨씬 평범하다는 것을 강조하고 싶다.

이 장에서는 중독에 대해 일반적인 이야기를 하려 한다. 중독된다는 것은 무엇이고, 중독과 관련해 우리 사회에 팽배한 금기를 허물 방법을 알아볼 것이다. 이것이 왜 중요하냐고? 다른 여러 정신 건강 문제와 마찬가지로 중독은 특정 낙인과 고정관념을 동반한다. 하지만 내담자 N처럼 겉으로는 '정상으로' 보이는 사람도 중독적 행동을 할 수 있다. 사람들은 중독에 내포된 부정적 의미 탓에 중독 사실을 숨기거나 창피해한다. 그러나 꼭 그럴 필요는 없다. 내가 무엇인가에 중독된 것 같다면 그렇게 생각하는 것 자체가 훌륭한 첫걸음이다. 내 행동에서 앞으로 고쳐서 교정해 갈 부분을 이미 찾았다는 뜻이기 때문이다.

나는 이 책이 중독에 관한 대화를 시작하고 중독으로 힘들어하는 사람들에게 보다 안전한 공간을 만드는 데 도움이 되기를 바란다. 여러분이 이 장을 읽는 동안 자기 자신이나 타인을 판단하지 않고 열린 마음으로 다가가기를 부탁드린다.

중독을 이야기할 때 금기시되는 것들

먼저 일기장의 빈 페이지를 아무 데나 펼쳐 준비하자. 거기에 '중독'과 연관 있다고 생각하는 단어를 무엇이든 적어 보자. 사람들이 말하는 것을 들은 것도 괜찮고, 이런 것이 중독이라고 당신이 생각하는 것도 좋다. 떠오르는 말들 중에서 적을 것을 고르지 말자. 당신의 생각을 남들과 공유할 일은 없으니까. 이것은 그냥 당신이 중독에 대해 어떤 편견을 가지고 있는지 살펴보려는 테스트다. 당신이 중독에 대해 그렇게 생각하는 이유는 무엇인가? 그런 생각을 갖게 된 계기가 있는가?

예전에 몇 사람에게 '중독' 하면 떠오르는 표현을 말해 보라고 한 적이 있다. 그때 그들 입에서 나온 단어는 '무력한', '의존성', '파괴', '통제 상실', '강박적 생각', '상처', '갈망', '강박 행동', '집착'이었다.

우리 사회에서 중독이라는 단어는 몹시 부정적인 의미를 지니고 있다. 마크 트웨인의 소설에서 허클베리 핀을 학대하는 술 주정뱅이 아버지부터 애니메이션 〈심슨 가족〉에 나오는 알코올 중독자 바니 검블까지 사회는 중독자를 길거리의 노숙자 혹은 술 한 모금 들이켜기 전에는 침대에서 몸을 일으키지 못하는 무기력한 인물로 묘사해 왔다. 다시 말해 인생을 스스로 망치는 사람으로 말이다. 우리는 도박 중독자를 영국 TV 연속극 〈이스트엔더스(EastEnders)〉*의 등장인물 리사 파울러처럼 판돈을 구하려고 남들을 협박해 돈을 갈취하는 망나니의 모습으로 상상한다. 혹은 섭식

---

* 1985년 2월부터 현재까지 영국 BBC One에서 방영 중인 연속극으로, 런던 이스트엔드의 월포드라는 가상의 동네를 배경으로 주민들의 일상을 다룬 드라마.

장애 환자는 전부 뼈와 살가죽만 남은 몰골일 것이라고 짐작한다. 물론 이런 경우에 해당하는 중독 환자도 있기는 하다. 하지만 그런 것은 극단적인 사례일 뿐이고, 실제로는 중독적 행동이 훨씬 미묘하고 음흉하다는 사실을 모르는 사람이 대부분이다.

바니 검블 유의 캐릭터 묘사에는 인물을 향한 동정심이라든지 그가 어쩌다 중독자가 됐는지에 대한 이해가 종종 빠져 있다. 우리는 중독자가 되는 것은 그 사람의 의지력이 부족해서라고 추측한다. 일단 '중독'이라는 딱지가 붙으면 그 사람에게 뭔가 본질적으로 잘못이 있다고 단정하는 것이다. 사실 중독이 회복 가능한 질병이라는 점은 이해하지 못한 채 말이다.

어릴 적 나 역시 중독에 이런 부정적 이미지를 덧입히면서 자랐다. 어른들은 이 단어를 두려워하고 엮이지 말라고만 가르쳤다. 학교에서 마약을 주제로 토론을 할 때면 항상 약은 나쁜 것이고 약에 손대면 사람이 망가진다는 소리뿐이었던 것을 기억한다. 이유인즉 하나님이 금하신 일이고, 자칫 중독자가 될 수 있기 때문이라는 것이었다.

중독은 인간이 스스로 선택해서 갖게 되는 문제가 아니고 평생을 짊어지고 가야 할 수도 있다. 일부 전문가는 '나는 중독자다'라는 표현이 중독을 강화하는 결과를 초래하기 때문에 가급적 입 밖에 내지 말아야 한다고 주장한다. 누군가 스스로를 항상 중독자라 설명한다면 그 사람은 자신을 일정한 틀에 가두고 중독자라는 사실을 중독 행동의 핑계로 악용하게 된다는 것이 그들의 논리다.

우리가 스스로에게 어떻게 말하고, 어떤 꼬리표를 붙이는지가 매우 중요하다는 점에는 동의한다. 하지만 중독자라는 사실이 수치심의 당연한 이유가 되어서는 안 된다고 나는 생각한다. 본인이 '중독자'임을 떳떳하게 밝히지 못하게 하는 것은 사회가 오래도록 쉬쉬해 온 문제를 오히려 악화시킬 뿐이다. 이런 생각을 갖게 되기까지는 나도 적잖은 시간이 걸렸다. 하지만 내가 중독자임을 인정했더니 속이 뻥 뚫리는 기분이었다. 나는 이 단어 하나가 나를 정의한다고 생각하지 않는다. 중독은 나를 힘들게 했지만, 한편으로는 그 과정에서 많은 것을 배우고 결과적으로 인생의 전환점을 맞이할 수 있었다는 점에 감사하고 있다.

중독은 사람이 스스로의 의지로 없앨 수 있는 것이 아니다. 그렇기에 단번에 뿌리 뽑으려 하기보다는 내가 중독자임을 인정하고 살면서 꾸준히 회복해 갈 수 있다는 사실을 받아들이는 것이 훨씬 건강한 태도다. 중독에 빠진 내담자를 치료할 때 내가 가장 먼저 하는 일 중 하나는 각자의 중독에 이름을 붙이게 하는 것이다. 본인이 어울린다고 생각한다면 어떤 이름도 괜찮다. 한 내담자는 자신의 중독을 잭(위스키 잭다니엘에서 따왔다)으로 부르고, 또 한 내담자는 그것을 야수라고 부른다. 애칭 만들기는 중독자와 중독이 서로 별개임을 이해하는 데 도움이 된다. 어떤 내담자들은 중독을 자신의 어깨에 걸터앉아 자기 파괴적 행동을 부추기는 악마 같은 존재로 보기도 한다. 일반적으로 내담자가 자신과 중독이 하나가 아님을 인식하게 되면 자아를 중독과 분리하기 시작한다. 그러고는 중독자가 된 것이 내 탓이 아니라는 사실을, 내가 원래 나쁜 인간은 아니라는 사실을 천천히 받아들인다. 그러면 중독적 행동과 늘 얽혀 있는 수치심과 자기혐오의 감정을 한결 수월하게 덜 수 있다.

이 연습은 난데없이 밀려드는 생각이나 통렬한 자기비판의 목소리에도 효과가 있다. 머릿속을 맴돌면서 '넌 자격이 없어'라고 되뇌는 목소리가 있다면 그것에 이름을 붙여 보자. 직장에서 혹은 친구들과 있을 때, 내가 사기꾼이라는 생각이 들게 하는 목소리에도 똑같이 하자. 나는 내 목소리에 '렉시'라는 이름을 붙였다. 렉시는 내가 좀 피곤하거나 주눅 들 일이 있으면 요즘도 어김없이 존재감을 드러낸다. 하지만 내 머릿속에 있을 뿐 나와 별개의 존재로 생각하니까 나를 혼자 내버려두라고 공손히 부탁하기가 쉽다. 가끔은 입 좀 다물라고 쏘아붙이기도 한다. 지금처럼 기선을 완전히 제압하기까지는 여러 해가 걸렸지만, 렉시와 맞서는 연습을 하면 할수록 목소리를 통제하는 것이 점점 쉬워졌다.

내게는 나는 중독자이고 앞으로도 그럴 것임을 인정하는 것이 중요하다. 스스로를 다그칠 이유나 자기 파괴적 행동의 핑계로 이 다짐을 이용하려는 것이 아니다. 다만 가끔 '딱 한 잔은 괜찮아'라는 목소리가 머릿속에서 들리면 내가 중독자라는 사실을 상기하고 절대 한 잔으로 끝나지 않는다고 스스로 경고해야 한다. 잘못했다가 어떤 위험한 결과를 불러올지 모르니까. 오랫동안 도박 중독에 빠졌던 전직 축구선수 폴 머슨이 중독은 단순히 의지력 부족 탓이라는 속설에 대해 자신의 의견을 밝힌 적이 있다. 그는 중독을 장염 같은 병에 비유했는데, 팟캐스트에서 "설사를 의지력으로 멈추어 보세요. 그리고 어떻게 되는지 저한테도 좀 알려 주세요"[1]라고 말했을 때 나는 푸하하 웃지 않을 수 없었다. 중독도 똑같다. 중독은 질병이다. 중독적 행동을 멈추기 위해서는 의지력 이상의 것이 필요하다.

무엇이 나를 중독자로 만들까?

중독이라는 단어의 진짜 의미는 무엇일까? 옥스퍼드 영어사전에는 중독이 약물을 습관적으로 투약하거나 도박 같은 특정 행동을 정기적으로 함으로써 의존성이 생긴 상태로 정의되어 있다.[2] 문자 그대로의 의미는 이것이 맞을지 모른다. 하지만 내가 생각하는 중독에 대한 정의는 내면의 감정을 바꾸고자 외부의 무엇인가를 추구하는 것이다.

1956년 미국의사협회(American Medical Association)는 알코올 중독을 질병으로 분류했고, 1987년에는 중독 전체를 하나의 질병으로 인정했다. 그리고 2011년이 되면 미국중독의학회(American Society of Addiction Medicine)가 미국의사협회와 함께 중독을 만성뇌질환으로 규정했다.[3] 더 이상 중독이 단순한 행동의 문제나 그릇된 선택의 결과로 인식되지 않는다는 뜻이었다.

약물 의존에는 비정상이라거나 나쁜 짓이라는 오명이 따라붙지만, 사실 우리는 일상에서 이런저런 약물을 자주 사용한다. 친구들과 만나면 술집에서 한잔하는 것이 보통이고, 아플 때는 의사가 처방한 약을 복용하기도 한다. 약물을 사용한다고 곧 약쟁이라는 뜻은 아니라는 이야기다. 인간은 수천 년 전부터 갖가지 용도로 약용 물질을 사용해 왔다. 중앙아시아에는 독성이 있는 광대버섯을 종교의식에 사용하는 전통이 있고, 미국 원주민들은 경건한 예식에서 파이프를 돌려 피운다. 아편은 의료 목적으로 쓰인 지 오래다. 이처럼 인간과 약물 사이는 단순한 물건과 사용자의 관계를 뛰어넘는다. 우리가 약물 사용을 바라보는 시각은 우리 문화, 사회, 신앙, 개인 심리와 유전학의 영향을 받아 만들어진다.[4]

그렇다면 언제 우리가 무엇인가에 중독되었다고 말할 수 있을까? 만약 중독이 뚜렷하고 고통스러운 형태로 나타나지 않는다면? 나는 아주 간단하게 물질이나 행동이 우리 삶을 스스로 관리할 수 없게 할 때가 중독된 것이라고 설명한다.

스스로 관리할 수 없는 삶은 어떤 모습일까? 아마도 우리 행동이 일상생활에 부정적인 영향을 주는 것이 아닐까 한다. 예를 들어 출근을 하지 못하거나, 친구들을 실망시키거나, 자신을 돌보지 못하는 것(잠을 충분히 못 자는 것 등)처럼 말이다. 관리 불능 상태란 우리가 스스로 정한 약속을 어기거나 직접 그은 경계선을 넘는다는 것을 뜻한다. 문제가 있다는 것을 인식하더라도 계속해서 문제 행동을 반복하는 것이다.

내 경우는 중독 때문에 결근을 하거나 아침에 제시간에 못 일어났다. 그렇다고 술 마실 때의 내 모습이 마음에 드는 것도 아니었다. 술을 마시면 오히려 자존감이 바닥까지 끌어내려지는 기분이 들었다. 자신에 대한 혐오감으로 취하지 않고는 사회생활을 하지 못할 것 같았다. 그때 나는 중독 사이클의 수치심 단계에 빠져 있었던 것이다.

밤새 술을 마신 다음 날 알람을 못 듣고 늦잠을 자 직장에 병가를 내거나 비행기를 놓치는 일이 수년간 꼬리를 이었다. 결국 10년 전 상황이 극에 달한 어느 날, 내가 가치 없이 느껴져 더 살고 싶지 않았다. 그 사흘은 평생 잊지 못할 것이다. 요란한 주말을 보내고 침대에 꼼짝도 않고 누워서 자살을 심각하게 고민했다. 주말에 특별한 일이 있었던 것은 아니었다. 단지 너무 지쳐 있었고 만사에 진절머리가 났다. 이쯤에서 뭔가를 하지 않는 한 이런 식으로는 더 이상 살고 싶지 않다는 생각이 들었다.

결국 나는 치료사를 찾아갔다. 그는 내가 무엇 때문에 힘들어하는지 정확하게 간파했고, 내 인생에서 술을 몰아낼 과격하지 않은 부추김이 내게 필요하다는 것을 알았다. 나는 이런 절망적인 기분에서 벗어날 수 있다면 무엇이든 하겠다고 말했다. 그는 런던에 있는 스타트투스톱(Start2Stop)이라는 재활센터의 외래 치료 프로그램을 추천해 주었다. 그러면서 이 프로그램에 참여하는 동안에는 술 마시는 것이 금지된다는 경고를 덧붙였다. 더 물러설 데가 없었던 나는 등록에 동의했다. 익명의 알코올중독자 모임에서는 당시의 나처럼 바닥을 쳐서 필사적으로 달라지고 싶어 하는 심정을 '절박함의 선물'이라고 부른다. 나는 이 말에 너무나 격하게 공감한다. 절박함은 내게 선물이었고, 마침내 술을 내려놓고 달라진 모습으로 살 수 있게 해 주었다.

다음에는 중독의 유형에 대해 이야기할 것이다. 하지만 그 전에 한 예시로 알코올중독을 잠깐 들여다보려 한다. 알코올중독은 우리 사회에서 비교적 널리 알려져 있고 연구도 활발한 중독 유형이다. 나 자신이 알코올중독자인 만큼 내게는 알코올중독에 대한 생생한 기억이 있다. 알코올중독을 둘러싼 오해 중 하나는, 매일 병나발을 불며 마시는 사람만 중독자라고 부를 수 있다고 생각하는 것이다. 그런데 꼭 그렇지는 않다. 알코올중독자에게는 보통 첫 한 모금이 중요하다. 만약 중독자가 첫 모금의 유혹에 넘어가면 언제 술잔에서 손을 뗄지 장담하기가 힘들다.

문제는 중독자라도 가끔은 한 잔에서 멈출 수 있다는 사실이다. 어느 날 밤은 딱 한 잔만 하기로 하고 바에 가서 정말 그 약속을 지킬지 모른다. 하지만 보통은 한 잔만이라고 선언해 놓고 필름이 끊길 때까지 마시게 된다. 이것이 위험하다.

알코올중독을 다른 말로는 알코올 '알레르기'라고도 한다. 남들과 같은 양의 술을 마셔도 나만 다른 영향을 받는 것처럼 느껴진다는 점에서다. 몇 잔 마시고 나면 사람 성격이 완전히 바뀌는 것이 그런 예다.

다른 중독 유형 역시 같은 논리로 이해할 수 있다. 중독자는 뇌 신경 구조가 중독되지 않은 사람들과 조금 달라서 중독적 행동이 뇌 화학작용을 다르게 일으킨다는 식이다. 그런 까닭에 중독자의 중독적 행동 패턴은 일상생활 관리를 어렵게 만들 수 있다.

현대사회의 알코올중독자들은 폭음의 비중이 유난히 크다. 그들은 평일에는 술을 입에 대지 말자고 다짐하는 대신 주말이 오면 고삐가 풀린다. 그래 놓고 술을 매일 마시는 것은 아니니까 내가 알코올중독일 리 없다고 믿는다.

하지만 이런 폭음 패턴에는 중독의 사이클이 숨어 있다. 주말만 되면 완전히 통제를 잃는 습관에는 한 주 동안 잘 참았으니 스스로에게 '보상'을 준다는 심리도 한몫한다. 만약 주말 내내 숙취로 누워만 있거나 중요한 가족 행사에 참석하지 못한다면 그 사람은 관리 불능에 빠진 것일지 모른다.

관리 불능 상태인지 알아보는 연습

일기장이나 빈 종이를 준비하자. 여기에 특정 행동 때문에 당신의 삶을 스스로 관리하지 못하겠다고 느낀 순간을 적어 보자. 스스로 정해 놓고 지키지 못했던 경계나 다짐이 있는지 생각해 보자. 머릿속에 떠오르는 모든 기억을 종이에 기록하자.

꼭 약물이나 술 문제가 아니어도 상관없다. 이 연습의 활용 예 몇 가지를 아래에 나열하고 각 상황에서 생각할 만한 질문을 추가해 보았다.

- **소셜미디어**　눈알이 빠질 것같이 피로한데도 피드를 스크롤해 내리는 것을 멈추지 못하겠는가? 틱톡 영상을 더 보려고 졸음을 참아 가며 버틴 적이 있는가?

- **쇼핑**　산더미같이 쌓인 할 일을 미루고 몇 시간이고 온라인 쇼핑만 하다가 시간을 흘려 보내곤 하는가?

- **게임**　집에서 게임하는 것이 더 좋아서 친구들과 계획했던 일을 취소한 적이 있는가?

- **음식**　살찔까 봐 저녁을 먹기 싫어서 벌써 먹었다고 거짓말을 하는 것처럼 식습관에 대해 친구나 가족을 속인 적이 있는가?

이 연습은 우리가 지금껏 정상이라고 생각하거나 하찮게 여겼던 행동을 제대로 인식하는 데 도움을 줄 수 있다. 어떤 행동이든 이 연습에서 발견하면 책 뒷부분으로 가면서 진도가 나갈수록 거듭 돌이켜 보기를 추천한다.

중독적 행동 체크리스트

자신이 이런 중독 패턴을 반복하고 있는지 스스로 알아볼 수 있는 체크리스트를 만들었다. 긴장할 필요는 없다. 최대한 솔직하게 답하면 그것으로 충분하니까. 다만 몇몇 질문은 언짢게 느껴질 수 있다는 것을 염두에 두기 바란다. 다음은 알코올중독자 모임에서 자주 사용하는 질문들 중에서 추린 것인데, '예'나 '아니오'로 간단하게 대답하면 된다.

1   일주일 동안 중독적 습관(음주, 도박, 폭식, 쇼핑, 흡연, 소셜미디어, 운동, 게임 등)을 끊자고 결심했다가 며칠 못 간 적이 있는가?

2   사람들이 당신의 중독적 행동에 대해 이래라저래라 간섭하지 않거나 관심을 끊었으면 좋겠는가?

3   중독적 행동 때문에 직장, 가정, 학교에서 당신의 의무를 다하지 못한 적이 있는가?

4   중독적 행동 때문에 사교 활동, 여가, 혹은 직업 활동을 줄이거나 포기한 적이 있는가?

5   중독적 행동 때문에 지인이나 연인과의 사이가 틀어진 경험이 있는가?

6   몸이나 정신 건강이 나빠지는데도 중독적 행동을 멈추

지 못한 적 있는가?

7 중독적 행동을 안 하면 내 삶이 지금보다 나을 것이라
   고 느낀 적이 있는가?

8 언제든 내가 원하면 중독적 행동을 멈출 수 있다고 스
   스로에게 말하지만 나도 모르게 몸이 그 행동을 하고
   있는가?

9 중독적 행동이 집안에서 문제를 일으킨 적이 있는가?

10 아무 말썽도 일으키지 않고 술, 음식, 게임, 도박, 사교
    생활을 즐기는 사람들이 부러운가?

11 아침에 눈 뜨자마자 중독적 행동을 시작하는가?

12 중독적 행동을 한 후에 수치심이나 죄책감을 느낀 적
    있는가?

위 목록에서 '예'라고 답한 문항이 있는가?[5] 만약 그렇다면 당신은 파괴적인 중독 행동을 하고 있을 가능성이 있다. 그렇다고 겁먹지는 말자. 현실을 직시하는 것은 좋은 태도이고, 지속적인 변화를 시작할 밑바탕이 될 수 있으니까.

게다가 당신은 혼자가 아니다! 언젠가 비슷한 문항들로 꾸린 설문지를 만들어 스스로를 중독자라고 여기지 않는 50여 명에게 작성을 부탁했다. 그 결과 응답자 전원이 기분 전환을 위해 자신답지 않은 것을 시도한 적이 있다고 응답했다. 그들은 해로운 행동이

나 물질을 끊으려고 애쓰면 처음 발을 들였던 때보다 더 빨리 다시 시작하게 되었다고도 말했다. 이 사람들이 전부 중독자냐고 묻는다면 나는 수긍하지 못하겠다. 여기서 핵심은 행동이 관리되지 않는 수준인지와, 그런 행동이 생활에 부정적인 영향을 미치는지 여부다.

당신이 위 목록의 어느 항목에도 해당하지 않으면 너무나 다행인 일이다. 어쩌면 여러분 중에는 중독적 행동을 보이는 사랑하는 이를 떠올리면서 이 글을 읽고 있는 사람도 있을 것이다. 만약 그렇다면 문장의 주어를 바꾸어서 지인의 행동에 어떤 중독 패턴이 있는지 생각해 보자. 어느 쪽이든 나는 이 책을 통해 당신 혹은 당신의 사랑하는 사람이 중독적 행동에서 벗어나는 데 유용할 도구들을 나누고자 한다. 그뿐만 아니라 교정 과정에서 스스로를 돌볼 방법까지 아낌없이 공개할 것이다.

우리는 어떻게 중독에 빠질까?

왜 어떤 사람은 중독자가 되고 어떤 사람은 그렇지 않을까? 안타깝게도 여기에 단순한 정답은 없다. 중독의 원인이 무엇인가를 두고는 오랫동안 논쟁이 있어 왔다. '유전이냐 환경이냐'라는 말을 들어 본 적 있을 것이다. 유전은 우리가 부모로부터 물려받은 유전자, 즉 DNA를 말한다. 모발색이나 눈동자 색깔이 여기에 속한다. 한편 환경은 어린 시절 인간관계와 주변 환경을 통해 배우고 익혀 내면에 스며든 것을 가리킨다. 우리가 자기 자신, 세상, 다른 사람들을 보고 어떻게 느끼는지 같은 것들 말이다. 전문가들에 의하면 술이나 니코틴 혹은 다른 약물에 중독될 위험성에 대한 지분은 유전과 환경이 비등하다고 한다.[6]

유전적 요소

사람이 중독자가 되는 것은 어느 한 유전자 탓이라고 말할 수는 없다. 하지만 몇몇 유전자는 중독 가능성을 높인다는 것이 밝혀졌다. 때로는 여러 유전자가 함께 작용해 중독자가 될 확률에 영향을 주기도 한다.

예를 들어 100명 넘는 과학자들이 사람들의 흡연(언제 시작했는지, 얼마나 피우는지, 언제 끊었는지 등)과 음주(일주일에 얼마나 마시는지 등) 습관을 살펴본 연구가 있다. 연구진은 120만 명의 자료가 담긴 데이터베이스에서 정보를 모은 다음, 물질 남용과 연관 있다고 의심되는 특정 유전자들과 비교했다. 그 결과 인간 유전체에서 흡연과 음주에 영향을 주는 유전자자리를 400개 이상 찾을 수 있었다. 그중에는 신경들이 신호를 주고받는 방식과 뇌에 도파민이 분비되는 방식(취하는 기분이 바로 이 도파민 분비 때문이다)을 결정하는 유전자도 있다. 이 정보는 그런 유전자들이 누군가를 어떻게 더 잘 중독되게 하는지 이해하는 데 도움이 될 수 있다. 특히 주목할 만한 유전자 세 가지는 CUL3, PDE4B, PTGER3이다.[7]

또 다른 연구에서는 어떤 사람들은 유전적 소인 때문에 6-n-프로필티오우라실(PROP, 6-n-Propylthiouracil)이라는 특정 화학물질의 맛을 남들보다 쓰게 느낀다는 사실이 확인되었다. PROP에서 쓴맛을 느끼는 사람은 흔히 에탄올, 일부 맥주, 레드와인의 맛도 그렇게 느낀다. 그뿐만 아니라 그런 이들은 혀의 미뢰가 남들보다 많은 편이라고 한다. 반면에 PROP을 쓰다고 생각하지 않는 사람들은 술을 들이킬 때 식도가 타는 느낌이 없을 수도 있다. 연구 결과 PROP에서 쓴맛을 덜 느끼는 사람은 실제로 술을 더 많이 마시는 경향이 있었다.[8]

그 밖에 몇 가지 유전자가 중독의 가능성을 높이거나 낮춘다고 추가로 지목되었다.

- **GABRA2와 CHRM2** 이들 유전자와 알코올 의존 사이의 연관성은 여러 연구를 통해 확인되어 있다. 이들 유전자는 알코올중독에 더 일찍 빠지게 하고, 여타 물질 관련 중독의 위험성도 높인다.[9]

- **DRD2** 우리 뇌에 있는 도파민 수용체 유전자 DRD2의 A1형(대립유전자)은 알코올, 대마초, 헤로인, 코카인, 니코

틴에 중독된 사람들에게 더 흔하다. 이 유전자는 뇌의 보상 기전 결함과 연관 있다고 여겨진다. 또 주의력결핍과 잉행동장애(ADHD, attention deficit/hyperactivity disorder), 투렛증후군, 자폐증, 병적 도박, 성 탐닉 같은 충동적, 강박적 행동과도 무관하지 않다. 이 유전자는 보상결핍증후군을 설명할 때 연관 지어 언급되는데, 보상결핍증후군이란 뇌에 도파민('기분을 좋게 하는' 화학물질)이 잘 듣지 않는 상태를 말한다. 이런 사람들은 정상적인 도파민 용량에 반응을 보이지 않기 때문에 일상에서 즐거움을 덜 느끼게 된다. 그런 까닭으로 바깥에서 중독성 물질 같은 즐거움의 원천을 찾는 깃일지 모른다.[10][11][12]

- **ALDH2*2** 이 유전자는 효소가 알코올을 제대로 분해하지 못하게 해 체내에 독성 화학물질을 축적시킨다. 그래서 이 유전자를 가진 사람들은 술을 마실 때마다 속이 메스껍고 얼굴이 빨개지고 머리가 아프거나 심장이 빠르게 뛴다. 말하자면 사람이 알코올중독에 빠지지 않도록 유전자가 막아 주는 셈이다.[13][14]

환경적 요소

환경적 부분에도 사람이 중독자가 되기 쉽게 하는 요인이 여럿 있다. 우리는 환경 요인은 통제 가능하다는 생각에 자신을 다그치지만 사실은 그렇지 않다. 인간은 유전자만큼이나 환경에 대해서도 아무 힘이 없어서 통제력이 거의 제로에 가깝다.

우리는 살면서 개개인의 세계관(우리가 세상을 바라보는 방식)에 영향을 미치는 다양한 요소를 경험한다. 그런 요소들은 주로 어릴 때 형성된 가치 체계에서 비롯되고 평생 우리의 버팀목이 된다. 따라서 만약 누군가 제대로 양육받지 못해 부정적인 가치관을 갖게 된다면 그 사람은 어른이 되어서도 계속 비뚤어진 생각대로 살기 쉽다. 이렇게 부정적인 마음은 불안과 낮은 자존감을 낳을 뿐만 아니라, 내면의 결핍을 달래기 위해 바깥세상의 것들을 탐닉하는 중독적 행동으로 표출될 수도 있다.

불우한 성장기를 보낸 미국인 1만 7000명 이상을 대상으로 어린 시절의 자료를 수집한 연구가 있다. 연구에서 조사한 불행한 어린 시절 경험은 다음과 같았다.

- **학대**   정서적 학대, 신체적 학대, 성적 학대.
- **가정 불화**   가정 폭력, 물질 중독자나 정신질환자인 가족 구성원, 부모의 별거나 이혼, 교도소에 수감 중인 가족 구성원.
- **방임**   정서적 방임과 신체적 방임.

연구진은 응답자 세 명 중 두 명꼴로 불행한 어린 시절 경험 한 가지 이상을 겪었다는 것을 확인할 수 있었다. 네 가지 이상에 해당하는 응답자는 여섯 명 중 한 명이 넘었다.

이어서 연구진은 불행한 어린 시절 경험 가짓수를 응답자의 정신과 신체 건강과 비교했다. 그 결과 네 가지 이상에 해당하는 응답자는 흡연할 확률이 두 배, 알코올중독일 확률이 일곱 배, 주사 약물에 의존할 확률이 열 배였고, 자살을 시도할 확률이 열두 배 더 높았다.[15][16]

나는 연구 보고서를 읽었을 때 불우한 유년기가 이렇게나 흔하다는 사실에 충격을 받았다. 그러나 안타깝게도 이 숫자들은 내 고객들의 실제 사례를 반영하는 데이터이기도 하다. 내담자들이 지닌 사연과 고충, 그리고 중독의 대상은 제각각이지만 그들이 내게 공통적으로 이야기하는 주제가 하나 있다. 바로 수치심이다.

수치심, 중독 사이클링의 원료

나는 수치심을 자신이 틀렸다는 느낌, 지독한 자기혐오, 자신이 아무 쓸모 없는 인간이라는 생각이라 정의한다. 인생에서 어떤 성취를 이루든 만약 수치심을 느낀다면 우리는 그 무엇도 만족스럽지 않고 스스로를 칭찬하기가 어려울 것이다. 나는 수치심을 설명할 때 죄책감과 비교하는 방법을 애용한다. 죄책감은 내가 잘못된 행동을 했다는 느낌이고, 수치심은 나는 틀려먹은 인간이라는 생각이라고 명료하게 구분해 주는 것이다.

내 경우에는 몸이 더럽다는 느낌으로 수치심이 찾아왔다. 나 자신이 너무나 역겹게 느껴져서 피부를 긁어 벗겨 내고 싶을 정도였다. 그것이 중독과 무슨 상관이냐고? 수치심은 모든 중독의 바탕에 깔린 기본 감정 중 하나다. 어째서 그럴까? 간단히 설명하자면 사람이 부끄러움을 느끼면 부정적인 가치 체계가 형성되고, 그럴수록 자기 파괴적인 행동을 하기 쉬워진다. 내 무엇인가가 잘못되었다는 감각이 마음속 저 깊은 곳에서 피어오르면 우리는 저절로, 어쩌면 무의식적으로 스스로에게 해로운 선택을 하게 된다. 나처럼 무가치한 인간에게 친절하게 대할 이유가 없지 않은가. 안 그런가? 이런 파괴적 수치심은 그 사람이 빠져 있는 중독의 사이클이 영원히 돌아가게 만든다. 그런 까닭에 수치심이 남아 있는 한 우리는 중독적 행동을 계속하게 된다.

수치심은 어디에서 오는가?

수치심이 사람을 중독에 빠뜨리는 환경적 요소라고 말하기는 어렵다. 수치심은 아주 어릴 때부터 인간 정서를 구성한다는 점에서 훨씬 내밀한 감정이다. 사람이 이미 부끄러움을 아는 채로 태어나는 것은 아니지만, 이 감정은 젖먹이 시절부터 시작되어 우리가 자라는 동안 함께 발달해 우리 안에 자리를 잡는다.

존 볼비(John Bowlby)는 애착 이론에 관한 선구적 연구로 유명한 영국의 심리학자이자 정신과 의사다. 그는 아기가 생애 초반의 상호작용을 토대로 자아와 타인에 대한 내적 모델을 발전시킨다는 이야기를 자주 했다. 자신이 모자라다거나 사랑받을 자격이 없다는 느낌은 아기가 필요를 충족받지 못한 경험에서 생겨난다. 그렇게 수치심이 형성되면 마음속 깊숙이 뿌리내려 진정한 자아를 드러내지 못하게 만든다.

갓난아기 시절 부모와의 상호작용은 아기에게 다양한 감정과 가치를 지속적으로 프로그래밍한다. 아기가 울 때마다 부모가 살뜰히 달래 준다면 아기는 달래는 능력을 자신의 것으로 내면화하고 시간이 지나면서 혼자서도 스스로를 달래는 방법을 익히게 된다. 반면에 그런 부모가 없는 아기는 달래기 기술을 배우지 못하고 그 대신 수치심과 무가치감을 느낀다.

그러다 여덟 살에서 열두 살 무렵에는 자아 감각이 발달한다. 내가 누구인지, 나는 무엇을 좋아하고 싫어하는지, 또래와 어떻게 어울려야 하는지 등을 알아 가는 것이다. 이 시기에는 정서적 필요와 신체적 필요 모두 채워 주는 것 또한 매우 중요하다. 만약 어떤 이유로든 이 시기에 필요가 충족되지 못하면 그 사람은 자신에게 잘못이 있다는 감각을 내면화하게 된다. 이는 수치심의 불씨가 되기도 한다.

정서적 욕구가 채워지지 않았을 때의 예시를 들어 볼까? 우리가 지금 여덟 살이라고 상상하고 학교에서 누가 내게 내 운동화가 별로라고 말했다고 치자. 나는 기분이 언짢아진다. 주말에 나가서 직접 골라 온 이 신발이 내 마음에는 쏙 들기 때문이다. 집에 와서 부모님에게 속상한 마음을 표현하지만 바보 같은 소리라든지 울지 말라는 말만 듣는다. 이런 어른들의 반응은 아직 어린 우리의 현실을 축소하고 그 결과로 내가 틀렸거나 나쁜 아이라는 생각이 들게 하기 십상이다. 학교 친구들이 운동화를 흉본 것 때문에 안 그래도 우울한데 그런 일로 골내지 말라는 꾸지람을 왜 들어야 하는지 이해할 수 없다. 이런 정서 경험은 결국 수치심의 감정을 키우는 결과로 이어진다.

한편 신체적 필요가 채워지지 않을 때는 아이가 기본적인 신체적 돌봄을 받을 자격이 없다고 생각하게 될 수 있다. 그런 믿음은 대개 자기 파괴적 행동으로 표출되고는 한다.

또 하나 짚어 볼 부분은 어린 시절에는 부모와 그들의 가정교육이 아이에게 많은 짐을 지운다는 점이다. 부모는 무엇을 생각해야 하는지, 무엇을 믿어야 하는지, 어떤 신문을 읽고 누구에게 투표해야 하는지 등 온갖 일에 입김을 넣는다. 요즘 세상에서는 이런 것을 스스로 생각해 결정할 시간이 충분하지 않기 때문에 애초에 선택지가 별로 없다. 결국 우리는 가족과 그들의 가치 체계, 집안 어른들이 내게 투영한 생각으로부터 이 모든 것을 배운다. 대물림되는 수치심도 마찬가지다. 어떤 부모는 가난이나 성별에 대한 개인의 수치심을 자녀에게 물려주기도 하는데, 이를 초세대적 수치심이라 부른다.

초세대적 성질을 가진 수치심을 잘 보여 주는 사례가 있어 잠깐 소개하고 싶다. 내 친한 친구 하나는 할아버지가 제1차세계대전에서 전사했다. 농사로 먹고살던 가족은 이 일로 더욱 궁핍해졌다. 결국 친구의 아버지는 제대로 된 교육을 받지 못했고, 내 친구는 매일 약 5킬로미터를 맨발로 걸어 학교에 다녀야 했다. 그럼에도 워낙 총명했던 친구는 케임브리지대학 장학금을 따냈다.

그런데 놀랍게도 그의 가족은 집안이 짊어진 굴레 때문에 내 친구에게 등을 돌렸다. 합격 소식에 기뻐하는 아들에게 그들이 보인 반응은 이랬다. "네가 케임브리지에 가? 네까짓 게 뭐라도 된다고 생각하는 거야?"

여차저차 케임브리지에 들어가기는 했지만 내 친구는 학교를 다니면서도 자신이 남들과 다르다는 수치심을 떨쳐 내지 못했다. 부유한 집안의 자제가 아니라 노샘프턴 시골 가난한 농사꾼의 아들이라는 생각은 그를 끈질기게 괴롭혔다.

부친의 수치심이 친구에게 대물림된 것이었다. 이 수치심 때문에 그는 자기 파괴적인 중독 행동에 빠졌고, 30대에 들어선 후에야 겨우 회복할 수 있었다. 수치심을 내려놓는 것은 어려운 일이지만 불가능하지 않다. 부정적 감정으로부터 자유로워지기 위한 첫 단계는 그것을 인정하는 것이다. 앞으로 우리는 이 책에서 어떻게 수치심을 인정하는지, 그리고 어떻게 긍정적인 변화를 이끌어 낼 수 있는지 살펴볼 것이다.

유전, 환경, 욕구

사람에게 필요한 것은 저마다 제각각이고 유전적 체질에 따라서도 달라진다. 이 이야기를 할 때면 두 형제자매의 사례를 자주 비교한다. 두 사람은 같은 부모에게서 태어나 한 가정에서 자랐고, 학교생활 경험도 비슷하다. 그러나 한쪽은 낮은 자존감과 부정적 가치관 때문에 중독에 빠지는 반면, 다른 한쪽은 그렇지 않다.

여기서 차이는 두 사람의 정서적 욕구에 있다. 아마도 한 아이에게는 충분히 잘하고 있다고 부모가 말해 주거나 안아 주는 것 같은 정서적 응원이 더 필요했을 것이다. 그런 반면 다른 아이는 훨씬 독립적인 성격이어서 그에게는 인정의 말이 그렇게 자주 필요하지 않았을 터다. 어쩌면 관심이나 애정의 표현도 훨씬 덜 신경 썼을지 모른다.

나는 확실히 내 남동생보다 관심과 칭찬이 많이 필요한 아이였다. 우리 남매는 똑같은 환경에서 자랐음에도 원하는 것이 신기할 정도로 달랐고, 어린 시절 있었던 이런저런 일에도 완전히 다르게 반응했다. 나는 몹시 예민한 편이어서 유년기의 상당 부분을 치료를 받으면서 겨우 버텨 냈다. 이제야 깨달은 사실이지만 그때는 부모님이 내 정서적 필요를 항상 채워 주지는 못했던 것 같다. 부모님도 그렇게 하기를 싫어했던 것이 아니라 방법을 모르기 때문이었다. 무슨 일이 있으면 감정이 크게 동요했던 것을 기억하는데, 그 목마름이 해소되지 못할 때가 종종 있었다. 그럴 때 위로와 격려 대신 내게 돌아온 말은 "있잖아, 그렇게 생각하면 안 돼"였다. 절대 부모님을 원망하려는 것이 아니다. 그분들 잘못이 아니니까. 하지만 나는 너무 불안하고 무서운데 어른들은 걱정할 일이 아니라거나 네가 자초한 결과라는 훈계만 했던 기억이 지금도 가끔씩 떠오른다.

수치심과 비밀

중독이라는 주제가 계속 금기어 취급을 받는 이유는 아마도 중독자 대부분이 중독적 행동을 비밀리에 한다는 점 때문일 것이다. 중독자들은 자신이 중독에 빠졌다는 사실을 떠벌리고 다니지 않는다. 내가 예전에 실시했던, 중독에 관한 설문 조사에서도 응답자 다수가 실명을 밝히고 싶어 하지 않았다. 중독자임을 인정하든 안 하든 사람들은 각자의 자기 파괴적인 행동을 자랑스러워하지 않는다.

물론 비밀로 하는 것이 좋은 점도 있다. 만약 중독자의 파괴적 행동을 아무도 모른다면 계속 아닌 척할 수 있기 때문이다. 중독적 행동을 아는 사람이 본인뿐일 때는 어느 정도 자제의 여지가 생긴다. 인생이 엉망진창이고 여러 가지로 정신 없는 가운데 아무도 건드리거나 이래라저래라 못 하는 작은 비밀 하나가 있다는 것이 적잖은 위안을 주는 것이다.

내 이야기를 하자면 사람들 앞에서는 무엇을 먹지 못하는 식으로 섭식 장애 증세가 나타났다. 친구 생일날 저녁에 다같이 외식을 가면 왜 아무것도 먹지 않는지 거짓말로 얼버무렸다. 당시 내 삶은 먹지 않고 이 위기를 어떻게 빠져나갈까 고민하는 날들의 연속이었고, 상황이 무사히 지나가면 성공했다고 생각했다. 내게 섭식 장애는 아무도 모르는 추잡한 작은 비밀 같았다. 누구도 내게서 빼앗지 못하는 나만의 것이기도 했다. 이런 생각과 행동은 나를 친구들이나 가족과 멀어지게 했고, 완전한 외톨이로 만들었다. 이런 고립 상태에서는 오직 섭식 장애만이 내가 믿을 수 있고 내게 위안을 주는 유일한 목소리였다. 그렇게 내 섭식 장애는 점점 악화되었다.

알코올중독 모임 회원들 사이에는 비밀이 당신을 병들게 한다는 말이 있다. 중독에 더없이 어울리는 표현이다. 중독적 행동은

기억 속 시간을 되돌리는 연습

일기장을 꺼내 빈 페이지를 펼치자. 방금 어린 시절과 정서적 욕구 충족의 중요성을 이야기했으니, 이쯤에서 각자 어린 시절로 돌아가 그때 느꼈던 기분을 떠올려 볼 필요가 있을 것 같다. 이 연습은 나를 돌보아 주던 어른이나 부모를 비난하는 것이 아니라 그저 각자의 필요를 인식하고 당시 경험과 연결해서 이해하는 것이 목적이다. 이 연습을 하면 자신의 경험과 감정을 스스로 검증하는 데 도움이 된다.

　어린 시절의 나에게 편지를 써 보자. 정서적 목마름이 해소되지 못했던 순간을 떠올리자. 어떤 이유에서 두렵거나 슬프다고 느꼈던 때로 시간을 되돌려 보자. 당신의 행동에 부모님은 어떻게 반응했는가? 그때 부모님이 곁에 있었는가, 아니면 많은 시간을 당신 혼자 보냈는가?
　편지를 받는 상대가 몇 살 때의 나든 상관없다. 어느 시기여도 괜찮다. 당신은 어린 자신에게 어떤 말을 들려주겠는가? 아이에게 안정감을 주기 위해 어떻게 노력하겠는가? 당신은 결코 혼자가 아니지만 그래도 이 모든 두려움과 감정 역시 진짜라는 것을 어린 당신에게 자꾸 상기시키자. 만약 어린 시절의 자신을 떠올리기가 어렵다면 조카처럼 아직 아이인 가족을 생각해도 좋다.

이 연습을 하는 동안에는 스스로에게 상냥하자. 편지를 어떻게 써야 한다거나, 이렇게 쓰면 안 된다는 모범 답안은 따로 없다. 때때로 나는 빈 종이에 그냥 '(누구누구)에게'라고 끄적이는 것으로 시작한다. 그런 다음 깊은 고민 없이 생각나는 대로 술술 써 내려간다. 다른 누구를 이해시킬 필요도 없고 나만 알아보면 된다.

수치심, 자기혐오, 낮은 자존감에서 비롯되어 행동할 때 나오기 쉽다. 그런 사람은 중독적 행동을 비밀로 할 뿐만 아니라, 그 행동을 함으로써 느끼는 기분도 꽁꽁 감춘다. 이때 만약 자신의 기분을 남들에게 이야기하면 보통은 중독증까지 털어놓을 수밖에 없다. 그렇게 되면 이 중독이 실재하며 내가 직면해야 할 문제라는 것을 억지로라도 인정하게 된다. 다만 문제는 이렇게 비밀스러운 중독의 사이클을 깨고 나올 때까지 몇 년이고 갇혀 있는다는 것이다. 이 사이클을 뺑뺑이 도는 것은 몹시 고통스러운 일이다. 지금 내 주변에서 무슨 일이 벌어지고 있는지, 내게 어떤 문제가 있는지 어느 누구도 짐작하지 못하는 것 같아 처절하게 외롭기 때문이다.

비밀스러운 중독 행동은 알코올중독이나 약물중독의 경우 집에서 혼자 술을 마시거나 약을 하는 형태로 나타난다. 섭식 장애가 있는 사람은 남들 몰래 폭식하거나 끼니를 거른다. 만약 소셜미디어 중독이라면 친구들과 저녁을 먹다가도 몰래 휴대폰을 확인하려고 화장실에 가는 척할 것이다.

중독적 행동 때문에 내가 가장 괴로웠던 순간은 폭식하거나 과식할 때였다. 나는 스스로 역겹다고 느끼면서 혼자 몰래 먹었다. 그렇게 한 것은 굶는 것이 더 이상 다이어트에 효과가 없기 때문이기도 했다. 음식은 고된 일과 후 잡생각을 잊게 해 주는 유일한 탈출구였다. 나는 휴대폰 전원을 꺼 놓고 침대 위에 앉아 넷플릭스를 보면서 폭식을 했다.

아마 그러고 있을 때 자기혐오감이 가장 심했던 것 같다. 그즈음의 나는 더 이상 아파 보일 정도로 마르지 않았기 때문에 사람들은 내 모습이 근사하다고 칭찬하며 내 발전을 자랑스러워했다. 하지만 나는 그들이 이제는 내게 도움이 필요하지 않다고 생각하는 것이 화가 났다. 그들은 내 섭식 장애와 마른 몸을 동일시했지만 사실 섭식 장애는 사람들 눈에 보이지 않는 방식으로 표출될 수도 있다.

중독은 병원 검사 같은 것으로 문제의 원인을 정확히 짚을 수가 없다는 점에서 병으로 단정하기가 쉽지 않다. 이런 모호함은 사람들이 중독을 이해하기도 받아들이기도 어렵게 만드는 요소다.

그러나 중독은 문명이 태동한 순간부터 인류와 공존해 왔다. 어쩌면 문명 이전부터 존재했는지도 모른다. 인간과 중독의 관계는 단순하지가 않다. 중독은 여러 가지 요인이 복합적으로 작용해 생겨나는 유전과 환경의 합작품이다. 부모로부터 물려받은 DNA뿐만 아니라 부모님의 양육 방식과 가치관, 그들에게 있던 수치심까지 전부 중독에 기여한다는 이야기다. 어린 시절 경험을 되짚는 연습이 중독을 치유하면서 앞으로 나아가는 데 중차대한 단계가 되는 이유다.

2장

우리가
중독될 수 있는 많은 것들

중독의 여러 가지 유형

사람의 뇌는 우리가 즐겁고 멋진 것들을 좇기를 바란다. 만약 우리에게 먹을 것을 찾아 배를 채우고 짝짓기를 하고 쉬면서 여유를 즐기려는 욕구가 없었다면 인간종은 명맥을 오래 유지하지 못했을 것이다. 일찌감치 굶어 죽거나 자손을 남기지 않았을지도 모를 일이다. 하지만 현대사회는 약과 게임부터 게시물에 '좋아요'를 받는 것과 도박까지 자극적인 놀거리가 지나치게 많아서 문제다.[1]

내가 중독을 자기 내면의 기분을 바꾸기 위해 외부의 자극을 추구하는 것이라고 설명하면 내담자들은 종종 이렇게 대꾸한다. "하지만 긴장을 풀려면 **뭐라도** 해야 하잖아요?" 맞는 말이다. 물론 여가 활동은 바람직하다. 다만 앞서 논의했듯 그 활동이 내 일상에 부정적인 영향을 주거나 통제 불가능하게 폭주해서는 안 된다. 이 경고는 약물뿐만 아니라 우리 사회에서 대체로 용인되는 평범한 활동에 이르기까지 확대 적용된다.

이 주제를 더 자세히 설명하기 위해 지금부터 중독의 유형과, 각각이 어떻게 표출되는지를 살펴보려 한다. 일단 술과 약물은 대부분의 사람들이 단번에 중독으로 분류하는 항목이다. 그런데 로맨스 소설 탐독같이 판단하기 애매한 중독적 행동도 있다. 언젠가 중독 치료 중인 한 친구가 내게 '손에 잡히는 것이라면 무엇에든 중독될 것 같다'고 말한 적이 있다. 이처럼 우리는 바깥세상의 거의 모든 요소에 중독될 수 있다. 그러기에 여기서 중독의 모든 종류를 다룰 수는 없겠지만, 곧 언급할 예시들에 공통적으로 관통하는 핵심을 여러분이 이해하게 되면 좋겠다. 사실 중요한 것은 어떤 중독인지가 아니라 무엇이 중독을 일으키느냐니까.

중독의 대상은 다양할 뿐만 아니라 중간에 달라질 수도 있다. 놀이공원이나 오락실에서 두더지 잡기를 해 본 적이 있는가? 망치를 들고 있으면 여러 구멍에서 두더지들이 올라온다. 게임의 목표는 두더지 머리가 보일 때마다 날쌔게 때리는 것이다. 한 놈을 때리면 다른 구멍에서 또 다른 놈이 정수리를 드러낸다. 당신은 정신없이 두더지를 때려잡지만 녀석들은 맞고 또 맞아도 지치지도 않고 계속해서 고개를 내민다.

이 게임은 중독의 성질을 보여 주는 비유로 아주 찰떡이다. 중독적 행동 하나를 해결하면 다른 행동이, 아마도 이전 중독과 아무 상관 없는 새로운 행동이 느닷없이 시작된다. 어째서냐고? 근본적으로 당신이 요주의 감정을 아직 해결하지 못했고, 그것을 통제하거나 떨쳐 내려고 여전히 애쓰고 있기 때문이다. 다시 말해 당신이 중독적 행동을 하는 진짜 이유를 제대로 직시하지 못한다는 뜻이다. 그런 까닭에 중독 하나를 제압했다고 느끼면 곧이어 다른 부분에서 또 다른 중독이 고개를 든다. 그리고 그런 새 중독은 종종 미묘하게 시작된다.

내 경우가 바로 그랬다. 나는 열네 살 때 정서적 갈증을 해소하려고 음식을 이용하기 시작했다. 이때 처음으로 자기 파괴적 행동을 하기 시작했고, 그것이 내 섭식 장애의 시작이었다.

내 10대 시절은 순탄하지 않았고, 나는 정체성의 큰 혼란을 겪고 있었다. 그러던 중 곡기를 끊기 시작하자 내 인생을 스스로 결정할 힘이 갑자기 커진 것 같은 기분이 들었던 것이 기억난다. 여자 기숙학교를 다녔던 나는 다른 아이들과 외모를 비교하는 것이 일상이었다. 사춘기가 빨리 온 탓에 나는 덩치도 키도 늘 또래보다 눈에 띄게 컸다. 이런 외모 차이는 내가 남들과 다르다는 생각을 갖게 했다. 나는 날씬해지고 싶었다. 그러면 친구도 많아질 것 같았다. 그래서 밥을 굶을 때면 신기하게 자기통제감이 들고 목적의식이 또렷해졌다.

몇 넌 뒤에는 마치 두더지 잡기 게임처럼 내 중독 성향이 술 문제로 변형되어 새롭게 나타났다. 체중을 불리지 않으면 병원에 들어가야 한다는 협박에 나는 울며 겨자 먹기로 살을 찌웠다. 그랬더니 무력감에 빠졌고, 자기혐오의 감정에 파묻혀 헤어날 수 없었다. 남들과 다르다는 소외감에다가 불안과 슬픔까지 엎치고 덮친 나는 이러한 감정을 잊으려고 술을 마시기 시작했다.

그러다가 스무 살이 넘어가면서는 또 다른 영역에서 중독이 싹을 틔웠다. 약의 세계에 눈을 뜬 것이었다. 약물중독은 내가 바닥을 치고 도움을 요청하는 과정을 크게 단축시켰다. 결국 나는 약물중독이 결정적인 계기가 되어 아예 입소하기도 하고 통원하기도 하면서 재활 치료를 받았고, 덕분에 20대 초반에 약과 술 모두 끊을 수 있었다. 하지만 그것이 섭식 장애가 완전히 사라졌다는 뜻은 아니었다. 섭식 장애는 훅 치고 나올 적당한 때를 기다리면서 장막 뒤에 숨어 있을 뿐이었다. 아니나 다를까 약물중독과 알코올 중독 치료가 끝나자마자 나의 첫 중독이자 이른바 1차 중독이라고 부르는 섭식 장애가 총력을 충전해 부활하고 말았다.

이번에는 그냥 안 먹기만 한 것이 아니었다. 돌아온 섭식 장애는 폭식, 먹은 것 토하기, 운동 중독 등 더 다채로운 형태로 나를 괴롭혔다. 그뿐만 아니었다. 나는 동반의존성이 생기고 소셜미디어에도 중독되었다. 한마디로 중독적 행동의 온갖 유형을 섭렵하고서 처음부터 또 되풀이하고 있는 셈이었다.

여기서 소셜미디어에 중독되었다는 부분은 별일 아닌 것으로 들릴지 모르겠다. 술이나 약은 모두가 하는 것이 아니지만 소셜미디어는 모든 현대인이 사용하니까. 이렇게 다들 소셜미디어를 한다면 조금 많이 사용하는 것이 무슨 해가 된다는 것일까?

내 내담자 중에 A라는 젊은 여성이 있다. 처음에 나를 찾아왔을 때 그녀는 자신이 중독자라는 생각을 눈곱만큼도 안 하고 있었다. 그런 까닭에 왜 이렇게 불안감이 심한지 이해하지 못했고, 누군가의 도움을 받아 일과 삶의 균형을 찾고 싶을 뿐이었다. 우리는 이런저런 이야기를 하다가 주제가 휴대폰 사용 습관으로 옮겨 가고 나서야 그녀를 괴롭히는 불안의 원인이 무엇인지 감 잡을 수 있었다.

A는 퇴근해서 집에 오면 매일 밤 자신도 모르게 휴대폰만 붙잡고 시간을 보냈다. 그녀는 자신이 인스타그램에 올리는 게시물에 사람들이 반응할 때 큰 만족감을 느꼈다. 직장에서 힘든 하루를 보낸 날은 뭐라도 포스팅을 하지 않으면 기분이 풀리지 않을 정도였다. 때로는 본인 사진을 올렸다가 다음 날 남들이 그 사진을 보는 것이 싫다는 생각이 들기도 했다. 결국 다음 날 인스타그램을 한없이 뒤지고 있지 않으려면 매일 밤 휴대폰으로 게시물을 삭제해야 했다. 그러다 보니 결심한 것보다 훨씬 늦게까지 깨어 있기 일쑤였다.

작정하고 인스타그램을 끊고 나서는 며칠 지나지 않아 새로운 패턴이 나타나기 시작했다. 바로 인터넷 뉴스를 수시로 들여다

보는 것이었다. 요즘 말로 둠스크롤링(doom scrolling)이라 부르는 행동이다. A와 나는 계속 업데이트되는 걱정스러운 소식이 그녀의 아드레날린을 솟구치게 한다는 것을 깨달았다. 뉴스 기사를 읽을 때 기분이 어떤지 묻자 그녀는 화가 난다고 대답했다. 그렇다면 자신을 화나게 하는 콘텐츠에 왜 그렇게 성실하게 클릭을 해대는 것일까? 나는 둠스크롤링을 하지 않으면 기분이 어떤지 다시 물었다.

"따분하고, 음, 외롭다? 내일 또 회사에 가야 한다는 게 떠올라서 스트레스 받고 맥이 빠져요."

그녀는 자신의 현실을 마주하느니 차라리 뉴스 기사에 성을 내고 다른 사람들의 문제에 몰입하는 것이 낫다고 느끼는 것 같았다. 인터넷 뉴스 읽기는 그녀에게 외로움을 잊게 해 주었다. 뉴스 헤드라인은 달리 집중할 거리를 잔뜩 던졌고, 직장에서 그녀가 느끼는 부정적 감정에서 벗어나게 했다. 인터넷 뉴스에 빠져 있을 때면 회사를 옮긴다는 결단이 필요할지도 모른다는 현실을 잊을 수 있었다.

이처럼 만약 사람이 뉴스에 중독될 수 있다면 우리가 의식하지 못하는 사이에 중독되어 있을지 모를 다른 행동에는 어떤 것이 있을까? 앞의 그림은 우리가 중독될 수 있는 것을 종류별로 묶어 정리한 것이다. 처음 들어보는 생소한 중독 행동도 있을 텐데, 대표적인 몇 가지를 골라 각각이 우리 삶에 어떤 영향을 미칠 수 있는지 바로 뒤에서 더 이야기하겠다.

- **사랑과 연애**   사랑, 동반의존, 섹스, 포르노, 자위
- **물질**   술, 약, 니코틴, 처방전이 필요한 전문 의약품
- **소비**   빚을 짐, 쇼핑, 인터넷 쇼핑, 도박
- **음식**   카페인, 설탕, 소식, 과식, 폭식, 게워 내기
- **과학기술**   게임, 소셜미디어, 휴대폰, 뉴스, 웹 검색, 텔레비전
- **외모**   성형수술, 태닝, 신체추형장애, 운동, 피어싱, 문신
- **일**   일중독
- **기타**   수집하기 또는 쟁여 두기, 음악 듣기, 독서 등

사랑과 연애

사랑 중독

사랑 중독이란 간단히 말해 내 기분을 나아지게 하려고 다른 사람을 이용하는 것이다. 상대방이 내게 약인 셈이다. 잘 알지도 못하는 사람에게 정서적 애착을 느낀 적이 있는가? 혼자 있기가 힘들지만 그러면서도 누군가와 친밀하고 헌신적인 관계가 되는 것이 솔직히 겁났던 적은?

사랑에 중독된 사람은 결핍, 육욕, 동정심, 상대방이나 내게 구원이 필요하다는 생각을 사랑과 종종 혼동한다. 사랑 중독은 상대방을 숭배하다시피하게 만들고, 심하면 환상에 사로잡혀 다른 일은 아무것도 못하게 하기도 한다. 본질적으로 사랑 중독은 똑같은 애정을 기대할 수 없는 누군가에게 정서적으로 매달림으로써 자기 자신에 대한 책임을 회피하는 행동이다. 이렇게 사는 것은 몹시 고통스러운 일이지만 교정이 가능하니 너무 걱정하지 않기 바란다. 이 중독에서 벗어나기 위해서는 우선 자신의 행동부터 바꾸어야 한다.

예를 들어 볼까. 내 내담자 N은 40대 초반의 남성이다. 그는 자신이 연애를 오래 이어 가지 못하는 이유를 알 수 없어 나를 찾아왔다. N은 그런 자신 때문에 우울했고, 스스로 사랑받을 구석이 없는 사람이라고 생각하고 있었다. 몇 년 전 헤어진 아내와 함께 살던 시절에는 행동이며 기분 하나하나 전부 아내에게 휘둘렸다고 했다. 아내가 스트레스 받는 일이 있어 기분이 나쁘면 그도 하루종일 그랬다. 그는 자신이 아무 도움 안 되고 아내의 기분을 나아지게 하지 못한다는 사실에 무력감을 느꼈다. 결국 결혼 생활이 끝낼 때조차 그는 아내에게 필요한 부분을 채워 주지 못한 자신을 탓했다. N의 이야기는 동반의존적 관계의 전형적인 사례다.

나는 그에게 오로지 그의 책임만은 아니라고 강조해서 말했다. 물론 결혼은 파트너십으로 유지해 가는 것이고, 대부분의 사람들은 배우자를 행복하게 해 주고 싶어 한다. 하지만 어느 누구도 남들 기분까지 쥐락펴락하지는 못한다. 인생의 고비를 지나는 이에게 힘을 보탤 수는 있다. 그러나 직장에서 있었던 안 좋은 일 때문에 누군가의 가슴속에 가득 찬 스트레스와 분노를 다른 사람이 없애 주는 것은 불가능하다.

이혼 후 그는 다시 데이트를 시작했지만 옛 습관이 고개를 드는 것을 알아챘다. 방금 처음 본 여자에게 순식간에 감정적으로 집착하기 시작했고, 관계에 진전이 없으면 고작 일주일만 지나도 정신 못 차리게 심란해졌다. 마치 버려지고 거부당한 느낌이었다. 이런 기분은 일주일을 망치고, 초조해서 먹지도 자지도 못하게 만들었다. 그는 공황 발작이 일어날 것 같았고, 결국 고독사할 것이라는 두려움을 떨칠 수 없었다. 그럴 때마다 곧장 데이트 앱을 열어 다음에 만날 새로운 사람을 찾아 헤맸다. 그는 자신을 이런 괴로움에 빠뜨린 바로 전 데이트 상대를 빨리 잊고 싶어 했다.

그러다가 그는 만나는 상대가 아니라 자기 자신을 향한 감정이 문제라는 것을 깨달았다. 그는 낮은 자존감 때문에 생면부지의 여자들에게서 인정을 받으려 하고 있었다. 새 여자를 만날 때마다 상대에게 마법 같은 힘이 있다고 상정하고 저자세로 받들어 모신 것은 그래서였다. 상대가 어떤 여성이든 그녀들에게는 그의 기분을 바꿀 능력이 있고 자신을 이 불행에서 구원해 줄 것이라고 그는 기대했다. 그녀들이 자신을 마음에 들어 하거나 관심을 보이기라도 하면 자신이 꽤 괜찮은 남자라는 증거라고 생각했다.

나는 상담을 받으러 온 그와 함께 이런 행동을 하나하나 짚어 보았다. 이런 패턴이 어떻게 표출되는지를 그가 보다 객관적으로 인식하게 된 뒤에는 이런 행동을 자제하면 어떻게 될지 이야기를 나누었다. 다시 중독의 사이클에 빠지지 않게 하기 위해서는 지금과 다른 어떤 방법을 쓸 수 있을지가 관건이었다. 고민 끝에 우리는 방법을 찾았고, 그의 자존감을 더 가까이서 마주하면서 외부가 아닌 내면에서부터 자신감을 키우는 방향으로 나아갈 수 있었다. 사랑 중독의 특징 몇 가지를 아래에 정리해 보았다.

- 제대로 알지 못하는 사람에게 감정적으로 집착하게 된다.
- 낭만적인 환상에 깊이 빠져 현실감각이 흐려진다.
- 관계의 건강한 경계선을 지키는 것이 어렵다.

- 상대방에게 마법 같은 능력이 있을 것이라고 기대하고 그들을 숭배한다.
- 혼자 있는 것이 싫으면서도 누군가와 친밀하고 헌신적인 관계가 되는 것이 두렵다.
- 외로움과 버림받는 것이 무서워서 현재의 파괴적인 관계를 끊지 못하기에 자기 자신과 친구들로부터 스스로 멀어진다.

동반의존

동반의존이란 한마디로 '저들이 괜찮아야만 나도 괜찮아'라는 식의 태도다. 말하자면 내 목마름을 채우려고 사람에게 혹은 사람들을 기쁘게 하는 일에 중독되는 것이다. 이 경우는 친구, 애인, 가족 중 누군가가 슬프거나 힘들어하면 나도 안 괜찮아진다. 그들이 무슨 까닭으로든 내게 화가 나도 마찬가지다. 상대방이 나와 무관한 문제로 성을 낼 때 내 마음도 역시 불편하다.

동반의존성은 사랑 중독과 함께 나타나는 것이 보통이다. 낮은 자존감에서 비롯한 동반의존 성향이 있는 사람은 이 인간관계가 아니면 자신이 사랑받을 자격이 없거나 무가치하다고 느낄 수 있다. 그런 사람들은 자기 인정과 자존감을 오직 남들이 내게 내리는 평가에 기대어 얻는다. 다른 사람의 요구에 초집중하는 것은 나 자신으로부터 시선을 외면하는 훌륭한 방법이기 때문이

다. 뉴스에 지나치게 집착하는 내 내담자의 사례처럼 만약 남이
필요로 하는 것만 계속 생각한다면 우리는 자신이 무엇을 원하는
지 스스로에게 물을 기회가 절대 오지 않을 것이다. 하지만 진정
으로 친밀한 관계는 두 사람이 각자의 약한 부분을 상대에게 솔직
하게 드러내고 서로의 필요를 대등하게 채워 줄 때 비로소 형성된
다. 그러므로 동반의존적 관계는 진정한 친밀감이 결여되어 있기
십상이다. 동반의존의 주요 특징 몇 가지는 이렇게 정리된다.

- 누군가 나와 경계선을 그으면 거절당한 느낌이거나 기분
  이 언짢다.
- 애인이나 친구가 나를 떠날까 봐 그들이 원하는 대로 맞
  추어야 한다는 생각이 든다.
- 사람들과 적당한 경계를 짓거나 내가 원하는 것을 분명
  하게 밝히지 못한다.
- 상대방의 필요를 충족하는 것이 내 책임 같다.
- 상대방을 통제하려고 한다.
- 내 안위를 위해 다른 사람들을 조종한다.

과학기술

오늘날 우리는 점점 더 많은 시간을 휴대폰, 노트북, 태블릿 PC를 붙들고 보낸다. 모두가 전자 기기를 친구 삼아 집 안에 갇혀 지내야 했던 코로나19를 겪고 나서 특히 심해진 듯하다. 요즘 여덟 살에서 열여덟 살 사이 소아청소년 대부분은 매일 일곱 시간 반가량을 액정 화면을 마주하고 혼자 논다고 한다.[2]

실험 삼아 하루 날을 잡아 동네 여기저기를 슬슬 걸어 보자. 그러면 앞을 보지 않고 고개를 숙인 사람이 태반이라는 것을 알게 된다. 나는 이 현상이 신기하면서도 무섭다. 사람들 대부분이 휴대폰을 보느라 주변에서 무슨 일이 일어나는지 전혀 인식하지 못한다. 솔직히 나도 종종 그러는 편이다. 그래서 아침 산책을 갈 때는 정신 차리고 휴대폰을 주머니에 넣어 두거나 비행기 모드로 바꾼다.

게임 중독

이번에는 게임 중독 이야기를 해 보자. 통계에 의하면 전체 게임 사용자의 3~4퍼센트가 비디오게임에 중독되어 있다고 한다. 세계 인구를 고려하면 6000만 명에 달하는 규모다. 실제로 최근 세계보건기구는 비디오게임 중독을 엄연한 정신 건강 장애로 분류하기도 했다.[3]

게임 중독은 현실도피의 한 형태다. 게임 속에서는 원하는 어떤 인물이든 될 수 있고, 현실 세계라면 꿈도 못 꿀 미모와 능력을 소유할 수 있다. 예전에 상담했던 한 내담자는 직업이 변호사였는데 직장에서 받는 스트레스를 잊으려고 종종 게임을 했다. 걱정거리와 불안이 가득한 긴 하루를 마치고 마인크래프트 블록을 부술 때면 마음이 그렇게 평온해질 수 없다고 했다. 그렇게 해야 다음 날까지 불안감을 잠시 내려놓을 수 있었다. 그래서 그는 다른 플레이어들이 새 건물을 짓는 동안 자원을 모으는 것 같은 이른바 하찮은 일감을 스스로 도맡았다.

게임은 여느 중독과 마찬가지로 현실 세계에 대한 책임을 소홀히 하게 만들기 쉽다. 이 변호사는 흔히 주말을 휴대폰을 멀리 두고 게임만 하면서 보냈다. 친구나 가족의 문자메시지도 다 씹어버렸다.

게임 중독에는 아이템 구매 때문에 재정적 곤란에 빠질 수 있다는 문제도 있다. 게임은 희귀 아이템이 무작위로 들어 있는 랜덤박스를 현금을 질러 구매하도록 플레이어를 유도한다. 한 연구에 따르면 구글플레이와 애플앱스토어에서 가장 많은 수익을 올린 상위 100개 게임 중 각각 58퍼센트와 59퍼센트가 이런 랜덤박스를 판매하고 있었다.[4] 게임 속 또 다른 형태의 이런 도박에 한 화로 수십, 수백만 원을 쓰는 사례도 드물지 않게 보고된다.[5]

게임 중독의 특징을 몇 가지 들면 다음과 같다.[678]

- 게임에 쓰는 시간을 조절하지 못한다.

- 게임을 하지 않을 때도 게임을 떠올리거나 상상하면서 게임 생각에 사로잡혀 있다. 혹은 게임을 그만하면 슬퍼지거나 불안하거나 짜증이 나거나 화가 올라온다.

- 자신이 게임을 한다는 사실을 숨기거나 거짓말을 한다.

- 다른 활동에 흥미를 상실하고 가족과 친구를 만나지 않는다.

- 현실 세계에서 도피하는 수단으로 게임을 이용한다.

- 손이나 눈의 통증, 실직, 성적 저하, 건강이나 위생 상태 악화 같은 부정적 결과가 있음에도 게임을 계속한다.

소셜미디어 중독

오늘날 소셜미디어는 게임에 버금가게 전 세계적으로 인기 있는 오락거리가 되었다. 나 역시 중독적이라고 느낀 온라인 플랫폼 틱톡이 그 예다.

틱톡은 2016년 출시되어 어느덧 페이스북, 유튜브, 인스타그램에 이어 사용자가 매달 10억 명이 넘는 세계 최대의 소셜미디어 플랫폼 중 하나로 성장했다. 써 본 적 없는 분들을 위해 간단히 설명하자면 틱톡은 사용자들끼리 짧은 동영상 클립을 공유하는 앱이다. 누구나 자유롭게 동영상을 찍어 올릴 수 있고, 배경음악과 특수 효과를 입히거나 스티커나 음성 해설을 추가할 수도 있다.

틱톡의 짧은 동영상은 막간의 유흥을 즐기고 영상을 보면서 머리를 식히고 싶은 사람들의 욕구를 채워 준다. 하지만 즉각적인 만족을 주고 뇌에 도파민 반응을 유발하기 때문에 사용자는 점점 더 많은 콘텐츠를 원하게 된다. 도파민의 짜릿함을 계속 원하므로 일단 틱톡을 열었다 하면 여러 시간 흘러가는 것은 순식간이다.

페이스북, 유튜브, 인스타그램과 똑같이 틱톡에도 콘텐츠에 '좋아요'를 주고받는 기능이 있다. 2020년의 한 연구는 소셜미디어에서 '좋아요'를 누르는 것과 선물을 주는 것 사이에 유사성이 있다는 분석을 내놓기도 했다.[9] '좋아요'를 주는 사람에게도 받는 사람에게도 '좋아요' 아이콘을 누름으로써 얻는 즉각적인 만족감이 습관적 사용과 정적(正的) 강화*로 이어진다는 이야기다. 소셜미디어 중독의 몇 가지 특징은 다음과 같다.

- 소셜미디어를 열고 싶다는 참을 수 없는 충동이 든다.
- 시간 감각을 완전히 잃고 책임을 소홀히 한다.
- 소셜미디어 앱을 삭제했다가도 바로 다시 다운로드한다.
- 여러 사람이 모이는 자리에서 몰래 빠져나와 소셜미디어를 확인한다.

---

* 　행동의 강도나 지속 시간이 갈수록 증가하는 것. 반대말은 부적(不的) 강화.

- 소셜미디어 계정 관리에 시간을 지나치게 투자하느라 다른 일에 지장이 있다.

일

열심히 일하는 사람은 좋아 보인다. 학교에서는 학생들에게 열심히 공부하라고 독려하고, 어른들은 직장에서 일에 몰두해야 마땅하다고들 한다. 정신을 집중하면 무슨 일이든 이룰 수 있다는 식의 격언은 하도 들어서 식상할 지경이다. 이처럼 열심히 일하는 것이 꼭 나쁜 것은 아니다. 하지만 업무 이메일이 휴대폰 앱을 통해 주머니 속으로 시도 때도 없이 들어오고, 취업 시장의 경쟁은 갈수록 치열하다. 밥그릇 불안이 커지니 일과 삶의 균형을 유지하기가 점점 어렵다.

미국 성인 10퍼센트와 프랑스 성인 20.8퍼센트가 일중독자로 집계될 정도로 일중독은 현대사회에서 가장 흔한 중독 중 하나다.[10] 하지만 경제적 필요에 의해 일하는 것과 강박 때문에 일에 매달리는 것을 구분할 필요가 있다. 강박적 노동은 성과를 잣대로 자아 정체감을 세우거나 자신의 삶을 통제하고자 할 때 생겨날 수 있다. 다른 요인으로는 완벽주의, 신경질이 많은 성격, 나르시시즘, 낮은 자존감, 무능력감 등이 있다.

일중독을 판별하는 가장 쉬운 방법은 세실리에 슈 안드레센
(Cecilie Schou Andreassen) 박사가 개발한 베르겐 일중독 척도(Bergen
Work Addiction Scale)를 사용하는 것이다.[11] 각 문항마다 5점 만점
(1 = 전혀 그렇지 않음, 2 = 드물게 그러함, 3 = 가끔 그러함, 4 = 자주 그러함, 5 = 항상 그러함)
으로 점수를 매겨 보자.

1   일에 시간을 얼마나 더 할애할 수 있을지 생각한다.
2   처음 계획한 것보다 훨씬 많은 시간을 일하는 데 쓴다.
3   죄책감, 불안, 무력감, 우울감을 줄이기 위해 일한다.
4   사람들이 쉬엄쉬엄 일하라고 이야기하지만 그들 말을
     듣지 않는다.
5   일을 못하게 되면 스트레스를 받는다.
6   일을 우선하느라 취미, 여가, 운동은 뒷전이다.
7   너무 일만 해서 건강이 나빠졌다.

이 척도는 노르웨이 직장인을 모델로 개발된 것이므로 다른
문화권을 반영하지 못할 수도 있다는 점을 유념해야 한다. 그렇기
는 해도 안드레센 박사의 연구에 따르면 일곱 개 문항 중 네 개의
응답이 '자주'나 '항상'이면 일중독을 의심할 만하다고 한다. 만약
점수가 낮다면 이 척도를 참고해 정확히 어떤 상태를 일중독이라
고 하는지 개념을 잡을 수 있다.

소비

도박 중독

영국 보건청이 진행한 '도박 관련 피해의 증거 고찰 연구'[12] 보고서를 보면 상품이 걸린 게임 또는 베팅에 참여하거나 복권을 사는 것을 도박으로 규정한다. 이 보고서에 따르면 2018년 기준으로 영국 성인 인구의 54퍼센트가 도박을 하고 있었고, 여기서 영국판 로또인 내셔널 로터리(National Lottery)를 빼면 40퍼센트로 내려갔다. 내셔널 로터리가 가장 흔한 도박 유형이었는데, 젊은 사람들은 스크래치 카드형 복권을 더 선호했다.

무료 베팅권을 선물하거나 특정 조건을 만족하면 건 돈을 돌려준다는 베팅업체들의 광고는 어디서든 흔하게 눈에 띈다. 그뿐만 아니다. 이제는 주머니에서 스마트폰만 꺼내면 언제 어디서든 도박 사이트에 접속할 수 있다. 영국 보건청의 같은 보고서는 온라인 도박을 하는 영국 국민의 수가 2012년부터 2018년까지 50퍼센트 증가했다고 분석했다.

이 연구는 영국인의 0.5퍼센트가 도박 문제를 겪고 있다고도 언급했는데, 유고브(YouGov)가 실시한 설문 조사에서는 그 수치가 2.7퍼센트(거의 140만 명)로 나옴으로써 도박 문제가 훨씬 더 심각한 것으로 파악되었다.[13] '위험성이 큰' 수준의 도박을 따지면 영국 보건청 보고서는 전체 인구의 3.8퍼센트가 여기에 해당한다는 분석

결과를 내놓았는데, 위험성이 크다는 것은 사람들이 도박 때문에 부정적인 결과를 경험할 가능성이 있다는 뜻이다. 실제로 이런 사람들은 온라인 도박, 카지노와 빙고 게임, 인터넷 불법 경마에 발을 담그고 스포츠 도박과 개 경주에도 손을 댈 가능성이 더 높았다.

그 밖에 사람들을 문제적 수준으로 도박에 심취하게 하는 기타 요인으로는 도박 중독에 빠진 가족 구성원, 남들보다 충동적인 성격, 남성 성별, 우울감, 스트레스와 불안, 도박을 갈수록 오래 혹은 자주 하는 것, 음주, 다른 중독성 물질 사용 등이 있다.[14][15]

아래의 문제성 도박 중증도 지수(PGSI, Problem Gambling Severity Index)는 캐나다에서 도박 중독을 판별하는 검사로 처음 개발되었지만 잉글랜드, 스코틀랜드, 웨일스에서 건강과 문제성 도박 조사를 위한 도구로 널리 사용된다.[16][17] 이 문항들을 작성해 봄으로써 본인이나 가까운 이에게 도박 중독의 징후가 있는지 알아보자.

1 　판돈을 부담할 수 있는 액수보다 많이 거는가?

2 　예전과 똑같은 기분을 느끼려면 점점 더 많은 돈을 도박에 써야 하는가?

3 　잃은 만큼 다시 따려고(손실을 만회하려고) 애쓰는가?

4 　도박을 하기 위해 돈을 빌리거나 물건을 판 적이 있는가?

5 　자신에게 도박 문제가 있는지 고민해 보았는가?

6 　도박이 당신의 건강을 해치고 있는가? 가령 스트레스

를 받거나 불안감을 느끼는가?

7   도박하는 당신을 사람들이 비판하거나 당신에게 도박 문제가 있다고 이야기한 적 있는가(당신이 사실이라고 믿는지 아닌지는 상관없다)?

8   도박 때문에 당신이나 당신의 가족이 재정적 곤란을 겪었는가?

9   당신이 도박하는 방식이나 도박할 때 생기는 일에 죄책감을 느낀 적 있는가?

- 전혀 없음 또는 그렇지 않음: 0점
- 가끔 그러함: 1점
- 대부분의 시간 동안 그러함: 2점
- 거의 항상 그러함: 3점

총점 8점 이상은 당신이나 지인의 생활이 도박으로 망가지고 있을 가능성이 크다는 뜻이다. 총점이 1과 7 사이이더라도 도박이 여전히 당신의 일상에 부정적인 영향을 주고 있을 수 있다.[18]

쇼핑 중독

쇼핑은 누구에게나 필요하다. 물건을 사고 파는 행위는 현대 사회를 지탱하는 근간이다. 하지만 쇼핑은 단순히 필요한 물건을 사는 것 이상의 의미를 지니며, 오락의 보편적인 한 형태이기도 하다. 영화관에 가든, 텔레비전을 틀든, 인터넷을 돌아다니든, 길거리를 걷든 이것을 사라거나 저것을 써 보라고 살살 꾀는 광고를 하나도 마주치지 않기는 어렵다. 오늘날 대형 쇼핑센터는 그 자체로 만남의 목적지가 되었고, 〈섹스 앤 더 시티〉의 주인공들처럼 여자들끼리 떠나는 쇼핑 여행은 화려하고 즐거워 보인다.

누군가 절제하지 못하고 예산을 초과하면서까지 충동적으로 물건을 산다면 우리는 그에게 쇼핑 중독, 다른 말로 강박적 구매가 있다고 말할 수 있다. 보통 사람들은 진짜 그 물건이 필요해서 사지만, 소비 중독이 있는 사람은 쇼핑 자체에 집착하면서 기분 전환, 스트레스 해소, 자신감 향상, 사회적 인정을 바라는 마음에 지갑을 연다. 한 연구는 강박적 쇼핑을 하는 사람들은 구매 행위를 통해 권력 혹은 새 소유물을 획득했다는 성취감을 얻거나 다른 고민을 잊는다고 보고하기도 했다.[19]

흔히 사람들은 구경을 다니는 동안에는 신이 나고 결제가 이루어지는 순간에는 안도감이나 쾌감을 느낀다. 그러나 분에 넘치는 쇼핑 후에는 자신이 벌인 짓에 대한 후회, 죄책감, 자괴감이 밀려드는 것을 느낀다. 이 감정은 방금 산 물건을 숨겨 두거나 무시하는 행동으로 종종 이어진다.[20]

한 연구진이 여러 연구를 모아 미국, 독일, 프랑스, 헝가리 등 국적도 다양한 3만 2000명의 데이터를 분석했다. 그랬더니 조사

집단의 약 4.9퍼센트가 강박적 구매자로 집계되었고, 대학생들만 따지면 그 수치가 8.3퍼센트로 훅 올라갔다.[21]

쇼핑 중독은 10대 후반 내지 20대 초반의 젊은 층에게 더 빈번하게 발생하지만 중장년도 쇼핑 중독에 빠질 수 있다. 일관된 통계는 아니지만 일부 연구는 여성에게 쇼핑 중독이 더 흔하다고도 해석한다. 도박 중독과 마찬가지로 소비 중독이 있는 사람은 우울감, 불안, 충동을 더 잘 느끼는 경향이 있다. 그뿐만 아니라 소비 중독자는 물질 사용에도 중독되어 있을 가능성이 높다. 또 이들은 자존감이 낮고 외로움이 심한 경우가 흔하다. 소비 중독의 특징을 몇 가지 꼽아 보자.

- 필요하지 않거나 살 계획이 없었거나 예산에 맞지 않는 물건을 충동적으로 구매한다.
- 쇼핑할 때 기대감에 들뜨고 값을 지불하면 만족감과 흥분이 솟구친다.
- 쇼핑을 하고 나면 죄책감에 시달리거나 산 물건을 숨겨 둔다.
- 기분을 전환하거나 스트레스를 풀거나 골치 아픈 일을 잊고 싶어서 돈을 쓴다.
- 본격적으로 쇼핑에 나서지 않았을 때도 무엇을 살지 계속 생각한다.

외모

미디어와 패션 산업을 필두로 현대사회는 사람의 겉모습에 그 어느 때보다 큰 무게를 싣고 있다. 2014년 실시된 영국인 사고 방식 조사(British Attitudes Survey)에 따르면 성인 응답자의 47퍼센트가 외모가 인생에서 무엇을 성취할 수 있는지에 영향을 준다는 문항에 동의했고, 32퍼센트는 한 인간으로서의 가치는 남들 눈에 어떻게 보이느냐에 따라 달라진다고 답했다.[22] 요즘 젊은이들은 불행의 주 원인 중 하나로 외모를 꼽는데, 영국 정신건강재단(Mental Health Foundation)이 진행한 조사에서는 10대 남녀 각각 34퍼센트와 35퍼센트가 자신의 신체상을 떠올릴 때 불안감을 느끼거나 우울해진다고 드러났다.[23]

오늘날 현대인의 약 0.7~2.4퍼센트는 신체추형장애(BDD, Body Dysmorphia Disorder)라는 심리적 문제를 가지고 있다. 여성에게 약간 더 흔하기는 해도 남성 역시 예외는 아니다.[24]

정신장애 진단 통계 매뉴얼(DSM, Diagnostic and Statistical Manual of Mental Disorders)에서는 신체추형장애를 어떻게 정의하는지 살펴보자.[25]

A 남들 눈에는 보이지 않거나 별로 티가 나지 않는 외모의 결함 혹은 단점에 집착한다. 사람들이 가장 흔히 마음에 안 들어 하는 부위는 피부(여드름 등), 머리카락(탈모, 몸에 털

이 너무 많은 것), 코다. 하지만 신체추형장애가 생기면 자신
의 신체 어느 부분에든 집착하게 될 수 있다.

B 신체추형장애가 있는 사람은 외모에 대한 걱정으로 특
정 행동(예를 들어 거울을 보고 확인하기, 과도한 치장, 피부 쥐어짜기,
타인에게 확인받으려고 하는 것)을 반복하거나 특정 생각(예를 들
어 자기 외모를 남들과 비교함)에 얽매인다. 신체추형장애 환자
의 40퍼센트가량은 자신이 느끼는 결점에 대해 매일 세
시간에서 여덟 시간씩 생각한다고 한다. 하루에 여덟 시
간 넘게 이 생각에 빠져 있는 사람도 25퍼센트나 된다.
이런 생각이 시도때도 없이 떠오르고 매우 고통스럽다.

C 이런 집착이 인간관계와 직장 생활을 비롯해 다양한 영
역에서 크나큰 장애물로 작용하거나 중요한 기능장애
를 초래한다. 200명을 대상으로 한 표본 추출 연구에 의
하면 조사 대상자의 36퍼센트가 지난 한 달 중 일주일을
신체추형장애 때문에 일을 하지 못했다고 보고했다. 신
체추형장애가 있는 사람은 우울증을 겪는 경우가 흔하
고, 자살을 생각하거나 시도할 확률이 대조 집단보다 훨
씬 높다. 술과 약에 빠질 가능성 역시 이 집단이 더 크다
고 한다.

D　외모에 대한 집착은 섭식 장애 진단 기준을 충족하는 증
상이 있는 사람이 체지방이나 몸무게를 걱정하는 현상으
로는 잘 설명되지 않는다. 신체추형장애가 완전히 다른
분류인 섭식 장애와 겹치는 요소도 있기는 있다. 만약 증
상이 겹친다면 둘 다로 진단할 수 있다.

기타

기타 범주에 음악, 독서, 수집하기 또는 쟁여 두기가 들어 있는 것
을 보고 누군가는 '이건 그냥 취미 아닌가?'라고 생각했을지도 모
르겠다. 아닌 게 아니라 모두가 독서를 권장하고 부모들은 자신의
자녀가 독서와 안 친하다며 한숨을 내쉬니까. 취미는 정상적이고
건강한 활동이다. 다만 일상을 통제 불능으로 만들고 자신에게 부
정적인 영향을 끼치는데도 어떻게든 계속해 나간다면 취미도 중
독으로 변할 수 있다. 예를 들어 가계를 파탄 내는데도 멈출 수 없
는 예술품 수집 취미는 중독이라 부를 만하다.

　　나는 〈지식 프로젝트(The Knowledge Project)〉라는 셰인 패리시
(Shane Parrish)의 팟캐스트를 즐겨 듣는다. 그중 패리시가 정신과 의
사인 애나 렘키(Anna Lembke) 박사를 인터뷰한 '쾌락과 아픔 사이'라
는 에피소드가 있다.[26] 미국 스탠퍼드 중독치료센터의 소장인 렘

키 박사는 중독에 관한 깊은 식견과 풍부한 경험을 풀어내는 한편으로, 개인적 경험을 털어놓으면서 자신에게 어떻게 로맨스 소설 중독이 생겼는지를 청취자들에게 이야기했다. 그녀는 출산 후 자기 전에 긴장을 풀고 스트레스를 해소하려고 로맨스 소설을 읽기 시작했다고 한다. 소설을 읽다 보면 주의를 금방 이야기 속으로 돌릴 수 있었고 잠드는 데 도움이 되었다. 그러다 어느새 로맨스 소설을 몇 글자라도 안 읽으면 잠이 오지 않는다는 것을 깨달았다. 결국은 책을 직장에까지 가져가 고작 10분이라도 짬이 나면 강박적으로 소설을 읽어야 하는 지경이 되었다.

렘키 박사에게는 로맨스 소설이 감정을 전환하는 수단이자 일종의 집착이 된 셈이다. 한마디로 만약 부정적인 감정을 처리하는 수단으로 사용하고 자신에게 해로운데도 습관을 이어 간다면 즐기면서 하던 활동도 중독으로 발전할 수 있다.

우리는 왜 특정 중독 유형에 유난히 더 쉽게 넘어갈까?

물질 남용, 도박, 쇼핑 등의 중독은 우울한 기분이나 불안감과 밀접한 연관이 있다. 중독증 때문에 기분이 나빠졌는지 아니면 거꾸로인지 어느 하나를 단정하기는 어렵다. 하지만 내담자들을 만나

자기반성 연습

자, 지금까지 엄청나게 많은 이야기를 했는데 당신이 공감할 만한 것도 있고 처음 들어 본 내용도 있었을 것이다. 이쯤에서 잠시 자신의 내면으로 시선을 돌려 보자. 방금 전까지 설명한 중독 행동을 떠올리자. 당신에게 해당되는 것이 있는가?

일기장이나 빈 종이를 꺼내 내게 해당되는 것 같은 중독 유형을 적어 내려가자. 그런 다음, 보는 이가 정 떨어지게 하거나 자기 파괴적인 수준으로 중독 행동을 한 적 있는지 기억을 더듬어 보자. 그런 당신의 행동은 어떻게 자기 파괴적이었나? 그런 행동을 괴로운 생각에서 벗어나기 위해 하는 것 같은가?

특정 행동을 하고 나면 스스로를 비판하는가? 예를 들어 몇 시간 동안 인터넷 뉴스나 게시물을 스크롤해 읽고 나서는 그 시간을 더 생산적으로 쓰지 않았다고 자책한다든지 말이다.

비슷하게 예전의 습관적 행동을 끊는 데 성공하고 기뻤

던 적이 있는가? 그 빈자리를 채우려고 다른 행동을 시작하지는 않았는가?

어느 하나라도 속으로 찔리는 항목이 있다면 잘 기억해 두자. 다음 장에서 중독적 행동을 하면서 어떤 감정이 드는지, 그런 감정은 어떻게 드러나는지를 살펴볼 텐데 그 연습을 할 때 필요하니까.

면서 내가 목격한 패턴은 하나같이 내면의 감정을 잊기 위해 각자의 중독적 행동을 이용한다는 것이다. 그렇다면 다양한 자극이 넘쳐나는 요즘 세상에 사람들이 다른 것들을 제쳐 두고 어느 하나에 더 잘 꽂히는 이유가 따로 있을까?

각자 생각하는 관점, 마음속 생각, 자신에 대해 스스로 좋아하는 면과 싫어하는 면, 각자 이런 사람이 되고 싶다는 이상형, 그리고 나는 이런 사람이 되어야 한다는 각자의 기준은 내가 심리적 풍경이라고 부르는 것을 구성하는 요소들이다. 이 요소들은 모두 개개인의 성격에 따라 조금씩 달라지고, 타고난 자질(즉 DNA)과 길러진 특성(즉 성장 배경과 외부 환경)이 종합적으로 작용해 형성된다. 그런 가운데 누군가 특정한 중독적 행동에 잘 빠질지 아닐지 역시 이 행동에 대한 그 사람의 독자적 시각에 좌우될 것이다. 아래가 그런 예시에 해당한다.

- 소비 중독은 쇼핑이 즐거운 레저 활동으로 간주되는 시장경제 사회와 부유층에서 더 흔하다.[27]
- 낮은 자존감은 중독자가 일을 통해 성취감과 자신의 가치를 느끼는 일중독과 흔히 연결된다.
- 어린 시절에 특정 행동에 많이 노출되었을 가능성이 있다. 술을 입에 달고 사는 부모 밑에서 컸거나 부모가 혼자만의 조용한 시간을 원해서 어린 당신을 텔레비전 앞에

오래 방치했던 것이 그런 예다.

일레인 페어먼(Elaine Fehrman)과 빈스 이건(Vince Egan)은 『성격 특징과 약물 소비(Personality Traits and Drug Consumption)』라는 책에서 향정신성 약물 18종에 관해 응답한 1855명의 데이터를 분석했다. 그 결과 두 저자는 물질 중독에 더 취약한 사람들은 덜 취약한 사람들과 다른 성격 특징을 가지고 있다는 결론을 내렸다. 가령 향정신성 약물을 사용하는 사람들은 신경증 성향이 더 크고, 새로운 경험에 보다 개방적이라는 식이다. 또한 이 책은 어째서 사람마다 서로 다른 물질에 더 잘 중독되는지 힌트를 준다. 예를 들어 헤로인 중독자는 엑스터시 중독자보다 덜 외향적이고 붙임성이 떨어지는 경향이 있다고 한다.[28]

같은 맥락에서 전 하버드대학 교수 에드워드 칸치안(Edward Khantzian)은 자가치료 가설을 제시하기도 했다. 그는 아래의 세 가지 요소가 상호작용을 하여 특정 물질에 더 손을 뻗게 만든다고 생각했다.

1   약물의 주 효과.
2   개인의 성격.
3   개인이 겪고 있는 심리적 고통.

칸치안은 물질 오용을 저지르는 사람들은 감정 처리가 서툴러서 자신의 기분에 압도당하거나 아무 감정도 느끼지 못하거나 둘 중 하나이기 쉽다는 특징을 발견했다. 그런 사람들은 고통을 덜고 감정을 경험하기 위해, 혹은 현재의 감정을 통제하기 위해 약의 힘을 빌렸다. 가령 분노를 누그러뜨리려고 (헤로인 같은) 아편 계열 약물을 사용하는 식이다.[29]

이처럼 우리는 각자 내면에 감추어진 아픔을 줄여 주는 약물과 행동에 쉽게 끌린다. 내가 코카인을 시작한 것도 그래서였는데, 분석하자면 다음과 같다.

1   **약물의 주 효과**   코카인이 자신감을 높이고 사교적으로 행동하게 한 덕분에 나는 친구들과 더 잘 어울릴 수 있었다.

2   **내 성격**   원래 나는 바르다기보다 충동적인 성격을 가지고 있다. 그래서 새로운 경험에 뛰어드는 것에 거부감이 없었다.

3   **내가 안고 있던 심리적 고통**   나는 우울했고, 스스로가 쓸모없다고 느꼈다. 사람들과의 관계 속에서 늘 불안했다. 내가 매력적인 인간이 아니라는 생각이 들었고, 외로웠다.

이쯤이면 코카인이 내 마음의 상처를 어떻게 어루만졌는지 짐작이 될 터다. 코카인은 받아들여짐에 대한 내 욕구를 충족시켰고, 무리에 녹아 들어가도록 이끌어 불안감을 덜어 주었다.

이처럼 중독은 매우 다양한 형태를 띨 수 있다. 불법 마약만이 아니라 중독 전체적으로 말이다. 게다가 사람이 무엇에 중독될지는 개개인의 환경과 내적 결핍에 따라 달라진다. 그렇다고 벌써 포기하지는 말기를. 그보다 나는 행동이 그 자체로는 무해하지만 사람 혹은 그 사람의 감정으로부터 도망치게 할 때 문제가 될 수 있다는 사실을 여러분이 정확히 인지하게 되기를 바란다.

기분이 좋아지고 싶은 것은 인간의 본능이다. 이 욕구는 무슨 수를 써도 결코 완전히 없어지지는 않을 것이다. 하지만 괜찮다. 그렇더라도 나는 언젠가 중독적으로 변할 수 있는 행동을 여전히 즐길 수 있다. 그런 행동은 어떨 때는 운동이고, 어떨 때는 소셜미디어이고, 어떨 때는 쇼핑이다. 지금의 나는 내 중독 행동 습성을 아주 잘 알고 있기에 이제는 너무 늦기 전에 중독의 사이클에 스스로 제동을 걸 수 있는 것이다. 이런 자기 성찰은 나의 특정 행동이 선을 넘지 않도록 도울 뿐만 아니라 현재 내 기분이 어떤지, 지금 이 순간 내게 진정으로 필요한 것이 무엇인지를 스스로 알게 한다.

중독 치료는 기복이 있는 긴 여정이다. 한동안은 중독적 행동을 하고 싶다는 생각이나 욕구가 치솟다가도 돌아서면 또 잠잠해져 참을 만하다. 하지만 멀리 보고 곧 내가 소개할 요령들을 활용해 계속 꾸준히 노력하면 그런 욕구가 점점 더 만만해질 것이라고 바라 마지않는다.

지금까지 살펴보았듯 중독 물질과 행동에는 대부분이 인정하는 이점이 있다. 스트레스에 무더지게 하거나, 상처 난 마음에 임시나마 반창고를 붙이거나, 더 큰 쾌감을 느끼게 하는 것 등이다. 다음 장에서는 이런 이점을 더 자세히 뜯어보고 처음에 어떻게 발을 들이게 되는지 이야기를 나누어 보자.

3장

도취감을 좇아서

중독에 취하다

'취한다'는 표현에는 다들 익숙할 것이다. 대부분의 사람들은 코카인이나 헤로인 같은 약에 취한다는 것이 어떤 것인지 최소한의 기본 개념을 가지고 있다. 그러나 나는 약의 화학적 효과를 넘어 행동에서 저마다 얻는 주관적 이점에도 우리가 취한다고 주장하고 싶다. 또한 취기는 사람마다 다르게도 나타난다. 누군가에게는 강렬한 느낌이지만 누군가에게는 짜릿함 대신 감각이 둔해지고 현실에서 자유로워지는 경험일 수 있다.

　나의 내담자들은 종종 "제가 너무 많이 마시는 걸 잘 알아요. 하지만 제 행동을 뜯어고치려고 하지는 않으시면 좋겠어요"라는 선전포고로 말문을 연다. 아니면 "제가 건강 관리 수준을 넘어 필요 이상으로 운동에 시간을 쓴다는 걸 저도 알지만, 당장은 이 습관을 바꾸고 싶지 않아요"라든지. 그들이 건강에 딱히 좋지 않다는 것을 알면서 그런 행동을 계속하는 이유는 무엇일까? 바로 기분이 좋아지기 때문이다!

그런 의미에서 중독적 행동에 취한다는 것이 어떤 경험인지 지금부터 조금 더 자세히 들여다볼까 한다. 그토록 많은 사람들이 중독적 행동에 빠지는 데는 다 이유가 있지 않겠는가? 우선은 우리가 이 주제를 현실적 시각으로 보아야 한다는 것부터 당부하고 싶다. 그리고 무엇보다 만약 우리가 중독적 행동이 나의 어떤 결핍을 채워 주는지를 이해한다면 그 필요가 어디서 비롯되는지 알 수 있다는 점을 기억하자. 그리고 나면 치료 과정에서 내 중독적 행동을 건강한 행동으로 대체해 그것을 새로운 취미로 삼고 마음의 숨을 고르면서 내가 무엇을 원하는지 성찰할 수단으로 활용할 수 있다.

앞 장에서 칸치안 교수의 자가치료 가설을 내 개인적 경험에 적용해 풀이한 예를 다시 떠올려 보자. 코카인은 내 자신감을 높여 나로 하여금 특정 사회집단에 더 잘 어우러지게 해 주었다. 이 맥락에서 나는 내게 필요한 것이 자신감을 올리고 사람들과 더 잘 어울리는 것이라고 말할 수 있다. 그런 다음에는 치료사와 상담할 때 집중할 대화 소재를 찾거나, 새로운 사람들을 만나 보다 건강한 관계를 쌓아 가는 요가 같은 다른 취미를 시도할 수 있다. 행동 패턴을 변화시키는 구체적인 요령은 나중에 뒤에서 더 자세히 다룰 예정이다. 그러니 염려 놓으시기를.

다만 이야기를 깊이 들어가기 전에 몇 가지 과학 지식을 알고 넘어갈 필요가 있다. 중독이 있는 사람의 뇌에서는 무슨 일이 벌어지는지 이해하려는 연구가 마침 점점 많아지고 있기 때문이다. 현재 확실히 드러난 한 가지는 사람의 뇌는 중독의 취기를 좇도록 수천 년에 걸쳐 길들여졌다는 것이다.

조금은 과학적인 이야기

누구나 기분이 좋아지거나 보상을 얻는 행동을 하고 싶은 것은 인지상정이다. 하물며 동물들도 마찬가지다. 개에게 제자리에 앉거나 앞발을 내미는 훈련을 시킬 때 우리는 간식을 보상으로 이용한다. 보상을 받았을 때 느끼는 좋은 기분은 긍정적 강화 작용을 해 개가 그 행동을 반복할 가능성을 높인다. 먹고 마시고 좋아하는 상대와 맨살을 부비고 싶은 욕구 덕에 인간이라는 생물종은 살아남을 수 있는 것이다.

하지만 정확히 어떻게 이 좋은 기분을 느끼는 것일까? 우리 뇌는 어떻게 그 기분을 얻을 방법을 기억하게 해 주는 것일까? 이

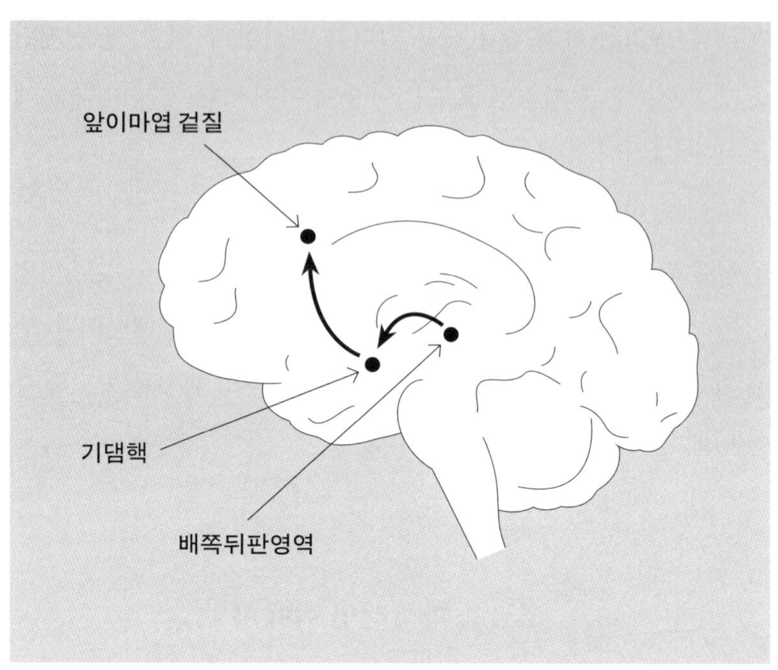

것을 알아낸다면 왜 인간이 도취감을 추구하게끔 프로그래밍되었는지 이해하기에 좋은 기반이 마련될 것이다. 뇌에서 이런 일을 하는 부분을 우리는 보상 경로 혹은 중뇌변연계(mesolimbic system)라고 부른다.

아주 간단하게 설명하면 사람 뇌에는 중독에 취하는 과정에 관여하는 세 가지 주요 영역이 있다. 바로 앞이마엽 겉질(prefrontal cortex), 기댐핵(nucleus accumbens), 배쪽뒤판영역(VTA, ventral tegmental area)이다.[1]

1   **앞이마엽 겉질**   우리가 생각할 때 활성화되는 영역이
다. 상충하는 관점들을 저울질해 어떤 행동을 취할지
결정하게 해 준다. 분명한 좋은 점과 혹시 모를 나쁜 점
을 분별하고 원초적인 충동을 억눌러 한 행동이 나중
에 어떤 결과를 불러올지 심사숙고하게 한다.

2   **기댐핵**   보상과 동기부여의 개념을 처리하는 영역이
다. 기댐핵은 각각 감정과 기억을 담당하는 편도체와
해마라는 영역과 연결되어 있다.

3   **배쪽뒤판영역**   여기에 신경전달물질 도파민이 존재
하는데, 이 도파민을 기댐핵과 앞이마옆 겉질에 분비한
다. 뉴런(neuron)이라는 신경망을 통해 앞이마옆 겉질과
기댐핵으로 정보를 보낼 수 있다.

초콜릿 케이크를 먹는 것 같은 보상 자극을 경험하면 배쪽뒤
판영역에서 기댐핵으로 도파민이 나온다. 그러면 이 도파민이 편
도체(행복이나 만족감처럼 멋진 감정이 들게 한다)나 해마(이 음식이 맛있
다는 것을 기억하고 어디서 그것을 또 구할 수 있는지 떠올리게 한다)와 상
호작용을 한다.

이 사실은 쥐 실험을 통해 밝혀졌다. 실험 쥐가 버튼을 누를

때마다 뇌 기댐핵에 기분 좋은 전기 자극이 가게 했더니 녀석들이 쾌감을 느끼려고 계속해서 버튼을 누르기 시작했다. 전기 자극이 주는 느낌이 얼마나 좋았는지 몇몇 녀석은 더 이상 무엇을 먹으려 하지도 않고 버튼만 밟아 댈 정도였다.[23]

한편 도파민은 앞이마엽 겉질로도 보내진다. 그곳에서 도파민이 하는 일은 우리가 초콜릿 케이크의 맛을 의식적으로 음미하고 케이크를 먹는 것이 보상이었다고 인식하게 하는 것이다. 이 각인은 나중에 여러 행동 선택지를 저울질해 내릴 결정에 영향을 주게 된다.

다시 말해 우리가 이 보상 경로를 자극하는 행동을 할 때 사람의 뇌는 도취감에 이르고, 기기에 따라오는 긍정적 감정에 한동안 젖는다. 그렇게 특정 행동이 나를 황홀경으로 인도한다는 사실이 기억되면 그 느낌에 다시 빠지고 싶어진다. 쫄쫄 굶어 가며 버튼만 눌러 댄 실험 쥐처럼 설령 부정적인 결과가 따르더라도 말이다. 물론 이것은 실제 과정을 아주 단순하게 설명한 것이다. 하지만 중독적 행동과 그 행동을 통해 얻는 도취감을 생각할 때 이 개념을 기본으로 깔고 가는 것이 중요하다.

중독적 행동의 종류가 다르면
경험하는 도취감도 다르다

앞에서도 언급했지만 우리가 중독적 행동을 인식하는 방법, 그 행동을 하는 이유, 중독적 행동을 하면서 각자 겪는 경험은 사람마다 제각각이다. 그럼에도 몇 가지 유사점이 존재한다. 그런 의미에서 앞 장에서 설명했던 중독적 행동 유형 중 몇몇을 다시 살펴보고, 중독자가 인식하는 각각의 이점이 무엇인지 알아보려 한다. 각 소주제마다 마지막에 나오는 숙제는 신중히 생각해서 답을 따로 적어 두자. 각자 경험상 자신의 중독적 행동에 어떤 도취감이나 이점이 있었는지에 집중해서 곰곰이 생각해 보자.

사랑과 연애

사랑 중독

사랑과 성욕이 멋진 기분임은 틀림없는 사실이다. 이 감정이 아니었다면 인류는 이토록 오래 번영하지 못했을 것이다. 사랑의 감정은 서로를 가깝게 끌어당기고, 잘하면 번식에까지 성공하도록 돕는다. 인간이 사랑에 빠지는 신경생물학적 이유는 복잡하지만, 그 과정에서 좋은 기분을 내는 화학물질이 뇌 안에 만들어지는 것은 확실하다.

2005년, 각자에게 특별한 사람의 사진을 보여 주고 기능적 MRI 스캔(뇌 활동을 측정하는 영상 검사)을 이용해 대학생들의 두뇌를 관찰할 연구가 있었다. 그 결과 배쪽뒤판영역처럼 도파민이 풍부한 뇌 영역의 활동이 활발해지는 모습을 볼 수 있었다.[4] 섹스와 오르가슴은 기댐핵의 도파민 분비를 또한 촉진한다.[5] 그렇기에 일부 과학자들은 연애와 섹스가 코카인 러시와 흡사한 감각을 선사하는 것이 이 원리 때문이라고 주장하기도 한다.[6]

그런데 사랑에도 여러 가지 종류가 있다. 하나는 새로운 상대에게 성적으로 강하게 끌리고 사랑에 막 빠졌을 때의 순수한 감정적 흥분과 아드레날린 폭발을 경험하면서 둘이 함께할 장밋빛 미래를 상상하는 초기의 사랑이다. 상대방을 향한 이끌림과 갈망도 그런 따끈따끈한 사랑의 일부분이라고 할 수 있다. 그런 한편 오래된 연인과 나누는 성실한 사랑의 감정도 있다. 이 유형의 사랑은 짜릿함이나 흥분 같은 것은 없을지라도 탄탄한 소속감, 깊은 신뢰, 큰 안정감을 선사한다. 어느 유형의 사랑이든 상대와 함께 있거나 그 사람을 떠올림으로써 일상에서 받는 스트레스나 근심 걱정을 잠시 잊을 수 있는 것은 똑같다. 왜 애인 얼굴을 잠깐만 보아도 신이나 직장에서의 고된 하루가 견딜 만해지지 않는가.

내 내담자 중에는 첫 만남의 두근거림이 좋아서 연애 상대를 자꾸 갈아치우는 이가 있다. 자신의 입으로 지난 25년 동안 솔로였

연애 습관을 돌아보는
자기반성 연습

새로운 사람과 연애를 시작하거나 누군가와 데이트를 할 때 어떤 기분이 드는지 곰곰이 생각하고 적어 보자. 그런 다음 연애하는 동안 일상의 스트레스 요인들에 대한 내 태도가 어떻게 달라지는지 기억을 떠올려 보자.

던 때가 한순간도 없다고 말했을 정도다. 그녀는 새로운 상대와 연애를 시작하는 느낌을 그 순간에는 다른 것은 전혀 중요하지 않아진다고 묘사했다. "끌리는 상대를 만나면 돌연 모든 게 납득되기 시작하거든요." 그녀 말로는 온갖 스트레스도, 직장이나 집안의 문제도 다 잊게 되고, 직장에서든 헬스장 같은 곳에서든 목표에 몰두할 수 있어 생산적인 사람이 된다고 한다.

그럼에도 그녀는 초반의 짜릿함이 바래고 나면 이 사람과 잘 안 맞다는 것을 깨닫는다고 했다. 그렇게 헤어지고 나서는 스스로가 그 어느 때보다도 형편없게 느껴졌고 다시는 사랑을 하지 못할까 걱정에 휩싸였다고 한다. 결국 데이트 앱을 열어 다음 후보를 물색하고 똑같은 사이클을 반복할 수밖에 없었다. 그녀는 데이트를 쉬지 않음으로써 자신의 가치가 새 애인이 그녀를 어떻게 생각하는지에 달려 있다는 고정관념을 강화해 간 셈이었다. 사랑에 취한 감각을 추구하면 할수록 그녀는 자아의 가치를 정확히 인식하거나 함양할 수 없게 되었고, 혼자서는 편안함을 느끼지 못했다.

동반의존

'주변 사람들이 괜찮아야만 나도 괜찮아'라는 식의 동반의존성은 친밀한 관계 안에서 흔히 생겨난다. 하지만 연애의 짜릿함을 좇아 한 관계에서 다른 관계로 쉽게 넘어가는 사랑 중독과 반대로, 동반의존은 스스로를 현재 관계에 계속 묶어 두고 상대방도 그렇게 만들려는 것에 더 가깝다.

일정 관계에 스스로를 구속하는 것이 어째서 기분 좋을까? 동반의존자가 상대방을 위해 자신을 희생함으로써 스스로를 유능하고 필요한 존재라고 느끼기 때문이다. 이런 사람들은 누군가 자신에게 무엇인가를 부탁할 때마다 그것을 해 주고 상대방이 고마워하는 모습을 보면서 보상을 받는다고 느낀다. 남들이 그에게 크게 의존할수록 동반의존자는 그것을 받아들여짐의 증거로 해석한다.

여기서 잠깐 동반의존성이 우리 인간의 또 다른 본성임을 짚고 넘어가야겠다. 사랑의 본능과 더불어 인류는 서로를 돌보고 보살피는 습성 덕에 이토록 오랜 세월 동안 살아남을 수 있었다. 게다가 동반의존성이 있는 사람은 다들 정이 많은데, 다정함은 여러모로 훌륭한 자질이다. 내가 공감력을 발휘하면 사람들은 나를 더 신뢰하게 된다는 점에서다. 누군가에게 진심 어린 관심을 기울이고 그들의 삶에 좋은 쪽으로 변화를 일으키는 것은 기분 좋은 일이다. 문제는 그것이 다 동반의존자 자신의 자존감과 진정한 교감 기회를 희생해 이룬 결과일지도 모른다는 것이다.

조모 손에 자란 내담자가 하나 있었다. 그는 부모님이 일부러 그런 것이 아니라는 것을 알면서도 자신이 부모에게서 버림받았다는 생각을 가지고 있었다. 그런 까닭에 그는 수치심과 자격지심이 심했고, 지인들과 진정한 우정을 쌓지 못했다. 누군가와 단둘

관계 유지 습관을 돌아보는
자기반성 연습

인간관계에서 나 자신이 쓸모 있다고 느낀 적이 있는지 생각
해 보자. 도움이 필요한 친구나 애인을 돕고 그들에게 힘이
되어 주었는가? 그럴 때 기분이 어땠는가? 떠오르는 생각을
일기장이나 빈 종이에 적어 보자.

이 대화해야 하는 상황에 놓이면 그렇게 불편할 수가 없었다. 그는 자신이 사람들에게 호의를 베풀 때만 그들과의 유대감을 느낄 수 있었고, 스스로가 가치 있게 생각되었다. 결국 그는 겉으로는 인기 많고 존경받는 인물이었지만 어느 누구와도 속 깊은 친구는 되지 못했다.

과학기술

스마트폰과 소셜미디어 중독

스마트폰은 현대인의 삶의 방식을 완전히 뒤바꾸었다. 지금도 전 세계에서 약 69억 2000만 대의 스마트폰이 사용되고 있다고 하니[7] 대단한 물건이기는 한 것 같다. 스마트폰은 뉴스와 정보를 실시간으로 제공한다. 손가락만 움직이면 메시지를 주고받을 수 있고, 손끝에서 게임과 소셜미디어를 즐길 수도 있다. 그뿐만 아니라 스마트폰이 있으면 길을 잃어도 목적지를 찾아가고, 방구석에서도 쇼핑을 하는 것이 가능하다.

소셜미디어에는 지리적으로든 심리적으로든 멀리 있는 친구나 가족과 이어지게 하는 순기능이 있다. 특히 코로나 동안에는 하우스파티(Houseparty)와 줌(Zoom) 같은 앱이 톡톡히 한몫했다. 청년들은 틱톡과 유튜브 같은 소셜미디어 기업들에 입사해 사회생활을 시작한다. 예전이라면 누구도 예상하지 못했을 일이다. 나머지 사람들은 소셜미디어를 통해 자신의 목소리를 당당하게 내고 현실에서는 표현하기 어려운 의견을 자유롭게 공유한다. 심지어는 소셜미디어로 안면을 터 친구나 부부가 되는 이들도 있다.

어떻게 소셜미디어로 이런 것까지 가능한 것일까? 뇌의 보상 경로 맥락에서 이야기하자면 도파민은 성공적인 사회적 상호작용 후에도 방출되기 때문이다. 기능적 영상 검사를 이용해 확인한 바로 사람들이 긍정적인 사회적 피드백을 기대할 때 기댐핵이 활성화된다는 연구 결과도 나와 있다.[8] 그 말은 곧 스마트폰과 소셜미디어에 긍정적인 자극을 무한히 제공할 잠재력이 있다는 이야기다. 어떤 게시물에 '좋아요'가 많이 달릴 때 나라는 사람이 인정받고 사람들과 연결된 기분이 드는 것처럼 말이다.

일부 소셜미디어 앱은 사용자 재방문을 유도하려고 게임 요소를 이용한다. 예를 들어 2015년 스냅챗(Snapchat)은 앱에 스냅 스트릭(snap streak)이라는 신기능을 도입했다. 특정 친구와 연속으로 며칠이나 사진이나 비디오를 주고받았는지 보여 주는 기능이다. 만약 사진이든 비디오든 24시간 이내에 한 번 이상 서로에게 보내지 않으면 스트릭 숫자는 0으로 초기화된다. 그래서 사용자들은 누구의 스트릭이 가장 긴지를 가지고 서로 경쟁한다. 이 숫자가 사회적 지위, 우정, 인기의 지표가 되기 때문인데, 그것이 아니라도 단순히 높은 점수를 받으면 기분이 좋아지기 때문이다.[9]

소셜미디어 사용 습관을 돌아보는
자기반성 연습

내가 평소 소셜미디어를 어떻게 사용하는지 돌아보자. 소셜미디어에 새 피드를 올리고 나면 '좋아요'가 얼마나 늘었는지 수시로 확인하는가? 호응이 괜찮을 때는 기분이 어떤가? 머릿속에 드는 생각을 일기장이나 빈 종이에 적어 보자.

한편 인터넷 뉴스를 스크롤하는 행위에서도 소셜미디어와 비슷한 효과를 얻을 수 있다. 코로나19가 터졌던 초창기를 예로 들면 사람들은 도시 괴담 같은 뉴스 피드에 전전긍긍하면서도 스마트폰을 내려놓지 못했다. 불편한 답이라도 들어야 불확실성에 대한 불안감을 가라앉힐 수 있었던 것이다. 무언가를 이해하고 배우는 것은 그것에 대한 통제감을 준다. 뉴스에 집중함으로써 덤으로 각자 일상의 골칫거리로부터 도망칠 수도 있고 말이다.[10]

그렇다면 스마트폰은 본질적으로 각자 원할 때 도파민을 샘솟게 해 주는 장치라 할 만하다. 우리는 소셜미디어에서 '좋아요'를 받고, 온라인 게임을 하고, 인터넷 뉴스나 데이트 앱을 스크롤하며 내 주변에서 일어나는 현실 세계의 일을 모른 체하는 대신 자신이 원하는 기분, 즉 받아들여지고 연결되고 인정받는다는 느낌을 얻으려 한다. 하지만 스마트폰은 접근이 쉬운 까닭에 언제든 온라인에 들락날락할 수 있다. 스마트폰이 위험한 이유다. 우리는 어디를 가든 스마트폰을 들고 다닌다. 직장과 밥 먹는 자리는 물론이고 침대에서도 늘 함께한다. 그 결과 요즘 사람들은 주위 환경이나 주변 사람들과 진정으로 함께 있는 경험을 하지 못하고 있을 공산이 크다. 도파민 쾌감의 낮은 문턱이 나도 모르는 사이에 중독 패턴에 빠지게 할 수 있다는 뜻이다.

게임 습관을 돌아보는
자기반성 연습

평소 게임을 어떻게 하고 있는지 기억을 더듬어 보자. 가장 좋아하는 게임은 어떤 종류인가? 게임을 하는 장소는? 어떤 계기로 게임기나 스마트폰을 집어드는가? 생각나는 대로 일기장이나 빈 종이에 메모해 놓자.

게임 중독

사람들이 왜 비디오 게임이나 컴퓨터 게임을 하는지는 짐작하기 쉽다. 첫째, 대부분의 게임은 플레이어들끼리 경쟁하거나 제시된 도전을 극복하는 내용으로 만들어졌다. 높은 점수를 받아도 성취감을 느낀다. 뇌 스캔 연구에 의하면 목표 지향적 게임을 할 때 실제로 기댐핵의 도파민 분비가 증가한다고 한다.[11] 둘째, 컴퓨터 게임은 또래 친구들과 어울려 시간을 보내는 수단이다. 모임 장소는 물리적 공간일 수도 있고 온라인일 수도 있다. 스마트폰 덕에 게임의 진입 장벽이 갈수록 낮아진다는 점 역시 한몫한다.

다만 누군가에게는 게임이 현실도피의 통로가 될 수 있다. 사람이 게임에 푹 빠지면 온라인에서 점점 더 많은 시간을 보낸다. 나와 생각이 비슷한 이들이 내 온라인 자아를 따뜻하게 반겨 주는 데다가, 가상의 시련을 극복하고 나면 도파민이 치솟는 쾌감을 만끽할 수 있기 때문이다. 그 모든 성과가 신체 건강이나 현실의 책임과 맞바꾸어 얻는 것일지라도 말이다.

일중독

다음은 일중독을 살펴볼 차례다. 분명 일은 보람 있는 활동이다. 학교에서 많은 시간과 노력을 들여 과제를 끝내거나 일터에서 프로젝트를 마무리했을 때 어떠했는가. 완성작을 제출하는 순간

일 습관을 돌아보는
자기반성 연습

내가 일을 대하는 태도를 돌아보자. 직장에서는 집에 있을 때
와 비교해 어떤 기분이 드는가? 고객이나 직장 상사로부터
칭찬을 들으면 기분이 어떤가? 떠오르는 내용을 일기장이나
종이에 적어 두자.

에는 틀림없이 기분이 날아갈 듯했을 것이다. 장담하건대 원고를 기한 내에 담당 편집자에게 넘길 때의 내 기분과 다르지 않을 터다. 엄청나게 밀려드는 안도감과 기쁨은 말로 다 표현하기 어렵다.

일은 성취감을 느끼게 하고, 생산성은 뚜렷한 목표의식을 갖게 한다. 사람은 인생의 목표가 있을 때 매일 아침 기분 좋게 눈을 뜨고 매일 열심히 일하면서 목적지를 향해 신나게 나아가기 마련이다.

그런데 일중독자는 직장에 있을 때만 표출되는 자신의 다른 인격을 사랑하는 경우가 많다. 일중독자는 특별히 엄선된 버전의 자아, 즉 뛰어난 능력과 추진력의 소유자를 동료들에게 내보인다. 그럼으로써 통제감을 느끼고 자신이 존경과 인정을 받는 중요한 인물이라는 기분을 즐긴다. 간혹 거래를 성사시키거나 프로젝트를 성공적으로 마치기라도 하면 폭발적인 성취감을 경험할 수 있다. 참고로 일중독자는 경제적으로 더 안정되어 있는 편이다.

중독 전문가 가보르 마테(Gabor Maté) 박사가 한 인터뷰에서 그가 의사가 되기를 원했던 이유를 언급한 적이 있다. 그는 트라우마 속에서 어린 시절을 보냈다. 제2차세계대전 중에 헝가리에서 태어난 유대인이었으니 그럴 만도 했다. 어머니는 아들을 지키려고 다른 사람에게 맡겨 안전한 환경에서 자라게 했지만, 오히려 마테를 자신이 누구도 원하지 않는 아이라는 마음의 짐에 평생 시달리며 살게 하는 결과를 낳았다. 물론 성인이 된 뒤에는 어머니가 그를 위해 그랬다는 것을 이해했다. 하지만 어릴 때는 친부모가 자신을 버렸다는 생각밖에 들지 않았다고 한다. 커 가면서 그는 스스로에게 물었다. '늘 사람들이 나를 필요로 하는 직업이 뭐지? 아, 의사가 되어야겠다.' 이 깨달음은 그의 마음에 굳건한 목적의식을 심었고, 평생 목말라하던 자존감을 선사했다.[12]

목표를 달성하기 위해 열심히 일하는 것은 분명 훌륭한 일이다. 하지만 때로는 일이 집에 있지 않으려는 핑계로 쓰이거나, 골치 아픈 개인사 혹은 애정 결핍 문제를 회피하는 고육책으로 이용되기도 한다. 그 결과 일중독자는 자신의 감정이나 개인적 문제는 외면한 채 일이 무엇보다 중요하고 가치 있다고 믿으면서 일에 과도하게 많은 시간을 쏟는다.

소비 중독

도박 중독

이번에는 각자 체감하는 도박의 이점을 살펴볼 차례다. 재차 강조하다시피 유인과 보상의 실제 생화학 경로는 훨씬 더 복잡하지만, 여기서는 아주 간단하게 설명한다. 흔히 사람들은 도박이 주는 기대와 흥분이 이겨서 돈을 따는 순간에서 나온다고 추측한다. 아닌 게 아니라 슬롯머신을 하는 동안의 도파민 분비를 측정했을

도박 습관을 돌아보는
자기반성 연습

혹시 도박을 하는가? 만약 그렇다면 결과를 알기 직전에 어떤 기분인지를 따고 나서와 비교해 생각해 보자. 언제 스마트폰으로 도박 사이트에 접속하는가? 그럴 때는 보통 어디에 있고, 그런 날에는 무슨 일을 겪는가? 기억나는 대로 일기장이나 빈 종이에 적자.

때 뇌에서 방출되는 도파민의 양이 딴 상금과 비례하는 상관관계를 보이더라는 연구 결과도 있다.[13] 그런데 이야기가 그렇게 단순하지 않을 수도 있다.

아마 손실 만회라는 말을 다들 들어 보았을 텐데, 여기서는 돈을 잃은 사람이 손해 본 만큼을 메꾸려고 계속 도박을 하는 것을 말한다. 한 연구에 의하면 병적 도박꾼은 돈을 잃었을 때의 도파민 분비량이 보통 사람들보다 많다고 한다.[14] 이는 도박 중독자의 도파민 분비가 단지 돈을 딸 때만 일어나는 반응이 아니라는 것을 시사한다.

한편 도박꾼은 도박 과정 자체를 즐기고 승패의 불확실성에 열광한다는 점 역시 염두에 두어야 한다. 한 연구에서는 실험 쥐들이 보상을 받을 수 있을지 아닐지 정확히 모를 때 자극에 가장 잘 반응했다고 보고됐다. 즉 버튼을 누를 때마다 보상을 받는 것이 아니라 가끔만 나왔기 때문에 더 열광했다고 한다.[15] 또 다른 연구를 보면 이런 병적 도박꾼들의 경우 승패 확률이 대략 반반일 때 도파민 방출량이 정점을 찍는다는 것을 알 수 있다.[16] 이길지 질지가 가장 불확실할 때 제일 흥분된다는 이야기다. 어떤 이론은 이것이 동물의 진화 기전일지 모른다고 설명한다. 경험상 식량을 찾을 가능성이 상당히 낮은 곳인데도 거기서 계속 먹을거리를 찾아다니는 것 역시 이 생리학적 효과 때문이라는 것이다.[17]

더불어 도박의 사회적 요소 또한 즐거움의 일부다. 다가오는 경주나 스포츠 경기를 주제로 친구들과 나누는 수다는 그렇게 신나고 즐거울 수가 없다. 게다가 뇌를 깨운다는 측면에서는 도박이 이롭기까지 하다. 도박을 하는 동안 패턴과 숫자를 예의 주시 하고 분석하면 머리가 빠릿빠릿 돌아간다.

물론 그렇더라도 중독 수준이 되면 통제가 어려워지는 것이 사실이다. 더구나 요즘은 도박장에 가지 않고도 베팅하는 것이 가능하기 때문에 집에서 편하게 쉬면서 도박을 즐길 수 있다. 내가 아는 한 내담자는 매일 퇴근해서 베팅 사이트 앱을 여는 것이 일상이었다. 그러면 하루종일 쌓인 스트레스가 싹 풀렸다. 그때는 손쉽게 즐길 수 있는 소박한 여가거리로 생각했다. 그런데 나중에는 돈을 잃어 가는데도 게임 자체가 주는 스릴 때문에 그만두기가 어려웠다고 한다.

쇼핑 중독

요즘은 '금융 치료'가 무엇인지 모르는 사람이 거의 없다. 혹시나 부연하면 기분 전환을 돕고 통제감이나 자율성을 느끼기 위해 무언가를 구매하는 것을 말한다.[18] 가만히 생각해 보면 쇼핑은 사냥에 나가서 포획한 상품을 집으로 가져오는 것과 비슷하다. 몇몇 뇌 영상 연구에서는 소비 중독이 있는 사람들은 보상에 관여하는 뇌 영역에 독특한 변화가 생긴다고 밝혀지기도 했다.[19 20] 하지만 이것만으로는 평범한 소비 행위가 어떻게 중독적 행동으로 변

쇼핑 습관을 돌아보는
자기반성 연습

가끔 금융 치료를 핑계로 혹은 기분 전환 삼아 쇼핑을 즐기는가? 만약 그렇다면 물건을 구경할 때와 구매할 때 어떤 기분이 드는지 생각해 보자. 그 기분이 얼마나 오래가는가? 각 물음에 대한 답을 일기장이나 빈 종이에 적어 두자.

질되는지가 완벽하게 설명되지 않는다. 친구들과 함께 하는 쇼핑은 사교 활동이기도 하고, 내게 안성맞춤인 물건을 소유하거나 착용함으로써 위엄, 성취감 혹은 가치를 느끼기도 하기 때문이다.

인터넷은 다른 중독적 행동처럼 온라인 쇼핑도 끊지 못하게 만들고 있다. 내 내담자들은 완벽한 신발 한 쌍 혹은 완벽한 셔츠 한 벌을 찾아 상품 페이지를 끝도 없이 뒤지면서 남모를 두근거림을 느낀다고 묘사한다. 그러다 마음에 드는 물건을 발견하면 주문하고 배송을 기다리는 내내 설렘과 흥분에 휘감긴다고. 그래서인지 어떤 이들은 온갖 종류의 웹사이트를 돌아다니며 옷 구경에 몇 시간씩 보내기도 한다.

고가의 주얼리를 착용하거나 고급 외제차를 모는 것은 모두가 선망하는 일이고, 최신 유행하는 아이템을 손에 넣는 것은 인사이더가 되는 비결이다. 하지만 주머니 사정을 고려하지 않은 과소비는 재정적 후폭풍을 불러오기 십상이다.

체감되는 중독의 이점에 관한 짧은 회고록

이제 다양한 중독적 행동이 선사하는 여러 종류의 도취감에 대해 조금 더 알게 된 참에 이쯤에서 중독적 행동에 긍정적인 효과가 있다고 느꼈던 내 개인적 경험을 들려줄까 한다.

미리 당부하건대 중독을 미화하지 않도록 주의해야 한다. 중독의 결과는 결코 아름답지 않으니까. 내가 솔직하게 다 밝히는 것은 단지 내가 어떻게 중독에서 빠져나왔는지를 많은 이들이 알게 하는 것이 중요하다고 생각해서다. 그래야 우리가 파괴적인 중독의 사이클에 갇히는 이유를 현실적으로 납득할 수 있다. 처음에는 누구도 자신의 행동이 파괴적이 되거나 자해의 형태로 변할 수 있다는 것을 알지 못하지만 말이다.

앞에서도 이야기했지만 내가 처음 빠진 중독은 섭식 장애였다. 그것은 내가 가장 약하고 외로울 때 나를 찾아왔다. 섭식 장애는 곧장 내 친구가 되었고, 머릿속에서 작은 소리로 속삭여 내게 자신감을 주고 매일 무언가를 이루었다는 뿌듯함을 안겨 주었다. 목소리는 오직 나만을 위한 존재였고, 어느 누구도 내게서 빼앗아 갈 수 없었다. 목소리는 두렵거나 외롭거나 화가 날 때마다 나를 위로했고, 그러면 통제감과 자신감이 샘솟았다. 나는 내 외모를 생각할 때 기분을 나아지게 하는 무언가가 마침내 생겼다고 믿게 되었다. 누군가에게 "어? 너 살이 좀 빠진 것 같아"라는 말을 들으면 하늘을 찌를 것처럼 기분이 좋아졌다. 내게는 마른 몸이 곧 내 자존감이었고, 살을 더 뺄수록 내 가치가 높아진다고 나는 생각했다.

기분이 째지는 또 다른 순간은 쫄쫄 굶어서 정신이 말똥말똥해졌을 때였다. 끼니를 건너뛸 때마다 배는 꼬르륵거렸지만 가슴에서는 강한 전율을 느꼈다. 내게는 일거양득의 효과였다. 신체적으로 예리해지는 것과 동시에 먹는 것을 잘 참는 내가 대단하고 자랑스럽게 느껴졌으니까 말이다.

비록 이 중독적 행동의 말로는 좋지 않았지만 모든 면이 나빴다고 할 수는 없다. 무엇보다 애초에 섭식 장애가 왜 생겼는지 더 잘 이해하기 시작했을 때, 나는 이것이 방패 같은 보호 기제였다는 것을 알게 되었다. 방패가 결국 부메랑이 되어 나를 파괴하기는 했지만 초반에는 정서적 스트레스에서 벗어나는 데 큰 도움을 주었다.

알코올중독도 비슷하다. 초기에는 술을 마시면 전에 알지 못했던 자신감이 내 안에서 생겨났다. 내가 평생토록 선망하던 종류의 자신감이었다. 여중과 여고를 나온 나는 학급 애들은 많이 알았지만 학교 울타리 밖의 모임에까지 초대받은 적은 거의 없었다. 정확히는 남자애들도 오는 파티에는 한 번도 가 보지 못했고, 나는 그게 다 내게 문제가 있어서라고 자책하고 있었다. 나는 다른 여자애들처럼 예쁘지도 멋지지도 재미있지도 않았으니까.

그러다 열다섯 살에 처음으로 진짜 파티에 초대받았는데, 난 생처음 술을 마시고 기분 좋게 몽롱해지는 경험을 했다. 취한다는 것은 그 무엇과도 비교할 수 없는 즐거운 기분이어서 갑자기 남자애들과 자연스러운 대화가 가능할 정도였다. 아마도 대부분의 사람들이 술을 처음 마실 때 그랬겠지만 내 첫 음주 경험은 썩 보기 좋지는 않은 모양새로 막을 내렸다. 너무 마셔서 다 게워 낸 다음에 친구 집 화장실에서 기절해 버렸던 것이다. 하지만 그것은 중요하지 않았다. 이튿날 아침 머리가 깨질 것처럼 아팠음에도 나는 마침내 무리에 섞여 들 거리를 찾았다는 설렘에 온종일 구름 위를 둥실둥실 떠다니는 기분이었다.

현재 나는 지난날을 되돌아보고 중독 물질에 잔뜩 취했을 때의 이점을 분석할 수 있는 수준으로 회복한 상태다. 중독 때문에 겪은 고통을 과소평가하려는 것이 아니다. 중독은 나뿐만 아니라 내 친구들과 가족까지 지독하게 괴롭혔으니까. 다만 술을 마시거나 파티를 하며 놀던 순간을 회상하고 친구들과 그 이야기로 한바탕 웃고 떠드는 것이 재활하는 동안 큰 위안이 되었던 것이 사실이다. 덕분에 나는 스스로를 조금씩 용서해 가고, 내가 혼자가 아니라는 것을 상기할 수 있었다.

행복감에 대한 기억

이쯤에서 행복감에 대한 기억 이야기를 꺼내야 할 것 같다. 행복감에 대한 기억은 자신의 지난 중독적 행동을 되돌아볼 때 자칫 지금까지의 재활 노력을 한순간에 물거품으로 만드는 위험한 구멍이 될 수 있다는 점에서다. 경험상 치료를 막 시작하는 중독자와 상담할 때 금욕 초반에는 행복감에 대한 기억을 체험하는 것이 보통 있는 일이라는 이야기를 꼭 해 주는 것이 중요하다고 나는 생각한다.

이 감정 기억이 갑자기 툭 튀어나와 압도적으로 느껴질 수 있기 때문에 대비할 필요가 있는 것이다.

행복감에 대한 기억이란 간단히 말해 과거를 되돌아볼 때 장밋빛 색안경을 끼고 좋았던 일만 떠올리는 것을 말한다. 행복감에 대한 기억은 실제로는 그런 순간이 얼마 없었음에도 즐거웠던 일은 과장하고 훨씬 많았던 나쁜 경험은 까맣게 잊게 한다. 이런 사고는 그 자체로 중독적일 수 있다. 취했을 때의 기분을 생각하는 것만으로 우리 뇌에서 도파민이 분출되기 때문인데, 바로 이것이 문제다. 결국 행복감에 대한 기억은 중독 재발을 일으키는 주범 역할을 한다. 그런 까닭에 치료 첫 몇 달은, 길게는 몇 년까지도 이 기억을 특히 경계해야 한다.

사랑 중독은 행복감에 대한 기억의 대표적인 예다. 사랑과 연애에 중독된 사람은 마음 가는 상대에게 초현실적 자질을 부여하거나, 그 사람에 대해 좋은 쪽으로만 환상을 갖는다. 이때 행복감에 대한 기억은 둘이 헤어지게 된 분명한 이유가 있음에도 좋았던 부분만 살려 사실과 완전히 달라진 '완벽한' 드라마로 각색해 옛일을 재생시킨다. 그 결과 중독자는 실질적인 고통과 갈망을 경험하고, 처음부터 나와 맞지 않았던 상대를 붙잡으려고 끝없이 시도하게 된다. 행복감에 대한 기억에 젖는 것은 아주 흔한 일이다. 나 역시 그랬고, 이 기억 때문에 치료 초반이 특히 힘들었다.

그렇다면 이것에 어떻게 대처해야 할까? 내 경우는 종종 내담자들에게 테이프를 앞으로 돌려 보라고 조언한다. 간단히 설명하면 실행으로 옮기기 전에 내 행동의 결과를 미리 생각하라는 것이다. 예를 하나 들어 보겠다.

몇 달 전 상담했던 한 내담자의 이야기다. 3년 전 처음에 나를 찾아온 이유는 심각한 공황 발작과 불안 증세였지만 사실 그녀는 자신의 알코올중독, 약물중독, 소비 중독이 근본적 문제라는 점을 인식하지 못하고 있었다. 그녀는 술과 약물에 빠져 온라인 쇼핑에 심취하게 되었고, 그러고는 뒤늦게 돈을 너무 많이 썼다고 안절부절하지 못하면서 통장 잔고 걱정으로 극심한 불안에 시달렸다. 그것이 다가 아니었다. 그녀에게는 필름이 끊길 때까지 술을 마시는 습관이 있었는데, 날이 밝으면 창피한 줄 알라며 지난밤의 무례에 대한 질책이 담긴 친구들의 문자메시지 세례를 받기 일쑤였다. 그것을 읽고 나면 불안과 공황이 한층 심해졌다.

우리는 술과 약을 안전하게 끊고 변화를 시작할 방법을 함께 찾아보기로 했다. 그렇게 몇 달간 금욕을 유지한 덕에 공황 발작과 불안증은 몰라보게 나아졌고, 이제 그녀는 술과 약이 자신의 행동뿐만 아니라 공황 발작과도 직접적으로 연관 있다고 스스로 말할 수 있게 되었다. 금욕 6개월차 정도 되었을 때다. 상담을 위해 다시 만난 그녀는 다가오는 여름에 결혼식이 있다는 이야기를 꺼냈다. 가장 친한 친구가 결혼하는 날이라서 몇 잔 정도는 마시고 싶다는 것이었다. 새 신부는 그녀의 단짝 술친구였고, 옛날부터 결혼을 언제 할까 같은 이야기를 나누면서 즐겁게 샴페인을 나누어 마시던 사이라고 했다. 한마디로 그녀는 술이 주는 설렘과 흥분을 그리워하고 있었다(이것이 행복감에 대한 기억이다). 더 이상 공황에 자주 빠지지 않는다는 것이 다행이라고 생각하면서도 말이다.

그래서 나는 그녀에게 테이프를 앞으로 돌려 보라고 했다. 만약 그녀가 결혼식장에서 술을 입에 대면 무슨 일이 벌어질까? 글쎄, 여러 가지 가능성이 있을 것이다. 우선 진탕 취해서 약까지 한 다음 집에 가서는 인터넷 쇼핑에 몰두하는 결과를 생각할 수 있다. 혹은 딱 한 잔만 마시는 대신 집에 안 가고 쇼핑거리를 신나게 헤집고 다닐지도 모른다. 아니면 한 잔만, 한 잔만 하다가 결국 필름이 끊겨 이날이 절친의 결혼식이란 것을 까맣게 잊을 수도 있다. 테이프를 이리저리 빨리 감아 본 그녀는 결국 어느 시나리오든 다 위험부담이 너무 크다는 결론을 내렸다. 금욕하려고 지금껏 얼마나 애썼고 그 덕에 이만큼 나아지지 않았는가. 그녀는 자신이 술 마실 때의 좋은 부분만 떠올렸다는 것을 납득했고, 테이프를 돌려 보고 나서는 자신의 중독 행동이 아름답게 마무리된 적이 없다는 사실을 기억해 냈다.

분명히 말하지만 나는 중독을 미화하려는 것이 절대 아니다. 다만 순기능처럼 보이는 중독의 효과를 인지하면 우리가 왜 그런 행동을 하는지 이해할 수 있다는 것을 강조하고 싶다. 그래야만 중독 행동을 끊는 것이 어째서 그렇게 어려운지도 헤아릴 수 있다.

중독의 도취감을 좇는 것의 문제는 인간은 본질적으로 만족을 모르는 생물이라는 점에서 비롯한다. 그렇다면 언제가 적당히 충분한 때라는 것을 어떻게 알까? 과연 우리는 만족이라는 것을 할 수 있을까? 이 주제는 다음 장에서 더 자세히 다룬다.

나는 어떻게 취하는 부류일까?

중독적 행동에는 분명 유용한 면이 있다. 중독의 취기는 짜릿한 육체적 쾌락만 주는 것이 아니다. 때에 따라서는 현실을 잊고 몽롱하게 기분 좋아지는 방식으로도 오를 수 있다. 중독에 취한 상태는 사람을 자아와 분리시켜 멀리 떨어지지 않으면 보이지 않는 자신의 내면을 보게 돕기도 한다. 스트레스를 받을 때 털어 내고자 중독적 행동(그 비슷한 것!)을 하는 것은 인간으로서 자연스러운 현상이다. 하지만 그런 행동이 나를 안정시키고 예민함을 없앤다면 그 행동을 자꾸 하고 싶어지게 되기 쉽다.

이 은근한 취기가 당신 이야기 같은가? 아니면 지금까지 이야기한 취기의 유형 중에서 공감 가는 것이 있는가?

그 행동을 덜 하면 내 삶이 어떻게 될지 잠시 생각해 보자. 일단은 취한 상태에 빠지는 일이 줄어들 터다. 그런데 그것이 어떻다는 것일까? 그렇게 되면 남은 빈자리를 무엇으로 채워야 할까? 무언가를 하다가 취한 기분이 필요해서 갑자기 멈추고 다른 일을 한 적이 있는가? 떠오르는 생각을 일기장이나 빈 종이에 적어 두자.

멈추고 다른 일을 한 적이 있는가? 떠오르는 생각을 일기장이나 빈 종이에 적어 두자.

4장

절대 충분해지지 않는다

중독자라는 건 무엇을 의미할까?

이제 우리는 중독의 쾌감에 어떤 성질이 있는지, 사람들이 왜 중독 행동이나 물질과 얽히기 시작하는지에 대해 조금은 잘 알게 되었다. 아무튼 기분 좋아지는 무언가를 더 원하는 것은 자연스러운 현상이다. 그렇지 않은가? 하지만 불행하게도 세상에는 너무 좋아만 보여서 수상쩍은 것들이 있다. 중독적 행동이 선사하는 이점과 쾌감도 그중 하나다. 이 쾌감이 문제인 것은 중독자가 그것을 갈수록 더 많이 원하게 되기 때문이다. 이는 중독 사이클에 갇히는 지름길이 될 수 있다.

약물중독과 알코올중독에 이런 특징이 있다는 것은 아마 당신도 잘 알 것이다. 어떤 물질에 중독되면 전과 똑같은 크기의 쾌감을 느끼기 위해 점점 더 많은 양이 필요해지기 일쑤다. 그런데 보통 잘 모르는 사실은 이 현상이 중독적 행동에서도 목격된다는 점이다. 실제로 게임 중독자가 처음과 같은 만족감과 몰입감을 얻으려면 점점 더 복잡하고 오래 걸리면서 어려운 퀘스트가 필요해진다는 연구 보고도 있다.[1] 중독이 시작된 사람에게 충분하다고 느끼는 순간이 과연 있을까? 무엇보다 충분하다는 것은 정확히 무슨 뜻일까?

이 장에서는 약물중독과 알코올중독 같은 신체적 중독부터 살펴보려고 한다. 이 두 가지가 관련 연구도 많고 가장 널리 알려져 있기 때문이다. 먼저 신체적 의존성의 배경을 간략하게 설명하고, 중독 물질을 정기적으로 사용할 때 우리 뇌의 신경 회로가 어떻게 변하기에 갈수록 더 많이 원하게 만드는지 알아볼 것이다. 그런 다음 이 현상의 정서적 측면, 그러니까 심리적 중독의 사이클에 대해서도 이야기를 나누어 보자.

그런데 말이다. 만약 감정을 회피하고 균열을 가리기 위해 물질을 사용한다면 과연 그 틈이 만족스럽게 채워지는 것일까? 글쎄, 어떨지 지금부터 차근차근 이야기해 보자.

내성과 의존성이 생기는 신체적 중독

처음에 딱 한 번 손대는 것만으로 우리는 어떻게 중독의 사이클에 갇히게 될까? 그보다 이 사이클이라는 것은 도대체 무엇일까? 미국 국립알코올남용및알코올중독연구소(National Institute on Alcohol Abuse and Alcoholism)는 중독의 사이클을 다음과 같이 세 단계로 규정한다.[2]

1   **폭음·폭식 – 만취 단계**   중독 물질을 사용하고, 앞 장에서 이야기한 것처럼 그것에 취하는 단계다. 술을 마시다 보면 어느 순간부터 취기가 오르는 것이 그 예다.

2   **금단증상 – 부작용 단계**   이 단계에 들어서면 물질을 사용하지 않을 때는 기분이 나빠지기 시작한다. 예를 들어 술이 빠진 자리는 조금도 즐겁지 않고, 신체에 금단증상이 나타난다.

3   **집착 – 기대 단계**   한동안 잘 참다가 다시 물질을 찾게 되는 단계다. 이를테면 술이 너무 고파서 당장 달려 나가 사 오고 싶은 충동을 느낀다.

이 사이클을 한 바퀴 도는 속도는 개인마다 차이가 있고, 중독된 물질이 무엇인지에 따라서도 달라진다. 어떤 사람은 하루에도 몇 번이나 사이클을 일주하고, 또 어떤 사람은 한 바퀴 도는 데 일주일 혹은 한 달이나 걸린다. 가령 니코틴은 체내에서 빠르게 분해되는 탓에(이것을 반감기가 짧다고 표현한다) 니코틴중독자는 한 대 피우고 들어온 지 얼마 안 되어서 또 담배를 피우러 일어선다. 반면 마리화나의 성분인 테트라하이드로칸나비놀(THC)는 반감기가 길기 때문에 마리화나는 담배만큼 자주 피우지 않아도 된다. 물론 시간이 흐를수록 각 단계들이 점점 강화되는 경향은 있다.[3] 세 단계를 하나씩 좀 더 자세히 살펴보자.

폭음·폭식 – 만취 단계

중독 물질을 사용하고 그 물질에 취하는 경험이 반복되면서 뇌에서 도파민(과 여타 화학물질)이 쏟아져 나올 때마다 그 물질과 좋은 기분 사이의 연결 고리가 강화된다. 문제는 우리 뇌가 물질 사용과 연관된 다른 신호와 물질 사이의 관계도 탄탄하게 다진다는 것이다. 바에 가는 것을 술을 마시는 행위의 신호로 각인시키는 식이다. 나중에는 바에 들어가는 것만으로 술을 마시고 싶어지는 충동이 드는 것은 그래서다.

내 내담자 중 하나는 뮤직 페스티벌에 갈 때마다 엑스터시를 복용했다. 지금은 약을 끊은 지 벌써 수 년째임에도 여전히 그는 이벤트 현장 같은 곳에서 흘러나오는 댄스곡이 방아쇠 신호가 되어 약을 하고 싶은 충동이 불쑥 든다고 한다.

게다가 우리가 중독 물질을 계속 사용할수록 뇌의 신경 구조 역시 물질 사용 습관으로 굳는 쪽으로 점점 변한다.

금단증상 - 부작용 단계

우리가 물질을 계속 사용하면 우리 뇌는 결국 도파민 폭증에 익숙해진다. 그 결과 다음번에 자극을 받을 때 나오는 도파민의 양이 차차 줄어든다. 음악 소리가 너무 커서 헤드폰 볼륨을 낮추는 것과 같은 이치다. 이 적응 현상은 중독자 대상의 연구 다수에서 증명된 것인데, 중독자에게 자극 신호를 주었더니 중독자가 아닌 대조군 참가자들에 비해 도파민이 덜 분비되었다.[4] 뇌 영상을 찍어 분석한 다른 연구들의 결과도 비슷하다. 중독이 있는 사람들은 도파민 신호를 받아 쾌감 메시지를 다른 뇌 영역으로 전달하는 특정 도파민 수용체의 양이 더 적었다.[5] 이 자료들은 모두 첫 경험과 같은 수준의 쾌감을 얻기 위해 점점 더 많은 양의 물질이 필요해진다는 설명을 뒷받침한다. 한마디로 '내성'이 생긴다는 이야기다.

그뿐만이 아니다. 물질의 약 효과가 사라지면 편도체(감정을 처리하는 뇌 영역)에서 스트레스 화학물질을 분비한다는 증거도 존재한다. 이른바 '금단증상'이라고 부르는 현상이다. 이 부정적 감정은 중독 물질을 다시 찾게 만들기 십상이다. 어떤 물질의 금단증상은 몸을 불편하게 만들 수 있고, 심하면 건강을 크게 해치기도 한다.

집착 – 기대 단계

만약 한동안 잠잠하다가 물질을 다시 찾기 시작했다면 이 단계에 들어선 것이다. 사람에 따라서는 고작 몇 시간 만에 이 단계까지 오기도 한다. 혹자는 이때의 상태를 '갈망'이라고 표현한다.

바로 앞 장에서 우리는 앞이마엽 겉질이 결정을 내리고 충동을 억제하는 역할을 한다는 이야기를 했다. 일부 과학자들은 이 뇌 영역이 '고(Go)'와 '스톱(Stop)'이라는 두 가지 시스템에 따라 작동한다고 설명한다.

먼저 고 시스템은 우리가 목표를 달성하는 데 필요한 결정을 내리고 행동을 개시하도록 돕는다. 연구에 따르면 우리 뇌가 중독의 자극 신호를 받으면 고 시스템의 활동이 증가하고 물질에 다시 손 대고 싶은 충동이 생겨난다고 한다. 예를 들어 바에 가면 괜히 더 술을 마시고 싶어지는 것은 우리 뇌가 거기서 술을 마셨던 기억을 떠올리기 때문이다. 그뿐만 아니라 고 시스템은 습관을 형성하는 뇌 영역을 활성화하고 물질을 갈구하는 충동적 성향을 높이는 듯하다.

한편 스톱 시스템은 고 시스템을 멈추는 역할을 한다. 다시 말해 스톱 시스템은 습관적 행동을 중단시키고 방아쇠 신호가 재발을 유도하지 않도록 억누른다.

이 중독 단계의 사람은 고 시스템이 과도치게 활성화되어 있는 상태다. 그런 까닭에 습관처럼 물질을 찾는 것이다. 반면에 스톱 시스템은 활동이 지나치게 저조해서 물질 사용 욕구에 저항하기가 어려워진다.[6]

단계의 세분화

이제는 여러분도 어떻게 물질 중독이 뇌에서 시작되는지 알았을 것이다. 나아가 이 과정을 여섯 단계로 더 자세히 쪼개서 보면 전체 흐름이 한결 명료하게 이해된다.[7][8]

1 **첫 노출** 물질에 처음 손을 댄다.
2 **남용** 물질을 해로운 방식으로 사용한다. 첫 경험부터 남용하는 경우도 있다.
3 **내성** 똑같은 강도로 취하는 데 필요한 사용량이 점점 많아진다.

4 **의존성** 물질을 사용하지 않으면 금단증상이 나타나
거나, 다른 활동에서는 이 물질만큼 큰 즐거움을 얻지
못한다.

5 **중독** 물질 의존이 재정 상태든 사교 관계든 건강이든
내 생활을 망치고 있는데도 그 물질을 계속 찾는다.

6 **재발** 끊으려고 시도해도 어쩔 수 없이 다시 손을 대
게 된다.

심리적 중독의 사이클

지금 우리는 무엇인가에 중독될 때 뇌에서 일어나는 일을 살펴보
고 있는데, 이어서 정서적으로는 중독이 어떻게 경험되는지를 알
아보자. 다음은 사람이 중독될 때 겪게 되는 심리적 사이클을 간단
한 그림으로 정리한 것이다.[9] 나는 내 알코올중독을 예로 들어 이
사이클의 다섯 단계를 설명하려 한다.

1 **감정적 방아쇠** 부정적 감정을 경험한다. 누군가로부
터 상처가 되는 말을 듣거나 이것을 사용하는 나 자신
이 부끄럽게 느껴진다. 아니면 지난밤 불태운 만큼 기
분이 더 축 처진다. 살면서 이런 감정을 완벽하게 피할

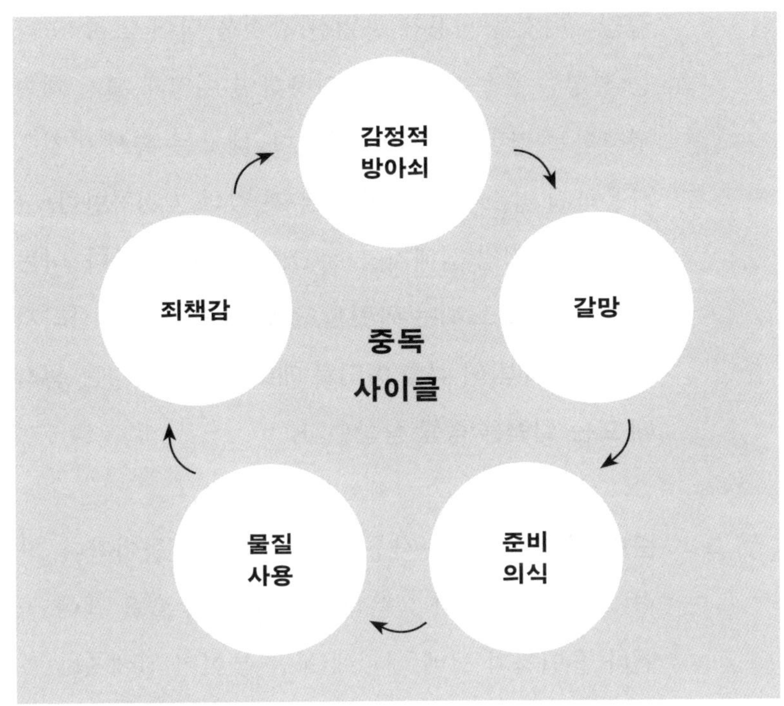

수는 없다. 그렇기에 우리는 끝없이 반복되는 이 사이 클을 시작한다. 예를 들어 볼까. 어느 날 저녁, 나는 몹 시 불안하고 내 생김새가 마음에 들지 않았다. 그래서 밖에 나가 신나게 놀기로 했다. 극심한 사회적 불안감 과 더불어 몇 주 전 내가 무례하게 굴었던 사람과 마주 치면 어떡하지 하는 걱정이 내게 감정적 방아쇠로 작 용했다.

2　　**갈망**　이것을 사용해 불편한 감정을 털어 낼 수 있다
는 환상을 품는다. 이것을 사용하면 어떻게 될지 계속
생각하는 강박적 사고에 빠진다. 때로는 혹시 이것을
사용하지 않으면 무슨 일이 날 것 같다고 집착한다. 그
런 생각이 점점 심해지고, 큰 스트레스를 받는다. 나는
술을 마실 때 느끼는 짜릿함, 불안이 순식간에 사라지
는 느낌, 이 밤이 나를 어디로 데려갈지 모른다는 생각
에 드는 설렘을 종종 상상했다.

3　　**준비 의식**　이것을 사용할 준비 행동에 들어간다. 가
령 알코올중독자가 폭음하기 전에 미리 술을 쟁여 놓
거나 흡연자가 담배 개피에 불을 붙이기 전에 연초를
죄다 말아 놓는다.[10] [11] 밤에 놀 장소에 가기 전에 내가
안전하다고 느끼는 한 친구의 집에 들렀다. 이 친구는
긴장을 풀 맛보기용으로 좋은 온갖 종류의 술을 상비
하고 있었다. 우리는 음악을 틀고 서로의 잔을 끝없이
채워 주면서 사진을 엄청 찍어 댔다.

4　　**물질 사용**　다시 이것에 손을 댄다. 감정과 갈망에서
잠시 벗어나면 내가 제정신이라는 착각이 들기도 하지
만 결국은 통제력을 잃는다. 우리는 아주 조금만, 견디

기 힘든 지금 이 감정과 갈망을 진정시킬 정도로만 이 것을 사용하자고 다짐한다. 그러나 어느새 통제력을 모두 잃고 만다. 우리는 파티에 가기 전에 이미 정신이 몽롱할 정도로 취해 있었다. 속도 울렁거렸지만 파티 장소에 도착하면 또 들이붓기 시작했다.

5 **죄책감** 같은 짓을 또 저질렀다는 사실에 죄책감을 느낀다. 그렇게 수치심에서 비롯된 사이클이 다시 이어진다. 이 사이클을 간절히 멈추고 싶고, 스스로 달라질 방법을 고민하기 시작한다. 하지만 그것도 그때뿐 불쾌한 감정에 불붙이는 일이 생활에서 또 벌어진다. 아니면 내 행실이 여전히 부끄럽게 느껴지거나. 그런 감정이 주체할 수 없게 커지면 우리는 중독 사이클을 다시 시작하게 된다. 밤새 술을 퍼마신 다음 날 아침에는 우울증, 죄책감, 숙취처럼 맴도는 불안의 감정이 몹시 심하고 고통스러웠다. 아무 생각 안 들도록 다시 술을 마시고 싶을 정도였다.

물론 이런 단계들과 사이클은 어디까지나 중독 수준의 물질 오용에 해당하는 이야기다. 하지만 신경생물학 수준에서는 행동 중독과 물질 중독이 비슷하다는 증거가 존재한다.[12][13] 고로 물질

중독의 작동 방식을 알면 중독 사이클 자체를 기본적으로 이해할
수 있다.

행동 중독

자, 이번에는 행동 중독을 살펴볼 차례다. 앞에서 이야기했듯 사람
들이 버거운 감정, 수치심, 일상의 스트레스를 처리하고자 물질에
의존하는 것처럼 중독적 행동도 같은 목적으로 이용할 수 있다. 여
기서 문제는 기분 관리를 위해 특정 행동을 계속해서 반복하다 보
면 기준치가 점점 올라간다는 사실이다. 나는 결코 충분하다고 느
끼는 적이 없다는 뜻에서 이것을 '천장 없는 꼭대기'라고 내담자들
에게 설명한다.

    이어지는 맥락으로 '쾌락의 러닝머신'이라는 말이 있다. 심리
학자 필립 브릭먼(Philip Brickman)과 도널드 캠벨(Donald Campbell)이
처음 사용한 개념인데,[14] 두 사람은 복권 당첨을 예로 들었다. 당
첨금으로 꿈에 그리던 집을 사면 한동안은 행복하지만 결국은 평
소의 기분으로 돌아간다는 것이다. 새집으로 귀가하는 날이 반복
될수록 만족감은 조금씩 줄고, 마침내는 특별히 행복하다고 느끼
지 못하는 수준까지 무뎌진다. 우리의 기대와 소망이 새로운 현실
에 적응하고 달라진 환경을 새로운 기준으로 올려놓았기 때문이

다.[15] 즉 처음의 환희를 또 느끼려면 새로운 이벤트나 성취가 필요하게 된다. 사람들이 끝없이 다음 즐거움을 찾아 두리번거리는 이유다.

여기서 질문 하나. '이 직업을 가지면 행복할 것 같아'라거나 '돈이 저만큼 있으면 더 이상 열심히 일할 필요가 없겠지' 혹은 '내게 딱 맞는 반려자를 만나면 완전하게 충족된 느낌을 받을 거야'라고 생각한 적 있는가? 그리고 실제로 그런 일이 당신에게 벌어졌을 때는 어떻게 되었는가? 정말 만족감을 느꼈는가? 이것으로 충분하다는 생각이 들던가? 아니면 금방 더 많은 것을 원하게 되었는가?

오늘날 우리는 더 욕심내고 더 이것저것 열심히 하고 더 많이 사는 것을 권장하는 세상에서 살고 있다. 혹자는 이런 문화가 현대 사회를 번영하게 한 동력이라고 주장하지만, 한편으로는 현대인은 가진 것에 진정으로 만족한 적이 없다는 의미일 수도 있다. 더 많은 돈, 더 많은 옷, 더 많은 팔로워 등 우리는 늘 무엇인가에 목이 마르다.

하지만 어떤 경험이 내게 어떤 영향을 주는지는 살아가면서 노출되는 자극에 각자 어떻게 반응하느냐에 따라 달라지기 마련이다. 올라간 행복감 요구량을 따라잡으려고 애쓰고 갈수록 더 많은 것을 원한다는 것이 혹시 자신의 이야기처럼 들리지는 않는지?

만족의 순간을 돌아보는
자기반성 연습

살면서 무엇인가를 원했던 순간을 떠올려 보자. 어릴 때 몹시도 갖고 싶었던 장난감이라든지, 직장에서의 승진, 대박 수익이 날 투자 같은 것 말이다. 일기장이나 종이를 꺼내 각 욕구의 결과가 어땠는지 적어 보자. 원하는 것을 얻었을 때 어떤 기분이 들었는가?

그런 다음 그 행복한 기분, 흥분, 혹은 만족감이 얼마나 오래갔는지 생각해 보자. 그것이 어떤 기분인지 기억 나는가? 기분이 금방 사라져 버리고 더 많은 것을 원하게 되었는가? 아니면 곧바로 다음 목표 생각에 빠졌는가?

올라간 행복감 요구량에 끌려다니는 현상의 흔한 예시를 하나 들어 보겠다. 당신은 드라마를 딱 두 편만 보자고 결심하고 텔레비전 앞에 앉는다. 유독 회사 일이 힘들어 지치는 날이었기에 집에 가서 제일 좋아하는 드라마를 볼 생각만 하루 종일 한 터였다. 마침내 귀가해 드라마를 한창 보고 있는데 저녁밥을 지어야 한다는 생각이 불쑥 난다. 하지만 다 귀찮고 보던 시리즈나 좀 더 보고 싶다. 고작 두 편 가지고는 성에 차지가 않기 때문이다. 당신은 처음에 작정했던 두 에피소드가 가려운 데를 시원하게 긁어 줄 것이라고 기대했지만 썩 만족스럽지가 않다. 시리즈를 최종 화까지 완주하면 만족감이 들까? 아니면 새로 정주행할 다른 드라마를 바로 찾아보게 될까?

만족한 적이 없었다

행동 중독이 어째서 심리적 중독 사이클을 그대로 따라가는지 여러분이 더 잘 이해할 수 있도록 내 섭식 장애 경험을 조금 들려주고 싶다.

내 중독 행동은 의식적이든 아니든 항상 어떤 기분, 즉 **감정적 방아쇠** 때문에 발동되었다. 꼭 누군가와 부대껴서 그런 기분이 생기는 것은 아니고, 대부분은 나 자신을 향한 기분이었다. 아니면 아침에 일어났을 때 그냥 기분이 그렇거나. 예를 들면 아침에 잠에서 깼는데 괜히 짜증이 나고 내가 못생겨 보이는 식이다. 그러면 열이면 열 사이클이 시작되었다.

이런 기분은 곧 마른 몸매와 허기진 느낌에 대한 **갈망**과 환상을 불러일으켰다. 그러면 먹는 양을 어제보다 더 줄일 방법을 궁리하는 일에 집착하게 되었다. 그럴 때 내가 하는 **준비 의식**은 밥때 전후로 일정을 빡빡하게 짜서 뭐든 먹을 짬을 없애는 것이었다. 순간의 도취감을 위해 나는 음식을 줄이거나 안 먹는 거부권을 마약처럼 **사용**하고 있었던 셈이다. 하지만 결국은 뭔가 당근 조각 같은 것을 입에 대거나 계획보다 운동을 덜하기 일쑤였다(밥심이 달린 까닭에 매번 그럴 수밖에 없었다). 그 결과로 돌아오는 것은 **죄책감**과 수치심이었고, 이튿날 눈을 뜨면 똑같은 상황이 재현되었다. 매일이 그런 식이었고, 나는 내가 얼마나 안 먹고 운동을 얼마나 하든 항상 부족하다고 느꼈다. 내 기대치와 외모 목표가 계속해서 올라간 탓이었다. 처음에는 그저 몸무게가 조금만 줄면 좋겠다는 생각뿐이었는데 말이다.

그런데 체중 감량은 사실 중요한 것이 아니었고 내 내면의 결핍이 진짜 문제였다. 당시의 나는 이것을 몰랐다. 알게 된 것은 수년이 지나서였다. 그때까지는 내 몸을 바꾸려는 노력이 영원히 끝나지 않는 체중계 숫자와의 추격전이 될 것이라는 사실을 까맣게 모르고 있었다.

내가 이런 길을 지나왔다는 사실을 글로 쓰자니 좀 슬퍼진다. 자신에게 진정으로 필요한 것은 마음의 평화와 자족감이라는 것을 깨닫지 못한 한 소녀가 안쓰럽기 그지없다. 지금의 나는 중독 사이클이 무한 반복된 것은 내가 이룰 수 없는 목표를 추구했기 때문이라는 것을 선명하게 보고 있다. 내면의 공허함을 바깥 것들과 애먼 행동으로 채우려 했던 것이다. 이 점을 인식하지 못한 채 중독에 빠져 있던 나는 내 내면을 들여다보고 안정감과 자존감을 채워 넣는 것이 아니라 반대로 중독적 행동에 이끌려 나 자신으로부터 점점 멀어질 수밖에 없었다.

구멍을 메우는 방법

이제 우리는 중독적 행동의 반복되는 사이클을 이해하고 중독에는 충분함의 개념이 없다는 것을 알았다. 그렇다면 스스로에게 물어보자. 내가 채우려고 애쓰는 그 구멍은 무엇인가?

우리는 내게 진짜 필요한 것이 무엇인지, 무엇이 나를 중독 물질에 의지하게 만드는지, 무엇을 잊고 싶어 하는지 정확히 파악할 필요가 있다. 내 감정적 방아쇠를 당기는 실체를 무시하거나 내가 중독적 행동을 통해 메우려고 애쓰는 마음의 구멍을 못 본 체한다면 중독의 사이클에 스스로를 가두는 꼴이 된다. 상처 자체가 낫지 않고 있는데 거기다 덧붙일 점점 더 큰 반창고만 찾아 헤매면서.

우리 내면의 구멍은 중독 사이클을 멈출 때 비로소 제대로 보인다. 약이나 중독 행동을 하지 않고 시간을 보내는 것이 유일한 회복 방법인 이유다. 불편한 감정을 정면으로 돌파하고 스스로를 마주해야만 외부의 것은 나를 고칠 수도 온전하게 완성할 수도 없다는 사실을 깨달을 수 있다. 그런 까닭에 감정적 방아쇠와 부정적인 감정을 다루는 새로운 요령을 배우는 것이 반복되는 중독의 사이클을 끊는 가장 중요한 단계 중 하나다.

게다가 요즘은 중독의 종류에 따라 갈망이나 금단증상을 억누르는 데 약물 치료의 도움을 받을 수 있다. 또 헤로인을 메타돈으로 바꾸는 것처럼 의지할 대체 약물을 처방하는 방법도 있고, 중독 행동의 목적이 심신 안정과 기분 개선인 환자에게는 우울증이나 불안 증세 치료제 처방이 고려되기도 한다. 그러므로 어떤 중독이든 꼭 의사와 상담하는 것을 추천한다.

단 장기적으로는 중독 치료의 초점을 반드시 자기 자신을 이해하는 것에 두어야 한다. 내가 왜 중독적 행동을 하는지 근본적 이유를 알아야만 재발의 늪에 다시는 빠지지 않을 수 있다. 우리 뇌가 중독에 빠져들 수 있었다면 다시 헤쳐 나오는 길도 얼마든지 찾을 수 있다.[16]

앞 장에서 우리는 많은 현대인이 다양한 중독적 행동을 일상적으로 하지만 그 행동이 우리 삶에 부정적인 영향을 미칠 때만 중독이라고 할 수 있다는 이야기를 했다. 그렇다면 어떤 것이 부정적 영향인지는 어떻게 판단할까? 모든 일은 올라갈 때가 있으면 내려오는 때도 반드시 있는 법이고, 우리의 행동은 늘 결과를 낳는다. 그런데 때로는 부정적 결과를 직접 겪어야만 비로소 자신의 내면을 들여다보고 내 기분을 마주하게 되는 경우가 있다. 다음 장에서는 이 이야기를 좀 더 자세히 나누어 보자.

중독적 행동을 돌아보는
자기반성 연습

이 장을 마무리하면서 함께 생각해 보고 싶은 것이 있다. 잠시 시간을 내어 차분히 고민하고 각자 생각을 적당한 일기장이나 빈 종이에 적어 보자.

당신은 중독적 행동을 해 보았는가? 그때 '그래, 이 정도면 충분해. 난 만족스러워'라는 생각이 들었지만 다시 똑같은 행동 패턴으로 돌아간 적이 있는가?

다음 번에 어떤 행동을 하거나 술이나 약에 손대고 싶은 충동이 또 들면 스스로에게 이런 질문을 던져 보자.

'내가 이러는 게 혹시 감정적 상처를 덮어 가리거나 일상에서 받는 스트레스를 잊기 위한 도피책인가?' '중독 물질을 사용하거나 중독 행동을 하면 내가 바로잡으려고 하는 게 과연 내 마음에 들게 바뀔까?'

5장

중독의 밑바닥:
황홀감 뒤에 따라오는 부작용

꼭 밑바닥을 쳐야 할까?

중독의 매력에 대해 이야기했으니 이제는 나쁜 점에 대해서도 살펴보는 것이 공평할 것 같다. 중독은 사람을 어둠의 길로 빠지게 할 수 있다. 우울한 이야기라는 것을 알지만, 사람 인생이 중독 때문에 망가질 수 있다는 사실을 인정하는 것이 무엇보다 중요하다. 황홀경과 아드레날린이 중독의 전부가 아니니까 말이다!

그렇다고 모든 중독자가 절망의 구렁텅이에서 허덕이는 결말을 맞는 것은 아니다. 내가 보기에는 사람마다 다른 강도로 중독적 행동을 경험하고 중독의 바닥에도 그만큼 개인차가 벌어지는 것 같다. 그런 의미에서 지금부터 이 '밑바닥' 이야기를 나누어 보려 한다. 밑바닥이 무엇을 의미하는지, 중독자가 달라지자고 결심하기 전에 반드시 바닥을 쳐야만 하는지 함께 알아보자.

부정적 결과

우리는 쇼핑, 게임, 사랑, 도박처럼 현대사회에 만연한 특정 행동이 부정적 결과를 낳음에도 끊지 못할 때만 문제가 된다는 것을 이제 안다.

술을 예로 들면 많은 현대인들이 술을 마시지만 대부분은 음주 자체만으로는 별다른 문제에 얽히지 않는다. 술 때문에 달라지는 것이 있다면 축구 경기, 저녁 식사 모임, 밤샘 파티 같은 행사가 한결 즐거워진다는 것이랄까? 중독자가 아닌 사람도 때로는 선을 넘는다. 하지만 너무 많이 마셨다 싶으면 곧 스스로 고삐를 되잡는다. 그들은 과음했던 자신의 행동을 반성하고 무절제에는 대가가 따른다는 사실을 기억한다. 그래서 다음부터는 조금만 마셔야겠다고 자기 자신에게 다짐하고는 실제로 각오를 지킨다.

한편 알코올중독자 역시 선을 넘고는 술을 줄이고 자제할 방법을 찾겠다고 말한다. 하지만 중독자들은 결심을 실천으로 옮기지 못하는 경우가 대부분이다.

여기서 우리는 중독에는 어떤 형태든 대가가 따르는 것을 볼 수 있다. 이 대가는 중독자가 자신의 중독 행동을 믿음직하게 통제하지 못하는 탓에, 다시 말해 통제력 부족 때문에 치러야 하는 비용이다. 그렇다면 게임이나 소셜미디어 같은 행동 중독의 경우는 어느 부분에서 대가를 치르는 것일까? 즉 게임 혹은 소셜미디어 중독의 부정적 결과는 무엇일까?

부정적인 결과라는 말은 다소 애매모호한 감이 있다. 하지만 원래 중독의 결과는 몹시 주관적이므로 어쩔 수 없는 일이다. 따라서 만약 누군가 중독적 행동이 자신의 삶에 해로운 영향을 준다고 느낀다면 자신의 행동을 반성하는 것 자체로 이미 가치 있다.

행동 중독의 부정적인 결과는 물질 남용의 결과보다 미묘할 수 있지만 여전히 우리 삶의 여러 측면에 악영향을 미친다.

- **연애**　소셜미디어에 중독된 사람은 휴대폰에만 매달려 애인에게 소홀하기 쉽다. 일중독자는 회사에 남아 있는 동안 아이의 첫 걸음마를 놓치고는 한다.

- **재정 상태**　게임에 중독된 사람은 랜덤박스 구입이나 프리미엄 서비스 구독에 예정보다 초과 지출한다. 사랑에 중독된 사람은 데이트 준비나 상대방에게 줄 선물에 돈을 펑펑 쓴다.

부정적 경험을 돌아보는
자기반성 연습

이번에는 각자 물질이나 행동 중독 때문에 경험했던 부정적인 결과를 일기장에 적어 보자. 위에 든 예시가 다는 아니지만 이 연습을 하는 동안 위의 내용을 참고하고 내 생활에서 영향을 받은 부분이 더 있는지 생각해 보자.

- **일**　소셜미디어에 중독되면 프로필 관리에 신경 쓰느라 본업에 태만해진다.

- **건강**　게임에 중독된 사람은 손목이나 엄지손가락 통증이 생기기 일쑤다. 폭식증이 있는 사람은 먹는 족족 토하는 습관 때문에 치아도 흔히 상한다.

바닥을 치다

'바닥을 친다'는 표현은 여기저기서 자주 들린다. 더 이상 내려갈 수 없는 최저가라는 뜻으로 바닥 가격 운운하는 광고 문구처럼 누군가 바닥을 친다고 하면 그 사람이 지금 최악의 상태라는 소리다. 한마디로 절체절명의 국면인 셈이다. 내가 재활센터에서 사귄 친구들은 이 단계를 자기가 자신을 망가뜨리고 있다는 사실을 마침내 깨닫고 스스로 달라져야 한다는 결심이 서는 시기라고 설명했다. 그런데 모두가 꼭 이 과정을 겪어야 할까?

　바닥을 친다고 반드시 변화로 이어진다거나, 모든 이가 이런 최악을 경험한다는 확실한 증거는 어디에도 없다. 그래도 이 주제에 관한 연구가 꾸준히 이루어지고 있는 데다, 트라우마를 계기로 사람이 좋은 쪽으로 180도 달라진 사례가 적지 않다.

심리학자 에이브러햄 매슬로(Abraham Maslow)는 사람이 역경을 겪는 것과 이후 개인적 성장을 이루는 것 사이에 어떤 연결 고리가 있을지 모른다고 제안했다. 그는 트라우마, 즉 밑바닥까지 내려갔던 경험이 학습의 결정적 기회가 되어 사람의 인생관과 성격에 변화를 일으킬 수 있다고 추측했다.[1][2]

또한 리처드 테데스키(Richard Tedeschi)와 로런스 캘훈(Lawrence Calhoun)은 이를 트라우마 후의 성장[3]이라 규정하면서 이 경험을 통해 보다 충만한 인간관계, 향상된 자신감, 또렷한 목적의식, 삶에 더 감사하는 자세를 갖게 된다고 말했다.[4]

1988년 유람선 주피터호가 그리스 피레우스항 근처에서 침몰해 네 명의 사망자가 발생한 비극적 사고가 있었다. 스티븐 조지프(Stephen Joseph)가 당시 생존자 일부에게 설문 조사를 실시했는데,[5] 94퍼센트가 삶을 더 이상 당연하게 여기지 않는다고 응답했고, 91퍼센트는 친구와 가족을 훨씬 더 소중히 여기게 되었다고 밝혔다.[6][7]

많은 사람들에게 깊은 트라우마를 남긴 이 사고는 일부 피해자로 하여금 삶에 대해 전보다 긍정적인 시각을 갖게 했고, 그 결과로 더 나은 장래를 선물했다. 이것이 다 중독과 무슨 상관이냐고? 우리는 중독 때문에도 트라우마가 되는 사건을 경험할 수 있다. 과다 복용이나 교통사고 같은 것이 그 예다. 이런 트라우마 경험은 따끔한 회초리가 되어 각자에게 필요한 변화를 위한 실천을 시작하게 하기도 한다. 하지만 과다 복용이나 생사를 위협하는 큰 부상이 낫고 싶어 하는 모든 중독자들에게 절대 피할 수 없는 통과 의례일까?

사람은 심리적 혼란의 시기를 거친 뒤에도 극적으로 달라질 수 있는데, 중독이 그런 혼란 중 하나다.[8][9][10] 말하자면 중독 자체가 트라우마인 셈이다. 중독은 사람을 끝이 보이지 않는 상실과 고통의 길로 끌고 간다. 이때 중독자들은 중독 사이클에서 벗어날 희망을 못 찾거나, 다른 삶의 방식이 가능하다는 것을 깨닫지 못하기 일쑤다. 이런 상황에서 중독자는 점점 더 깊은 절망에 빠져 과다 복용을 하는 실수를 저지른다. 아니면 자살 말고는 다른 방법이 없다는 안타까운 판단을 하거나. 그러니 자해하고 싶은 마음이 걷잡을 수 없이 들면 꼭 의사를 찾아가거나 구급차를 부르라고 당부하고 싶다.

그렇다면 중독자가 밑바닥에서 올라오기 시작하는 것은 정확히 언제부터일까? 러셀 스태그(Russell Stagg) 박사는 중독 같은 최저점 경험은 사람이 살면서 내려갈 수 있는 가장 낮은 곳이라고 설명한다.[11] 그곳에서는 '예측 가능하고 안전한 세상이 사라진' 것처럼 느껴지기 때문에 무력함과 공허함에 휩싸인다는 것이다. 스태그는 이 상태를 임계점 단계(threshold phase)라 부른다. 그런데 이 단계를 지나면 중독자가 스스로 달라져야 한다는 것을 깨닫는다고 한다. 바꾸어야 할 것은 정체성일 수도 있고, 어울리는 친구들일 수도 있고, 인생의 목표일 수도 있다. 스티븐 포스터(Steven Foster)와 메러디스 리틀(Meredith Little)은 이 과정을 탈곡에 비유했다. 중요하지 않은 겨 부분을 이삭에서 털어 낸다는 뜻에서다.[12]

　이처럼 연구 이론들은 트라우마 경험이 긍정적인 변화를 확실히 지속시킬 수 있다고 입을 모으지만 여전히 한 가지 의문점이 남는다. 누구든 회복되려면 일단 바닥을 꼭 쳐야 할까? 누구나 바닥을 찍어 보아야 한다는 생각에는 밑바닥에 이를 때까지 변화를 미루게 할 수 있다는 문제가 있다. 다시 말해 중독 행동이나 물질 사용을 계속하는 변명으로 삼는 것이다. '아직 더 내려갈 곳이 있어'라거나 '멈춰야 할 때가 오면 알 수 있을 거야'라고 말하는 것은 자기 파괴적인 사이클에 스스로를 가두는 꼴밖에 안 된다.

　중독 전문가 프랜시스 리커리시(Francis Lickerish)와 만나 그의 고견을 구한 일이 있다. 그때 그는 밑바닥을 치는 것 같은 일이 진짜 일어난다고는 생각하지 않는다고 말했다. 상황은 언제나 더 나빠질 여지가 있다는 것이다.[13] 그의 경험에 따르면 어떤 사람들은 자신에게 문제가 있음을 인식하고 그 문제가 심각한 피해를 일으키기 전에 당장 해결에 나섰지만, 또 어떤 사람들은 슬프게도 중독 때문에 세상을 떠나기도 했다. 그렇다면 트라우마나 고난이 꼭 필요한 것 같지는 않다. 자신의 행동이 이루고자 하는 삶의 목표 달성에 방해가 된다는 것을 일찌감치 깨닫고 변화를 위한 실천을 시작하면 될 테니까.

그런 의미에서 나는 바닥을 치는 것이 더 정확히는 스스로 변화를 결심하는 순간 아닐까 생각한다. 지치고 힘들어 더 이상 견딜 수 없어서 혹은 중독적 행동이 어떤 영향을 주고 있는지 깨달았기에 전구에 불이 켜지듯 정신이 번쩍 드는 것이다. 이 순간은 지극히 개인적인 경험이고 중독의 유형에 따라 다르게 나타날 수 있다. 다만 각자의 최저점은 주관적이고 그 자체로 타격감이 있거나 고통, 후회, 자기혐오를 더 불러올 수 있다는 것은 확실하다.

앞에서 말했듯 행동 중독의 경우는 그 행동이 우리 삶에 어떤 부정적인 영향을 주는지 알아채기 어려울 때가 많다. 게임에 중독된 내 내담자 중 하나는 게임 중독이 얼마나 심각한 결과를 초래할 수 있는지 한참을 인식하지 못했다. 그는 친구를 만나거나 운동을 하고 균형 잡힌 식사를 하는 등 일상생활이나 사회생활도 여전히 멀쩡하게 하고 있었기 때문이다. 그러던 어느 날 게임을 하다가 그해 마음먹었던 목표들 중 어느 것도 이루지 못했다는 것을 불현듯 깨달았다고 한다. 그에게는 바로 그때가 바닥을 친 순간이었다. 게임이 삶의 너무 큰 부분을 점령했다는 생각이 마침내 들기 시작한 것이다.

바닥을 치는 경험은 가족이나 친구의 개입으로 하게 되기도 한다. 자신의 중독적 행동을 계속 부정하다가 가장 가까운 이가 날린 최후통첩을 받고서야 심각성을 인정할 때가 그런 경우다. 한편 내 행동이 사랑하는 사람들에게 상처를 입힌다는 사실을 깨달아야만 자신에게 변화가 필요하다는 것을 받아들이는 사람도 있다.

정직이 최선의 방책이다, 특히 나 자신에게

변하자는 결심을 어떻게 하느냐는 많은 변수로부터 영향을 받기에 나는 모두에게 통하는 만능 치료 전략은 없다고 말하고 싶다. 다만 자기반성이 달라져야 할 때를 스스로 인식하는 데 핵심적 요소라는 것은 분명하다. 스스로에게 물어보자. 나는 문제의 근원을 외면하고 내면의 아픔을 중독적 행동으로 달래려는 것이 아닐까? 여기서 중요한 것은 정직하게 대답하는 것이다.

중독적 행동을 현미경으로 확대하듯 세밀히 들여다보면 내 행동의 목적을 반성하는 데 도움이 된다. 중독 행동의 순기능을 이해하면 내가 어떤 필요를 채우기 위해 그 행동을 하는지 알 수 있고, 행동의 악영향을 인지하면 그 행동 때문에 내가 무엇을 포기하는지가 눈에 보이기 때문이다. 이 연습은 변화의 동기가 되어 우리의 실천을 앞당긴다. 노래 부르기, 춤추기, 그림 그리기, 색칠하기, 연극 연습처럼 창의적이고 보람찬 다른 활동을 새로운 취미로 삼는 식으로 말이다.

무력함을 인정하는 것

지난날 현실 부정 태도를 극복할 때 내게 가장 큰 힘이 되었던 것은 '우리가 무력함을 인정하는 것'이 첫 단계라고 알려 준 알코올중독 모임이었다. 여기서 무력하다는 것은 아무리 노력하거나 자제해도 우리 머릿속을 헤집는 술과 약물의 위력을 꺾지 못한다는 의미다. 흡사 알레르기 반응처럼 말이다. 중독적 행동도 별반 다르지 않아서 우리는 그 행동이 내게 미치는 영향 앞에서 아무 힘도 쓰지 못한다. 이 사실을 받아들이는 연습은 내게는 통제권이 전혀 없고 물질이나 행동이 내게 어떤 영향을 줄지를 내가 고를 수 있는 것이 아니라는 점을 깨닫게 했다. 우리가 할 수 있는 선택이라고는 물질 사용이나 행동을 할지 말지뿐이다.

그런고로 만약 자신이 지금 밑바닥 지점인지 잘 모르겠다면 두 가지를 자문해 보자. 내가 중독된 행동이나 물질 앞에서 나는 무력한가? 중독이 내 목표 달성에 방해가 되고 있는가?

치료를 막 시작한 사람들은 무력함을 인정하는 것을 종종 나약함의 증거로 느낀다. 하지만 사실은 무력함을 인정하는 것이 강한 것이고 내려놓을 줄 안다는 신호다. 우리는 내 통제 밖의 것들에 항복하고 친구, 가족, 담당 치료사 같은 더 넓은 공동체를 신뢰하는 법을 배워야 한다. 개중에는 모든 문제를 혼자 해결해야 한다고 고집스레 믿는 사람이 있는데, 그런 이들에게는 문제를 다루는 다른 방식을 배우는 것이 몹시 불편하게 느껴질 수 있다.

무력함이 곧 구제 불능은 아니다. 둘의 차이를 반드시 구분할 줄 알아야 한다. 우리는 자신의 행동, 내 결정, 내 인간관계에 관한 한 절대로 무력하지 않다. 무력함을 인정한다는 것은 술, 약, 도박을 비롯한 중독적 행동 앞에서 자신이 무력함을 부정하지 않는다는 뜻이다. 따라서 중독자가 자신이 무력하다고 말하는 것은 자기 파괴적 행보를 지속할 변명이라기보다 항복 선언에 가깝다. 맞서 싸우는 것을 멈추는 대신 변화를 향한 발걸음을 떼겠다는 의지의 표현인 셈이다.

나도 재활 초기에 이 무력함의 개념을 받아들이는 것이 너무나 힘들었다. 당시에는 주량을 내가 조절할 수 있다고, 다이어트를 그만둘 시기를 스스로 결정할 수 있다고 굳게 믿었기 때문이다. 하지만 전부 내 착각이었다. 결국 모든 것을 내려놓고 무엇도 내 마음대로 안 된다는 것을 수긍하고 나서야 자유를 향한 큰 첫걸음을 뗄 수 있었다.

중독 치료 기관 스타트투스톱에 다니기 시작했을 무렵 소개받은 모임인 '무력감과 피해 알기' 그룹이 계기였다. 이 모임의 목적은 중독이 불러온 파괴적 순간을 성찰하는 것이었다. 모임은 참가자들에게 수치심을 일깨우는 것이 아니라 각자 중독 앞에서 무력했던 지난 순간을 되돌아보고 그 일로 입은 피해를 살펴보는 분위기로 진행되었다. 우리는 내가 주변 사람들에게 끼친 피해뿐만 아니라 나 자신이 어떻게 망가졌는지 혹은 그럴 위험에 빠졌는지에 관해 이야기를 나누었다.

처음에는 모임에 가기가 끔찍하게 싫었다. 그곳에서는 수치심이 형체를 띠어 피부로 느껴질 것 같았고, 그 압도적인 느낌이 두려웠기 때문이다. 그래서 나는 내 경험을 다른 사람들의 사례와 비교해 보고 내가 그 자리에 있을 필요가 없다는 것이나 확인할 심산이었다.

그러나 그룹 테라피에는 특별한 힘이 있었다. 참가자들 모두 저마다의 부끄러운 과거가 있기에 내가 남들에게 심판받는 기분이 들지 않는다는 점에서였다. 덕분에 나는 내 행동이 건강하지 않았고 내가 오랫동안 스스로를 망가뜨리고 있었다는 사실을 깨달을 수 있었다. 그렇게 나는 내 무력함을 차차 인정하게 되었고, 밝은 미래로 나아갈 수 있었다.

변화의 출발점

처한 상황에 따라 누군가는 밑바닥에 떨어졌을 때 다른 이들보다 더 큰 정신적 외상을 입는 것이 사실이다. 하지만 사람을 결정적으로 움직이는 것은 본인이 '이제 충분하다'는 결정을 언제 내리는지다. 어쩌면 이 책을 읽고 있다는 것 자체가 당신이 변화를 결심했다는 증거일 수도 있다.

기억하자. 달라지기 위해 모두가 극적인 추락을 경험해야 하는 것은 아니다. 그보다는 중독이 내 삶에 미치는 영향을 똑바로 인식하고 앞으로도 계속 그렇게 살 것인지 스스로에게 묻는 것이 훨씬 더 중요하다. 물론 그것이 결코 쉬운 일은 아니다. 다만 우리에게는 선택의 여지가 있다는 것을 꼭 알아야 한다. 그것을 알고 나면 다음 순서는 선택에 책임을 지는 것이다(여기서부터가 진짜 어려운 부분이다).

모두 알다시피 중독은 온갖 문제의 종합 선물 세트이지만 중독 치료 역시 다양한 난관의 총집합소다. 회복 과정은 고통스럽고 불편하며, 때로는 외로움과 소외감마저 사무친다. 언뜻 중독과 별반 다르지 않은 듯하다. 그러나 중독은 고통이 점점 심해지는 반면 회복 과정에서는 시간이 지남에 따라 고통이 차차 약해진다는 차이점이 있다.

회복은 긴 치료 과정을 오롯이 잘 버티는 일이다. 나는 내 내담자들에게 이 말을 귀에 못이 박히도록 들려준다. 재활 초기에 기억해야 할 가장 중요한 점은 회복 과정에는 시간이 걸린다는 것이다. 중독 치료는 하룻밤 만에 뚝딱 되는 것이 아니고 곳곳에서 여러 장애물을 만나게 되는 긴 여정이다.

지금부터는 그런 장애물 중 하나에 특히 주목해 살펴보려 한다. 자신이 밑바닥에 와 있다는 사실을 의식하지 못하게 하는 '현실 부정'이라는 걸림돌이다.

피해와 결과를 돌아보는
자기반성 연습

이쯤에서 나의 무력함과 행동에 대해 좀 더 깊이 생각하는 시간을 가져 볼까 한다. 여러분에게 수치심이 들게 하려는 것이 아니다. 이 연습의 목적은 자신의 자기 파괴적 습관에 주목하고, 사실은 내가 내 행동을 통제하고 있는 것이 아닐지 모른다는 사실을 인정하는 것이다.

자, 하고 있던 어떤 행동을 멈출 수 없다고 느낀 순간을 떠올려 보자. 물질 사용이든 중독된 행동이든 상관없다. 물질에 손을 대거나 그 행동을 할 계획이 없었는데 어쩌다 보니 그렇게 하고 있는 자신을 발견했을 수도 있다. 당시 상황을 가능한 한 자세히 적어 보자. 행동을 시작하기 전에 무슨 일이 있었는지 기억 나는가? 술을 한두 잔만 마시자고 다짐했지만 결국 훨씬 더 많이 마셔 버렸는가? 아니면 소셜미디어 접속 시간을 정해 두고도 끝내는 시간 가는 줄 모르고 계속 빠져 있거나 알람을 끄고 다시 스마트폰에 매달렸는가?

일기장이나 빈 종이에 당시 일을 적고 나면 그 행동이 불러온 결과나 피해를 기호를 매겨서 정리해 보자. 당시를 다시 떠올리기 괴로울 수도 있지만 이 연습은 중독 행동의 부정적인 영향을 객관적으로 파악하는 데 큰 도움이 된다.

6장

진실을
마주할 수 있는가?

현실 부정이라는 늪

바로 앞 장의 이야기가 꽤 무거웠다는 것을 잘 안다. 하지만 내가 약속하는데, 터널 끝에는 볕이 드는 법이다. 그런데 밑바닥이 그렇게 끔찍하고 점점 더 큰 수치심이 들게 한다면 우리는 왜 그 행동을 반복하는 것일까?

주변을 잘 살펴보면 침체 상태이지만 헤아릴 수 없는 이유로 자신에게 문제가 있다는 것을 모르거나 변할 의지가 없는 지인이 두엇은 있을 것이다. 아니면 당신이 비슷한 경험의 당사자일 수도 있다. 그래서 나는 사람을 밑바닥에 묶어 두는 가장 큰 요인, 즉 현실 부정에 대해 이야기해 보려 한다. 현실 부정은 워낙 강력한 방

중독적 행동을 계속하는 이유를
적어보는 연습

지금까지의 연습들에서 우리는 중독적 행동을 할 때의 득실을 구분해서 적어 두었다. 혹시 당신의 단점 목록이 이점 목록보다 긴가? 만약 그렇다면 그럼에도 중독적 행동을 계속하는 이유를 적어 보자.

어기제라 사람을 혹독한 자기 파괴적 사이클에 가두기 일쑤다. 그렇다면 어떤 사람이 현실 부정을 하고 있다는 것을 어떻게 알까? 우리는 현실 부정에 빠진 이를 어떻게 도와야 할까? 우선은 어째서 진실을 마주하기가 힘든지부터 살펴보자.

부정이란 무엇일까?

드디어 지크문트 프로이트(Sigmund Freud, 1856~1939)가 등장하는 지점에 왔다. 프로이트는 현대 심리학의 기반을 다진 저명한 심리학자였다. 그는 '에고(ego) 방어'라는 개념을 제시했는데, 인간이 불안이나 죄책감 같은 부정적인 기분으로부터 스스로를 보호하기 위해 무의식적으로 사용하는 방어기제를 말한다. 사람이 불쾌한 생각을 하거나 위협을 느끼면 부정적인 기분이 생겨난다. 프로이트는 이럴 때 방어기제가 작동해 우리가 현실을 왜곡하고 어려운 상황에 대처할 수 있게 된다고 여겼다.

사람은 누구나 이런 방어기제를 일상적으로 사용한다. 방어기제는 매일 우리 머리를 스치는 온갖 생각을 걸러 내고 한꺼번에 모든 일을 걱정하지 않도록 해 준다. 방어기제가 없다면 우리는 능률적으로 살아갈 수 없을 것이다.[1] 물론 가끔은 이런 방어기제가 과잉 작동하기도 하지만 말이다. 지금까지 다양한 종류의 방어기제가 이론으로 체계화되었는데, 그중 몇 가지 예를 들면 다음과 같다.

- **투사**　투사는 수치심 같은 부정적 기분을 남에게 덮어씌우는 것을 말한다. 투사가 발동한 사람은 이 기분의 존재를 인정하지만, 그것을 온전히 자신의 기분으로는 인식하지 못한다. 예를 들어 바람을 피우고 나서 드는 창피함이 질투심으로 변해 배우자 때문에 내가 부정을 저질렀다는 식으로 나올 수 있다.

- **합리화**　합리화는 자신의 행동을 정당화할 해명을 궁리할 때 나타날 수 있다. 가령 누군가의 지갑을 도둑질하고는 저 사람보다 내게 돈이 더 필요했다고 혼잣말을 하는 식이다.

- **지성화**　지성화는 감정으로부터 멀어지기 위해 상황을 지나치게 분석하는 것을 말한다. 죽을병 선고를 받은 사람이 죽음 앞에서 드는 감정을 마주하는 대신에 병에 관한 모든 정보를 파고드는 것이 그런 예다.

- **축소**　축소는 문제의 영향이나 결과를 무시함으로써 그 문제를 별일 아닌 양 취급하는 것이다. 이를테면 어떤 사

람은 "어차피 수업에서 배울 것이 없으니까 강의를 빼먹고 게임을 해도 괜찮아"라고 말한다.

- **보상** 보상은 불안한 한 부분을 보완하고자 삶의 다른 부분에서 성취에 매달리는 것이다. 가정불화를 피하려고 모든 시간과 노력을 일에 쏟는 것이 그런 예다.[234]

사실 방어기제 목록에 부정(denial)을 추가한 것은 프로이트의 딸 아나였다. 오늘날 우리는 부정의 개념에 익숙하고, 흔히 남들 눈에는 다 보이는데 혼자만 못 볼 때 저 사람이 현실 부정을 한다고 이야기한다. 부정은 불편한 생각이나 경험 혹은 사실을 마음에서 몰아내거나 진실로 인정하기를 거부함으로써 무시할 때 작동한다. 부정으로 거부되는 현실로는 중병, 재정적 곤란, 연인이나 배우자의 배신, 그리고 당연히 중독을 들 수 있다.[5] 사람들은 만약 나쁜 일이 일어났다는 혹은 일어나고 있다는 것을 인정하지 않는다면 그 일이 내게 해를 끼칠 수 없다고 생각한다. 한마디로 진실을 거부하는 정서적 반응인 셈이다.[67]

누군가 부정이 우리를 안전하게 지켜 준다고 말할지 모른다. 부정이 압도적인 감정을 잠시 피할 임시방편인 것은 사실이다. 소중한 물건이나 사람을 잃는 것처럼 트라우마가 될 만한 일이 우리에게 일어나고 있다면 부정은 그 감정과 우리 사이에 약간의 거리를 벌려 놓는다.

엘리자베스 퀴블러로스(Elisabeth Kübler-Ross) 박사가 세운 애도의 5단계 이론이 좋은 예다. 박사는 죽음을 앞둔 환자들과 그 가족들을 관찰한 뒤 감정의 변화를 5단계로 구분하고, 그 첫째가 부정이라고 제안했다. 이때 부정에는 충격이 동반할 수 있다. 나머지 단계들은 차례대로 분노, 타협, 우울, 수용이다.[8] 퀴블러로스는 일반적으로 사랑하는 가족과 사별하자마자 부정이 시작된다는 것을 발견했다. 아나 프로이트가 설명한 것처럼 부정은 상실의 아픔으로부터 유가족을 보호하고 그들이 새로운 현실에 적응할 시간을 주는 듯하다.[9]

그러나 아무리 부정이 애도 과정에서 나타나는 자연스러운 현상이더라도 중독적 행동 때문에 내가 망가지고 있다는 것을 인식하지 못하게 우리 눈을 가릴 때는 문제가 된다. 바로 앞에서 목록으로 나열했던 다른 방어기제들도 마찬가지다. 이런 문제적 방어기제들은 사람들이 자신의 삶과 건강을 해치는 행동을 계속하도록 만든다. 방어기제의 본래 기능은 불편한 감정으로부터 나 자신을 지키는 것이기에 완전히 손절하는 것은 힘들 것이다. 하지만 자신이 중독 사이클에 갇혀 있다는 사실부터 인정하지 않는다면 중독자의 회복은 사실상 기대할 수 없다.

쉬운 이해를 위해 지금부터는 이 모든 방어기제를 통틀어 '부정'으로 표현하겠다.

중독자들은 어떤 식으로 부정할까?

내담자들은 보통 첫 상담 시간에는 그들의 중독에 대해 꼬치꼬치 캐는 것을 싫어한다. 대신 나쁜 일이 자신에게 끊임없이 일어나는 이유를 상담사가 가르쳐 주기를 원한다. 한마디로 지금보다 나아지고 싶으면서도 중독된 습관을 바꾸고 싶지는 않은 것이다. 그들은 나쁜 일이 반복되는 악순환에 갇혀 있지만, 그 중심에 있는 것은 자기 자신이라는 사실을 알아채지 못한다.

어떤 내담자는 애인으로부터 어떤 행동 혹은 물질에 중독된 자신을 더 이상 참아 줄 수 없다는 최후통첩을 받았다고 이야기한다. 그런데 이처럼 가장 가까운 사람이 당신에게 문제가 있다고 대놓고 말하는 지경인데도 정작 당사자는 애인이 과민 반응이라며 요지부동이기 일쑤다. 그렇다면 현실 부정은 중독적 행동에서 어떤 모습으로 나타날까?

- **보상** 현실에서 느끼는 사회적 불안을 잊기 위해 게임에서 높은 레벨에 올라가거나 높은 순위를 달성한다. 이런 사람은 예를 들어 곧 있을 온라인 게임 토너먼트 때문에 연습해야 해서 파티에 못 간다는 식으로 말한다.

- **축소** 자신의 행동을 축소해서 말하거나, 그 행동을 쉼

없이 계속하는 것이 진짜 중독자라고 주장한다. 이런 사람은 예를 들어 "나는 집에 있을 때만 온라인 쇼핑을 해"라는 식으로 이야기한다. 혹은 더 심한 경우도 얼마든지 있다면서 가볍게 넘기거나, 극단적 상황을 문제적 행동의 기준으로 삼는다. 이런 사람은 가령 "어젯밤에 술을 마셨지만 정신을 잃지 않았어" 같은 소리를 한다.

- **남 탓** 외부 요인이나 다른 사람의 행동 탓으로 돌려 자신의 행동을 정당화한다. 이를테면 "네가 항상 그 멍청한 텔레비전 쇼에 빠져 있으니까 내가 늘 휴대폰을 보는 거야"라고 말한다.

- **투사** 자신의 중독에 대한 부정적인 기분을 타인의 행동에 전가한다. 가령 마음속 죄책감이 자신의 음주 습관 때문이면서 다른 사람 이야기를 하는 식이다. "어젯밤에 X가 얼마나 많이 마시던지 깜짝 놀랐어. 진짜 창피한 일이지 뭐야."

- **합리화** 자신의 행동을 주변에 인정받기 위해 변명한다. 이런 사람은 "온라인 도박은 긴장을 풀어 주어서 기분이 좋아져" 같은 말을 한다.

합리화 습관을 돌아보는 연습

바로 앞의 연습 때 일기장에 적었던 내용을 다시 보면서 내가 중독 행동을 계속하는 이유를 차근차근 살펴보자. 위의 예시들 중 하나라도 일치하는 것이 있는가? 각자 목록에서 위의 예시에 해당하는 항목을 눈에 잘 띄도록 표시하자.

- **내가 통제하고 있다는 믿음**　그렇지 않다는 증거가 차고 넘침에도 내가 원하면 언제든 그만둘 수 있다고 믿는다. 이런 사람은 예를 들어 "딱 한 잔만 마시고 참을 수 있어"라고 단언한다.

어떤 사람들은 주변의 도움으로 진실 한가운데 내던져지는 것만으로 변화의 충분한 기폭제가 된다. 반면에 자신이 중독자임을 가리키는 더없이 확실한 증거가 있음에도 방어기제가 워낙 탄탄해 현실을 고집스레 부정하면서 불편한 기분을 계속 회피하는 사람도 있다.

우리는 왜 진실을 부정할까?

지금 우리는 불편한 생각이나 경험으로부터 나 자신을 보호하는 방어기제로서 부정을 살펴보고 있다. 그런데 여기서 불편한 생각과 경험이라는 것이 도대체 무엇을 말하는 것일까?

일단 중독적 행동을 하는 사람은 자신이 중독자라는 생각이나 연관해서 드는 수치심을 가리기 위해 무의식적으로 부정 기제를 가동하는 경우가 많다. 자신의 중독 행동이 나약함의 증거라거나, 자신이 가족을 실망시켰다고 생각하지 않으려 하는 것이 그런 예다.

한편 현실 부정은 중독의 결과를 외면하게 하는 데도 쓰인다. 간 질환 같은 건강 문제, 도박으로 인한 재정적 곤란, 사랑 중독 때문에 파탄난 관계 등을 직시하지 못하게 되는 것이다. 이처럼 부정은 물질 사용이나 중독 행동을 계속하게 하고, 중독의 결과는 무시하면서 중독이 주는 도취감이나 장점에만 집중하게 한다. 모든 꼭대기에는 밑바닥이 있음을 깨닫는다면 더 이상 중독의 이로운 효과에만 매달릴 수 없을 텐데 말이다.

가장 중요한 특징인데, 부정이라는 기제의 용도에는 중독의 원인인 불편한 진실로부터 사용자를 보호하는 것도 있다. 예를 들어 누군가 자신은 중독 수준으로 일에 몰두함으로써 자존감을 얻는다는 것을 깨닫는다고 치자. 그러면 그는 자신이 역량 부족으로 가업을 물려받는 후계자 경쟁에서 밀렸다는 현실을 받아들여야 할 수도 있다.

하지만 현실을 부정하면 자신의 행동에 책임을 질 필요가 없다. 현실 부정에 빠진 중독자는 자신이 인생을 전혀 통제하지 못한다는 것을 인정하지도, 자신에게 다가올 앞날을 직시하지도 않는다. 안전하고 친숙한 사이클 안에 머물게 되는 것도 같은 맥락이다. 만약 부정이라는 보호 기제 뒤에 숨는다면 우리는 무한 반복 사이클에 갇히게 되고, 결국 변화는 요원해질 것이다. 어떻게 장담하느냐고? 내가 딱 그랬기 때문이다.

제니 스반베르그(Jenny Svanberg)는 『중독의 심리학』에서 변화란 인간의 본질에 도전하는 것이라고 주장한다. 중독자들은 자신의 중독 행동에 대한 모든 도전을 그의 정체성과 목표를 향한 공격으로 인식한다. 그러니 부정 기제 뒤에 숨고 싶어지는 것이 당연하다.[10]

내 내담자 중에 트라이애슬론과 울트라마라톤* 모두에 참가하는 사람이 있었다. 취미였던 운동은 언제부터인가 그녀를 망가뜨리기 시작했고, 결국 건강 악화로 이어졌다. 다들 엄청나게 활동적이고 서로에게 운동을 권장하는 집안 분위기 탓에 그녀도 따라가지 않으면 게으름뱅이로 보이기 십상이었다고 한다. 운동이 해롭고 중독성 있을 수 있다는 생각을 그녀가 이해하기 어려운 것은 당연했다. 게다가 그녀는 대회 참가를 그만두면 부모님의 신뢰와 기대를 잃을까 걱정했다. 운동은 그녀가 사람들과 소통하는 수단이었고, 그녀의 전부였다. 그녀가 경험하고 있는 부정은 자신의 정체성을 뒤흔드는 거대한 도전으로부터 스스로를 보호하려는 노력인 셈이었다.

사람들이 진실을 부정하는 이유는 그 밖에도 더 있다. 중독자의 가까운 이들이 파괴적 행동을 부추기거나 방관하는 경우가 그중 하나다.[11] 또한 특정 물질에 중독된 사람들은 사고 기능이 손상되어 자신의 중독에 대한 통찰력이 부족할 수 있다는 증거도 존

재한다.[12]

제3자의 눈에는 중독자가 불만, 슬픔, 분노를 주변에 쏟아 내는 것이 다 현실 부정 탓으로 보인다. 그러나 진실을 부정하는 태도가 어디에서 비롯하는지 이해하려고 노력한다면 그 사람에게 더 공감하고 인내심 있게 대할 수 있다. 일각에서는 부정을 부정이라고 부르지 말아야 한다는 주장까지 나온다. 중독자에게 낙인을 찍는 말이라는 이유에서다. 그도 그럴 것이 부정이라는 용어는 이 기제가 처음에 중독적 행동에 발을 들이게 한 수치심, 트라우마, 고통으로부터 종종 우리를 보호한다는 점을 설명하지 못한다.

부정과 가족

앞에서 가까운 사람이 중독자의 파괴적 행동을 방조하기도 한다고 했던 것을 기억하는가? 이 말에 혹자는 어째서 소중한 이의 중독을 부추기게 된다는 것인지 궁금할 것이다. 그 까닭은 대체로 사람들은 변화를 좋아하지 않기 때문이다.

중독 치료 전문가 리커리시는 현실 부정이 집안 전체에 스며 퍼질 수 있다고 설명한다. 그럴 경우 부정의 강도와 드라마가 회피 기술의 요소라는 것이 그의 견해다.[13] 만약 가족 중 누군가가 무엇인가에 중독되어 드라마 같은 상황을 만들어 내면 나머지 가족들은 본인의 문제를 처리하는 것보다 이 드라마에 더 집중하게 된다. 이는 곧 가족 전체가 무의식적으로 협동해 한 사람의 중독 상태를 유지시키는 꼴이 될 수 있다.

예를 들어 볼까? 한 부부가 서로 사랑이 식어서 관계가 무너진다. 집안을 감도는 불협화음의 기운을 감지한 자녀는 불행하거나 화가 나서 약에 손을 대기 시작한다. 부모는 무의식적으로 아이의 약물중독을 최우선 순위에 놓고 약 중독이 일으키는 각종 사건 사고를 진화하는 데 모든 에너지를 쏟아붓는다. 그렇게 부부는 자신들의 불화에는 신경 쓸 틈이 없어진다.

이처럼 중독은 때때로 부부의 결속을 유지시키는 접착제 역할을 한다. 하지만 접착제가 사라지면 결혼 생활도 곧장 산산조각이 난다. 어떤 결혼 관계는 결국 회복되지 못한 채 그대로 사라진다는 것이 안타까울 따름이다.

부정에 대처하는 방법

나는 가끔 중독자의 가족들과 따로 시간을 마련해 사랑하는 혈육이 현실을 부정하는 모습을 지켜본다는 것이 어떤 일인지 각자의 생각을 듣는다. 그들 이야기로는 현실 부정을 인식하고 못 하고를 가르는 가장 큰 잣대는, 서로 안부를 묻고 근황 이야기를 나누려

할 때 돌연 날카로운 반응을 보이는 것이다. "그 이야기는 하고 싶지 않아"라거나 "아무 문제도 없어"라며 말을 끊는 식이다.

가족들 눈에는 중독된 식구가 괴로워하고 있고, 그의 삶이 통제 불능 상태가 되어 간다는 것이 분명하게 보인다. 그런 까닭에 사랑하는 사람이 이런 태도를 보이는 것은 가족들에게 힘든 일이다. 슬픈 현실은 중독자가 부정 기제를 휘두를 때 생각을 바꾸도록 곁에서 도울 방도가 거의 없다는 것이다. 나 자신이 무력하다고 느끼게 하기에 인정하기 쉽지 않은 사실이다. 세상에는 이런 상황에 처해 있는 이들을 위한 다양한 지지 그룹이 활동하고 있다. 이 내용은 뒤에서 다시 언급하겠다.

정면 대치

현실 부정은 중독자가 친구나 가족의 달라지자는 제안을 거부하게 만들기 쉽다. 도전이 직접적일 경우, 저항은 특히 거세진다. 한껏 날을 세운 중독자는 어떤 질문을 하든 싸우려 들거나 잔뜩 짜증을 낸다. 이럴진대 과연 우리는 반발을 감수하고 중독자의 부정에 정면으로 맞서야 할까? 사실 강압적이거나 적대적인 직접적 접근 방식은 상대방의 인식을 바꾸거나 부정을 극복하도록 설득하는 데 효과가 별로 없다는 증거가 많다. 완고한 현실 부정에 빠져서 달라질 의지가 전혀 없다고 누군가를 낙인찍는 것은 사실상 아무 도움도 되지 않는다. 부정 기제는 우리를 보호하기 위해 존재하는 것이다. 그렇기에 누군가 공격받는다고 느끼면 방어벽은 높아지고 변화의 희망은 점점 줄어들 뿐이다.[14][15]

공감하고 지지하며 돕기

그래서 나는 대신에 공감과 지지를 통해 돕는 접근 방식을 추천한다. 쉽지는 않지만 이 방법이 더 바람직한 성과를 낸다는 증거 자료가 있다. 가령 한 연구에 따르면 식구들이 공감을 바탕으로 상냥하게 행동하는 가정에서는 치료를 받도록 중독자를 설득하는 데 공격적인 가정보다 두 배 성공적이었다고 한다.[16]

사람이 무엇인가에 중독되는 이유는 복잡하다. 그중에는 힘든 경험을 견디는 데 도움이 되기 때문에 물질을 사용하거나 중독 행동을 하는 이들도 있다. 알코올중독자의 가족을 위한 알코올중독자 모임은 알코올중독을 온 가족이 함께 앓는 병이라 정의한다.[17] 타고난 것이든 환경적인 것이든 가족 관계는 종종 중독적 행동을 시작하게 하는 결정적 방아쇠로 작용한다. 이런 집에서 식구들이 중독자에게 맞서거나 화를 내는 것은 중독의 근원을 악화시키는 꼴밖에 안 된다.

우리는 중독자인 가족을 향해 손가락질하기보다 그를 이해하려고 노력해야 한다. 의사이자 작가인 가보르 마테가 멋지게 표현했듯 가장 큰 영향력을 미치는 것은 우리가 어떻게 행동하느냐가 아니라 어떤 존재로서 그 행동을 하는지다. 나는 자식을 사랑하는 부모인가 아니면 기소하는 검사인가, 친구인가 아니면 심판하는 판사인가를 생각할 필요가 있다.[18] 정면 대치 방식은 중독자인 가족의 수치심과 당혹감을 키우고 식구들과의 불화를 유발하는 경우가 많다.

도전하고 경계를 지키면서 건설적인 피드백을 주고받는 것이 중요하지 않다는 소리가 아니다. 나는 현실 부정에 갇힌 식구에게 다가가고 싶어 하는 내담자들에게 주어를 '나'로 해서 말하는 방법을 자주 추천한다. 이 기술을 쓰면 상대방을 비난하거나 잘잘못을 따진다는 어감 없이 저 사람의 행동이 내게 어떻게 느껴지는지를 표현할 수 있다. 예를 들자면 이런 식이다.

"나는 네가 저녁 식사 시간에 휴대폰만 붙잡고 있으면 너와 멀어진 것 같고 슬퍼져."

"나는 네가 약을 하고 내게 소리를 지르면 난 무서워."

"나는 당신이 야근하느라 늦을 때마다 너무 보고 싶어. 당신과 양질의 시간을 더 많이 보내면 좋겠어."

"나는 당신이 월급을 죄다 도박에 쓸 때마다 우리 집 재정 상황이 걱정돼."

말만큼 실천이 쉽지는 않을 테지만 나는 무엇보다 침착함을 유지하라고 당부하고 싶다. 기억하자. 부정 기제 뒤에서 자신을 보호하는 습관에는 다른 도움을 구할 수 없다는 대가가 따른다.[19] 흔히 현실 부정에 빠진 사람은 방어적이 되거나 짜증이 많아진다. 거기다 대고 만약 성을 낸다면 상황을 악화시키고 상대방의 저항만 키우기 쉽다. 반면 상냥하고 정중하게 다가가면 비록 상대방이 나의 바람대로 반응하지 않더라도 변화가 필요하다는 생각의 씨앗을 그의 마음속에 심을 수 있다.

한편 경계는 중독자의 가족이나 친구가 자신을 안전하게 지킬 가장 중요한 요소 중 하나다. 적절한 경계에는 중독자와 동반 의존 관계로 얽히는 일을 미연에 막는 효과도 있다. 우리는 중독된 사람의 능력에 너무 큰 기대를 하면 안 된다. 인정하기 싫겠지만 아무리 가까운 친구나 가족도 중독자가 스스로 행동을 바꾸게 하지는 못한다. 지켜보는 사람에게는 아마 이 부분이 몹시 힘들 것이다.

시도할 만한 또 한 가지는 치료다. 치료는 중독자를 달래서 함께 받아도 되고, 가족이 혼자 시작할 수도 있다. 적절한 도움을 구할 수 있는 나만의 안전지대를 마련하는 것은 경계를 유지하는 데 큰 도움이 되니까.

다만 치료로 현실 부정을 극복하기 위해서는 재활을 시작한 중독자의 협조가 있어야 한다. 치료의 목표는 중독적 행동과 중독의 결과를 부각시킴으로써 현실 부정의 기세를 차차 누그러뜨리는 것이다. 이때 치료사는 중독자가 불편한 진실을 외면하는 것이 아니라 똑바로 바라보도록 독려한다. 만약 어떤 중독자가 치료를 시작할 수 없거나 치료받는 것을 거부한다면 가족이 함께 치료받으러 다니는 이 전략이 통할 수도 있다.

도전받는다고 느낄 때

사람은 누구나 방어기제를 가지고 있다. 우리는 저마다의 방식으로 생각이나 감정을 이용해 냉혹한 진실로부터 스스로를 보호한다. 그런 생각과 감정은 운명이 내 편이 아닐 때 악착같이 버티도록 돕는다. 하지만 긍정적 변화를 능동적으로 꾀하는 데는 걸림돌로 작용할 수 있다.

남이 내 중독적 행동에 딴지를 걸었을 때 어떤 기분이었는지 기억을 더듬어 보자. 누군가 당신이 무엇인가에 시간이나 돈을 너무 많이 쓴다고 지적한 적이 있는가? 사람들이 그럴 때 어떤 생각이 드는가? 좌절감에 빠지거나 방어적이 되어 벽을 세웠는가? 우리는 자신의 중독에 대한 인식에 스스로 도전장을 던져야 한다. 아마도 그 첫걸음을 내딛는 데 이 책이 보탬이 될 것이다.

가끔은 객관적 증거를 참고하는 것이 편리하다. 휴대폰에 앱 사용 패턴을 분석해 보여 주는 스크린타임 기능이 있는가? 혹은 휴대폰 앱에 일주일에 술을 얼마나 마시는지 기록할 수 있는가?

중독으로 고생하는 이들이 친구나 가족이라면 그가 그 행동을 왜 계속하는지 이해하려고 노력해 보라. 단 당신에게 그의 문제를 바로잡을 책임은 없다는 것을 명심하자. 상대방의 중독적 행동을 인지하는 것은 중요한 일이다. 특히 어떤 식으로든 당신에게 해를 끼칠 때는 더더욱 그렇다. 하지만 만약 당신이 그를 공격적이거나 위협적인 태도로 대하고 있다면 그에게 당신이 어떤 영향력을 끼치고 있는지 돌아보고 그런 식으로 상대방을 도발하는 것이 쓸모 있는 짓인지 자문해 보자. 어떤 방법으로든 중독자가 자기 행동의 이유를 인지하고 그 행동이 자신의 삶에 어떤 영향을 주는지 스스로 깨닫도록 도울 수 있다면 중독자로 하여금 자신의 진짜 현실에 관심을 갖도록 유도해 긍정적 변화를 독려할 수 있을 것이다.

나는 이 책이 전문가 치료와 비슷하게 당신의 부정 기제를 살살 깎아 내고 당신 안에 불꽃을 일으켜 다른 시각으로 통찰하게 해 주기를 바란다. 이 작은 불꽃이 큰 변화의 시작일지도 모르기 때문이다.

7장

패턴 깨기

습관적 패턴과 행동을 어떻게 바꿀까?

변화는 왜 어려울까? 어째서 우리는 속으로는 어떤 행동을 그만두고 싶으면서 바로 실천하지는 못할까? 중독의 신체적 증세 말고 우리의 변화를 가로막는 것은 도대체 무엇일까?

변화는 누구나 살면서 불가피하게 겪는 일이다. 우리는 이사를 하고 직장을 옮긴다. 옛 친구는 멀어지고 새 친구가 다가오는 모습을 지켜보기도 한다. 대개 사람들은 지금 패턴을 유지하는 것이 편안하다고 느끼지만 그런 생활은 행복하지 않은 경우가 많고, 우리가 원하는 삶이 아니기 십상이다. 이 장은 오롯이 변화에 대한 이야기를 담고 있다. 여기서 우리는 해로운 행동 패턴을 깨는 것이 얼마나 보람 있고 중독 사이클에서 벗어나 자유롭게 살기 위해 꼭 필요한 일인지를 살펴볼 것이다.

시작하기 전에 많은 사람들이 변화를 두려워한다는 말을 해 두고 싶다. 인간은 반복되는 일상 속에서 안락함을 찾도록 프로그래밍된 존재이며, 되도록 나와 비슷한 습관을 가진 사람들과 어울리려는 본능을 가지고 있다. 게다가 습관은 자기 자신에 대한 뿌리 깊은 신념에 기초하기에 보통은 깨뜨리기가 어렵다.

내 경우 한때 온 정체성이 파티걸이라는 목표에 꽂혀 매일같이 술과 약에 찌들어 살던 시절이 있었다. 그런 내게 달라진다는 것은 내가 누구인지를 의심하는 것과 다름없었다. 변화는 너무나 무서운 일이었지만 장담하건대 절대 불가능하지는 않다. 이제부터 변화의 여러 단계들을 차근차근 살펴보고 어떻게 하면 나쁜 습관을 버리고 건강한 습관으로 바꿀 수 있는지 함께 알아보자.

신념 체계

앞에서 언급했듯 신념 체계는 우리가 세상을 걸러서 보는 필터다. 사람의 신념 체계에는 어린 시절부터 켜켜이 쌓아 올려 단단하게 굳어 버린 자기 자신에 대한 믿음도 포함되어 있다.

들어 보았는지 모르지만 1960년대와 1970년대에 에런 벡

(Aaron Beck)이 인지행동치료(CBT, cognitive behavioural therapy)라는 치료법을 처음으로 쓰기 시작했다. 벡이 이 치료법 개발의 기반으로 삼은 것은 역기능적 사고가 모든 심리 문제의 공통점이라고 보는 인지 모델이었다. 일반적으로 인지 모델은 건강하든 건강하지 않든 사람의 인지 체계를 다음과 같은 세 가지 수준으로 나눈다.

1 **핵심 신념 혹은 핵심 신념 체계**   나 자신과 주변 세상에 대해 단단하게 굳어진 믿음을 말한다. 보통 핵심 신념 체계는 완강하며, 우리가 일상의 경험을 인지하는 방식을 결정한다. 가령 '나는 사랑받을 자격이 없다'거나 '나는 ~할 가치가 없다'는 생각이 핵심 신념에 속한다.

2 **기저의 가정**   중간 층위의 신념에 해당하며, 핵심 신념보다는 구체적인 편이다. 멜라니 페넬(Melanie Fennell)은 생활 규칙이라 칭하기도 했는데, 부정적인 신념을 벌충하기 위해 꼭 이러이러하게 해야 한다는 생각이기 때문이다.[1] 예를 들어 '거절당하지 않으려면 사람들을 기쁘게 해야 해'라고 생각하는 식이다.

3 **자동적 사고**   가장 표면 층위에서 일어나는 이 인지 작용은 예전에도 겪은 상황에 자동적으로 나오는 반

응이다. 일례로 상대방에게 '아니, 나 안 돼'라고 말해야 할 때 혹자는 '내가 저들 마음에 들게 못했으니 이제 저 사람들은 나를 미워할 게 분명해'라는 생각이 들 수 있다.[234]

길 건너편에서 지인을 보았는데, 그 사람이 당신에게 손을 흔들지 않는다고 치자. 이때 보통 사람들은 이 상황을 그가 나를 보지 못했다는 식으로 해석하고 넘긴다. 그런데 '나는 호감 가는 사람이 아니야' 같은 부정적인 핵심 신념을 가진 사람은 상황을 좀 다르게 받아들이고 '나와 말을 섞고 싶지 않아서 날 못 본 척했구나'라고 생각한다. 이 생각(그가 나를 피했다)은 자칫 핵심 신념(나는 호감 가는 사람이 아니다)을 강화하는 되먹임 효과를 낼 수 있다.[5]

신념 체계는 소아기와 청소년기에 여러 가지 일을 겪으면서 상당 부분 완성된다. 문제는 이 시기의 경험에 부모의 이혼, 가족의 죽음, 학교 폭력, 신체적 혹은 성적 학대, 빈곤, 차별 등이 드물지 않다는 것이다. 게다가 형제자매보다 더 적은 관심을 받고 자라는 것처럼 훨씬 미묘한 사건도 신념 체계 구축의 재료로 쓰일 수 있다.[6]

신념 체계는 특정 상황에서 우리가 어떻게 행동할지에 영향을 준다. 그렇기에 앞서 논의했듯 사람들이 보이는 자기 파괴적 행동 역시 신념 체계의 부산물일지 모른다. 예를 들면 자신이 사랑받을 만한 인간이 아니기에 상대방을 기쁘게 하지 않으면 안 된다는 믿음은 단지 세상에 잘 적응하고 싶다는 이유만으로 기껍지 않은 일을 하게 만들 수 있다.

내 경우 내면에 깊이 뿌리내린 핵심 신념 중 하나가 '나는 부담스러운 인간'이라는 것이었다. 가족들은 내가 다른 사람들은 안중에 없이 자기 하고 싶은 대로 시끄럽게 굴 때마다 나를 우버고기 (우악스럽고 버르장머리 없는 고집쟁이 기지배)라고 불렀다. 이 별명 때문에 나는 인생의 대부분을 내가 남들이 감당하기 힘들어하는 인간이고, 그래서 사랑받을 자격이 없다고 믿으며 살았다.

습관

중독의 사이클과 습관 형성의 관계는 앞에서 이미 나누었던 이야기다. 고로 이제는 우리도 신경과학에 대해 아는 것이 좀 더 생겼으니 여기서는 자세한 설명을 생략하겠다. 습관은 대개 무의식적으로 나오는 자동적인 반응이다. 일례로 동물실험을 해 보면 실험 쥐가 다른 행동을 하고 있을 때도 습관을 관장하는 뇌 부분이 습관적 행동을 자동으로 시작시키고 멈추는 것을 알 수 있다. 즉 내가 양치를 하고 싶을 때는 휴대폰을 하거나 집 안을 돌아다니면서도 아무 의식 없이 동시에 양치질을 할 수 있다는 이야기다.[78] 이처럼

자기 신념을 재검토하는 연습

자, 이번에는 자기 신념 몇 가지에 도전장을 던지는 연습을 해 보려고 한다. 잠시 시간을 내어 자신에 대해 부정적으로 생각하는 것이 있는지 생각해 보자.

아마도 그 믿음은 어릴 때 누군가에게 무슨 말을 들었거나 어떤 일을 겪은 뒤부터 생겼을 것이다. 어쩌면 그 생각은 의식하지 못하는 사이에 당신을 졸졸 따라다니고 있었을지 모른다. 현재 당신이 의지하는 현실 부정 기제의 발단이 바로 이 생각일 수도 있다. 혹시 자신이 부족하다고 생각한 적 있는가? 과하다고 생각한 적은? 한 번이라도 자신을 낙오자라 여겼는가? 우정과 사랑이라는 행복을 누릴 자격이 자신에게는 없다고 생각한 적 있는가?

다음으로 자신에 대해 당신이 갖고 있는 신념을 중독의 맥락에서 살펴보자. 당신은 술이나 약이 있어야만 행복감을 느끼거나 즐거워진다고 생각한 적 있는가? 재활을 시작해도 결국 실패할 것이라고 한 번이라도 생각했는가?

　자, 이제 당신의 신념을 하나하나 다시 검토하면서 자신에게 질문을 던져 보라. 그 믿음이 진짜라는 증거는 무엇인가? 이 믿음이 나를 현실 부정의 사이클에 가두어 두고 있는가?

우리는 전혀 자각하지 못하고 습관적 행동을 한다. 습관을 고치는 것이 어려운 이유다.

앞서 언급했듯 습관은 처음에 생길 때 방아쇠가 되었던 신호에 의해 촉발될 수 있고, 만약 행동에 보상이 뒤따른다면 점점 강화되기도 한다(그 도파민 쾌감 이야기를 아직 기억할 것이라 믿는다). 바에만 가면 장소가 방아쇠를 당겨 중간에 담배를 피우러 나가서 니코틴이라는 '보상'을 자신에게 주는 습관적 행동이 거의 자동으로 나오는 것이 그런 예다.

전문가들은 어떤 습관은 그 사람의 신념 체계, 목표, 가치를 반영한다고 말한다. 그렇기에 부정적인 신념 체계를 가진 사람은 행동 역시 성이 안 가거나 불건전하기 십상이다. 간단한 예를 하나 들어 볼까. 한때 담배를 피우는 것이 곧 멋짐의 상징인 시절이 있었다. 그래서 그때는 적잖은 10대들이 흡연을 통해 무리에 더 잘 끼려고 했다. 하지만 결국 습관과 행동('애들과 어울리려면 담배를 펴야 해')이 부정적인 신념 체계('나는 비호감이니까 다른 애들 비위를 맞춰야 해')를 점점 강화하는 되먹임 고리 형성이라는 결과를 낳고 말았다.

만약 습관이 내가 나를 어떻게 생각하는지와 얽혀 있다면 신념 체계를 교정하면서 새로운 습관을 들이는 것이 되먹임 고리를 바로잡고 보다 건강한 선순환 구조로 탈바꿈하는 데 도움이 될 수 있다. 내가 내담자들에게 삶의 외적인 부분이 변해야 사람의 내면

무의식적 습관을 재검토하는 연습

자신의 신념 체계를 반영하는 습관을 각자 되짚어 보자. 그런 습관이 머릿속에 떠오르는가? 종종 그 습관이 나도 모르게 자동으로 나오지는 않는가? 그런 습관적 행동을 할 때 느끼는 감정을 종이에 적어 보자. 긍정적인 감정이든 부정적인 감정이든 상관없다. 그 습관이 나 자신에 대해 어떤 기분이 들게 하는가? 혹시 죄책감을 느끼고 자책하는가?

도 달라질 수 있다고 강조하는 것은 바로 그래서다. 자, 이제 우리는 신념 체계가 무엇이고 습관이 어떻게 형성되는지 알게 됐다. 그렇다면 둘을 어떻게 바꿀 수 있을까?

변화가 어려운 까닭

알베르트 아인슈타인(Albert Einstein)은 다른 결과를 기대하면서 같은 일을 한없이 반복하는 것이 광기라고 정의했다. 중독 사이클에 갇힌 상태를 설명하기에 더없이 어울리는 표현이다. 중독 사이클에 갇히면 몇 달이고 몇 년이고 똑같은 짓만 하면서 늘 결말이 달라지기를 바라기 때문이다.

솔직히 나는 같은 행동을 계속 반복하면서 결과가 달라지기를 기대하는 것이 '광기'라고까지는 생각하지 않지만, 대부분의 사람들이 사는 동안 언젠가 빠지기 쉬운 함정인 것은 사실이다. 그러므로 인생에서 맞닥뜨리는 변화의 요구를 수용하고 다른 결과를 이끌어 내고 싶다면 전과 다르게 행동할 필요가 분명 있다.

어떤 습관은 어린 시절부터 거의 평생을 우리와 함께한다. 중독 물질이나 도박 같은 행동이 뇌 기능을 어떻게 왜곡하고 갈망이나 금단증상에 빠뜨리는지는 앞에서 이미 살펴보았다. 그렇다면 변화는 어떨까? 우리가 실질적인 변화를 이루는 데 방해가 될 기타 인자로는 어떤 것이 있을까?

변화에 대한 두려움

증거 자료에 의하면 인간을 비롯한 모든 동물은 통제감을 향한 타고난 욕구가 있다고 한다.[9] 그렇더라도 자신이 상황을 지배하고 장애물을 극복할 능력이 있다고 믿는 것이 아닌 한 괜한 도전에 응수해 득이 될 것은 없다. 사람들은 일상에서 친숙함, 편안함, 안전감을 느낀다.[10] 그러니 인간이 불확실성을 기피하고 미지의 영역을 두려워하는 것은 당연한 현상이다. 예전에 상담을 받았던 한 치료사는 변화를 비읍(ㅂ)으로 시작하는 그 단어라고 유난스레 불렀다. 그만큼 변화는 많은 이들에게 두려움의 대상인 것이다.

들어 본 사람도 있을 텐데 "아는 악마가 모르는 악마보다 낫다"라는 속담이 있다. 나는 이 문장이 인간 심리를 아주 잘 압축해서 보여 준다고 생각한다. 무엇이 사람을 자신에게 유익하지 않은 상황에 머무르게 만드는지가 이 한 구절로 충분히 설명되는 것 같다.

정체성 변화에 대한 두려움

어떤 상황에 처했을 때, 사람이 하게 되는 생각과 행동의 근간인 오랜 신념 체계는 종종 그 사람 정체성에도 주춧돌 역할을 한다. 가령 나는 별로 잘나지 않았으니 그것을 보완하려면 남들보다 더 노력해야 한다고 생각하는 사람이 있다고 치자. 이 사람은 자신의 정체성을 '일벌레'라고 규정한다. 그는 일에 매진하는 것으로 성취감을 느끼는 한편, 아파서 쉬는 날에는 죄책감이 들고 누군가 자신의 직업윤리를 의심하면 몹시 불쾌해할 것이다. 이처럼 정체성은 우리의 기댈 곳이 되어 내 삶과 현재 내 환경에 대한 주도권이 내게 있다는 통제감을 부여한다.

종종 평생 유지되는 이러한 정체성은 바꾸기가 쉽지 않다. 더욱이 내 신념 체계가 실은 나를 망가뜨리고 있다는 것을 인정하기도 어렵다. 정체성에 도전하는 것은 내 지인들, 내가 정한 목표, 살아오면서 습득한 처세술에 대한 재평가가 필요한 일이다.[11] 앞 장에서 이야기한 에고 방어를 기억하는가? 부정 기제는 큰 타격을 주는 이런 재평가 질문들로부터 우리를 보호한다.

달라지면 잃는 것들

우리가 경험하는 모든 변화에는 상실이 따라오고, 모든 상실은 큰 슬픔을 불러온다. 슬픔을 경험하는 방법에는 옳고 그름이 따로 없기에 사람마다 패턴을 깰 때의 슬픔을 다르게 경험하게 된다.

우리가 변화와 함께 겪는 상실은 겉으로 드러나지 않을 때도 있다. 특정 행동 자체가 사라지는 것을 말하는 것이 아니다. 예를 들어 당신이 술을 끊기로 결심한다고 치면 술뿐만 아니라 앞으로 있을 각종 모임에 참석할 기회까지 잃게 될 것이다. 술이 빠질 수 없는 파티, 행사, 생일 같은 것 말이다. 한편 술친구들과도 멀어지는 것도 여기서 말하는 상실에 포함된다. 또한 술에 취했을 때만 쓸 수 있었던 보이지 않는 가면 역시 사라질 것이다.

또 다른 예로 내가 직접 경험한 섭식 장애와 육체의 상실을 들 수 있다. 내 몸을 억지로 욱여넣어 온 작은 틀이 없다면 과연 나는 누구란 말인가? 사람들이 내 건강에 대한 관심과 걱정을 거둔다면 앞으로 나는 어떻게 될까? 나는 중독 치료 과정에서 이런 딜레마에 맞닥뜨려야 했다.

변화와 인간관계

행동 패턴과 습관을 바꾸는 것은 사람들과의 관계와도 연관이 있을 수 있다. 스스로 중독적 행동을 돌아보면 나와 비슷한 중독이 있는 사람들과 어울리면서 자신의 물질 사용이나 중독적 행동을 정상적인 것으로 치부하는 경우가 흔하다. 그런 까닭에 중독된 것이 술이든 게임이든 쇼핑이든 똑같은 습관을 가진 이들하고만 어울리면 변화를 시작하기가 훨씬 어려워진다.

가령 많은 현대인들이 긴 하루를 보내고 퇴근하면 꼭 와인 한잔을 해야 긴장이 풀린다고 이야기한다. 그런 사람들과 친하게 지내면 십중팔구 당신도 당연히 그렇게 하게 될 것이다. 결국 당신은 자신의 행동을 정당화하고 하루의 마무리로 즐기는 와인 한잔에 아무 의문도 제기하지 않는다.

요즘에는 소셜미디어도 비슷한 상황이다. 주변에 포스팅을 쏟아내듯 하거나 올릴 콘텐츠를 만드는 데 지나치게 많은 시간을 할애하는 이들뿐이라면 당신도 곧 그렇게 될 공산이 크다.

나는 이 행동 패턴을 학생 내담자들에게서 유독 많이 본다. 그들은 술 문제로 내게 상담을 받으러 와서는 남들과 똑같이 마시는데도 왜 자신은 후유증이 훨씬 심각하거나 불안 수치가 더 높은지 모르겠다고 토로한다. 친구들은 "네가 다른 애들보다 더 마시는 것은 아니니 술 문제가 있는 게 아니야"라고들 한단다. 하지만 내담자들은 그 친구들 대부분 역시 문제적 음주 습관을 가지고 있다는 사실을 꿈에도 모른다.

내가 다른 사람들의 행동을 바꿀 수 없다는 것은 내 행동 패턴을 바꾸고 싶을 때 우리가 직면하는 어려움 중 하나다. 우리가 바꿀 수 있는 것은 오직 나 자신뿐이고, 변화를 위해 노력할 때 주변의 응원을 받을 것이라는 보장도 없다. 지금껏 같은 유의 친구들과 모두 함께 그러면서 살았을 때는 더더욱 그렇다.

내게 가장 극복하기 힘들었던 난관은 내 음주 행동이 다른 사람들의 행동이나 습관과 얽혀 있는 데다, 내가 아주 오랫동안 그 안에서 위안을 찾았다는 점이었다. 친구들은 내가 금주하기로 결심했다는 소식에 놀라워했고, 나는 실망 섞인 잔소리와 질문 세례를 감내해야 했다. 나는 우정과 동일어나 마찬가지였던 음주 패턴을 깨는 것이 몹시 어려웠다. 예전에는 다 함께 술을 마심으로써 인정과 칭찬을 넘치게 받을 수 있었기 때문이다. 그러나 돌이켜 보면 그런 우정은 놀러 나간다는 행위와 그렇게 학교 밖에서 벌어지는 비일상적 상황을 중심으로 생겨난 것이었기에 대부분의 경우 얄팍한 관계에 지나지 않았다.

어떻게 변화를 시작할 수 있을까?

변화는 어려울 수 있다. 하지만 걱정하지 말기를 바란다. 지금부터 행동 패턴을 깨는 구체적인 방법을 소개하려 한다. 이 장 초입에서 언급한 인지 모델은 변화를 이루기 위해서는 모든 수준의 신념을 손보아야 한다고 제시한다. 특히 핵심 신념에서 비롯한 자동적 사고를 교정할 때 오래 지속되는 변화를 이끌어 낼 수 있다. 그러려면 오랜 습관을 깨고, 그 습관을 강화하는 특정 상황이나 사람들로부터 자신을 스스로 떼어 내고, 옛 습관을 새 습관으로 대체해야 하며, 가능하면 전문적 치료를 시작하는 것이 좋다.

금욕

중독이나 중독적 행동이 있을 때 변화를 위해 첫째로 해야 할 일은 바로 금욕이다. 물질 중독자가 금욕할 때는 물질을 사용하지 않으면 된다. 반면 행동 중독자에게는 금욕의 정의가 훨씬 애매할 수 있다.

앞서 우리는 금단증상, 중독 물질 이외의 자극에 둔감해지는 현상, 뇌 호르몬 불균형에 대해 이야기한 바 있다. 비슷한 맥락으로 『도파민네이션』을 쓴 애나 렘키 박사는 도파민 같은 뇌 속 화학 물질들의 균형을 되찾는 데 필요한 시간으로 약 30일의 금욕 기간을 권장한다.[12] 이 기간은 요주의 중독 물질과 나 사이에 충분한 거리를 벌리는 데도 도움이 된다. 물론 사람과 중독의 유형에 따라 기간이 조금씩 달라질 수 있다.

주의할 점은 술, 벤조디아제핀(benzodiazepine)*, 아편류 같은 일부 물질을 금욕하는 것은 생명에 지장을 주기도 하므로 의료인의 관리 감독과 모니터링이 필수라는 것이다. 이 정도는 아니더라도 모든 물질 중독에는 금욕 기간을 정하기 전에 전문 의료인과 상담하는 것을 추천한다.

금욕을 고려할 때는 한 번에 영원히 끊어야 한다는 부담을 갖지 않는 것이 중요하다. 그런 금욕은 한 번에 정복하기에 너무 큰 태산처럼 느껴지기 마련이고, 특히 행동이나 물질 사용을 쉬어 본 적 없는 사람에게는 더더욱 그렇다. 한 방에 딱 끊어야 한다는 생각은 '다시는 행복을 느끼지 못할 것'이라거나 '다시는 무엇을 해도 예전처럼 신나지 않을 것'이라는 두려움만 낳기 쉽다.

그래도 그것이 사실 아니냐는 생각이 들지 모르겠다. 하지만

---

* 불안, 불면증, 근경련, 발작 등에 쓰이는 향정신성 의약품. 중독성이 있어 위험하다.

앞날을 미리 걱정하는 것은 자신에게 아무 도움도 안 된다. 실제로 알코올중독자 프로그램은 금욕을 오늘만 잘 버티자는 태도로 실천해야 한다고 강조한다. 오늘 하루 행동이나 물질 사용을 한 번도 하지 않고 잠자리에 든다면 그것으로 대성공이라고 치는 것이다. 이 전략은 매일 하루를 마무리하면서 나의 성취를 인정하고 내게는 그 행동 혹은 물질이 필요하지 않다는 것을 서서히 깨달아 가는 데 큰 도움이 된다.

각양각색의 중독적 행동을 참아 보려고 노력하는 내담자들을 만나면서 나는 "저는 의지가 너무 약해서 행동을 멈출 수가 없어요"라는 말을 자주 들었다. 갈망에 휩싸인 순간에는 자신에게 선택의 여지가 없는 것처럼 느껴질지라도 우리는 항상 선택할 수 있다. 그런데 만약 거기서 포기한다면 내가 그 행동을 얼마나 심하게 할지, 행동이 언제 멈출지 누구도 장담할 수 없게 될 것이다.

내 내담자 G의 이야기를 잠깐 해 본다. 그는 일단 술을 한 모금 입에 대면 ①그날 밤 언제까지 마실 것인지, ②정신을 잃게 될지 어떨지, ③어떤 추태를 부릴지 스스로도 확신할 수 없어지는 이유를 알지 못해 애를 먹고 있다. 다만 확실히 아는 것은 밖에서 밤새도록 술 마시지 않기로 어렵사리 결심하는 한 ①제정신을 유지하고, ②자신이 원할 때 집에 들어가고, ③알아서 점잖게 행동할 수 있다는 것이다. 즉 모든 것은 첫 한 잔을 어떻게 하느냐에 달려 있다. 한 모금 마시자마자 그의 중독 스위치가 켜지고 통제력을 잃으니까 말이다.

중독적 행동 끊기

스마트폰 중독, 섭식 장애, 섹스 중독 같은 행동 장애의 경우에는 금욕이 자기 파괴적 행동을 멀리하는 것처럼 단순하지 않다. 금욕해 술을 완전히 끊을 수 있는 알코올중독과 달리 인간의 어떤 기본 행동은 그저 포기하는 것으로 간단히 해결하는 것이 불가능하다.

그래서 섭식 장애의 경우에는 체계적인 식단을 엄격하게 지키는 것을 금욕으로 간주한다. 다시 말해 삼시 세끼에다 하루 두세 번 간식을 먹는 계획표를 조금도 어기지 않고 잘 실천하면 제대로 금욕하고 있는 셈이다. 영양사나 건강한 식습관에 빠삭한 지인과 상의해 일주일 단위로 식단 계획을 짜 두면 음식 절제라는 강박에서 점점 자유로워질 수 있다.

한편 관계가 얽힌 행동 중독을 논하자면 인간은 사회적 존재인 것이 사실이고, 홀로 고립되어 살아가는 것은 대개 적절하지 않다. 그렇기에 우리는 건강한 사귐을 위해 어떻게 특정 행동을 멀리할지를 스스로 자문해야 한다. 아마도 사람들과 더 또렷한 경계를 긋거나 새 애인과 밤을 보내는 날의 빈도 같은 나만의 규칙을 정해 두는 것이 방법일 것이다. 이 경계를 기준선이라고도 부르는데, 한마디로 스스로 혹은 치료사나 조력자의 도움을 받아 정한 금욕 계획의 실천 규칙이라 할 수 있다.

예전의 한 내담자 중에 누군가와 사귀기 시작할 때마다 경계 설정에 어려움을 겪는 여성이 있었다. 그녀는 데이트를 가능한 한 자주 하고 싶어 했는데, 그러다 보면 자신의 일상이 상대방의 스케줄에 휘둘려 엉망진창이 되기 일쑤였다. 자신도 공사다망하고 일이 바쁘면서 상대방이 보자고만 하면 다른 일은 그 무엇도 그녀의 안중에 없었다.

그래서 나는 상담 시간에 데이트 시작 단계의 기준선을 정하자는 이야기를 꺼냈다. 우리는 일주일에 한 번 만나는 것을 기준선으로 하기로 결정했다. 그때까지 그녀는 상대방에게 거절의 의사 표현을 어떻게 해야 할지 몰라 겁을 먹고 있었다. 그녀는 상대방이 지루해하고 자신에게서 돌아설까 봐 두려워했다. 하지만 이 기준선을 정한 뒤로 그녀의 삶은 더 자기 주도적으로 변했고, 그 결과 관계에 대한 불안감이 크게 줄었다.

디지털 디톡스

다른 행동 중독도 마찬가지이지만 스마트폰이나 영상 전자 기기 사용을 금욕하는 것은 간단한 일이 아니다. 업무 용도나 사람들과 연락할 때처럼 디지털 기기를 쓰지 않으면 안 되는 상황이 꼭 있으니까 말이다. 그렇다면 이런 것들 앞에서 어떻게 금욕하고 디지털 디톡스에 성공할 수 있을까? 내가 추천하는 방법 몇 가지를 소개한다.

1 사용 시간 제한

- 짧게 몇 시간 정도 혹은 매주 특정 요일에 모든 디지털 기기를 멀리하는 디지털 단식을 실천한다.
- 정해진 시간에는 휴대폰이나 디지털 기기를 내려놓고 산책을 가거나 독서를 하거나 기타 아날로그 활동을 할 수 있도록 시계 알람을 설정해 놓는다. 일부 스마트폰은 앱 사용 시간에 제한을 걸어 두는 기능이 있다.
- 운동 중에는 소셜미디어 접속이 안 되도록 휴대폰을 비행기 모드로 바꾼다.
- 귀가하면 디지털 기기를 현관문 근처에 두는 습관을 들여 소파에 앉아 있거나 밥을 먹을 때 만지작거릴 일이 없게 한다.

2 사용하는 기능과 앱 최소화

- 소셜미디어와 게임 관련 앱에 액세스 자체를 할 수 없도록 휴대폰의 기능을 줄인다.
- 휴대폰이나 컴퓨터에서 내게 특히 중독적이라고 여겨지는 게임, 앱, 기능을 제거한다.

3   주의 분산 요소 제거

- 소셜미디어를 비롯해 앱들의 알림 기능을 최대한 꺼 둔다.
- 업무 중에는 방해 금지 모드를 활성화해 쓸데없는 메시지나 알림이 뜨지 않게 한다.
- 이메일 수신 빈도를 한 시간에 한 번으로 줄인다.[13][14]

금욕 계획 짜기

당사자 입장에서는 금욕한다는 것이 어떤 일일까? 먼저 내가 멀리할 물질이나 행동에 대해 솔직해야 한다. 또한 자기 파괴적인 중독 패턴을 깨려면 내 삶에 어떤 경계 혹은 기준선을 그어야 할지 생각해 본다. 시험 삼아 하는 금욕에서도 많은 것을 얻을 수 있다는 사실을 기억하자. 가령 몇 달 동안 소셜미디어나 온라인 쇼핑을 쉬어 보는 식이다. 금욕이 당사자에게 어떤 것일지 생각할 때는 약이나 행동을 참는 것이 몹시 힘든 일이라는 점을 기억할 필요가 있다.

이때 지원 시스템을 준비해 놓으면 정말 큰 힘이 되기 때문에 어떤 시스템이 내게 유익할지 진지하게 고민해 보기를 권한다. 지금 가장 가까운 조력자가 되어 달라고 부탁할 만한 친구나 가족이 있는가? 앞으로 몇 주 동안 약물 혹은 행동을 참느라 비는 시간에 대신 즐기면서 할 활동이 있는가? 금욕 초반에는 자신을 돌보는 것이

나만의 금욕 계획을 짜는 연습

일기장의 빈 면을 펼쳐 준비하자.

1 중단해야 할 행동을 골라서 일기장에 적는다.

2 선택한 행동에 대한 단기적 목표를 목록으로 만든다
(앞 순위 목표를 달성했다면 언제든 새 단기 목표를 추가할 수 있다).

3 절대 넘지 않을 기준선 혹은 경계 세 가지를 적어 둔다.
예를 들면 다음과 같다.

- 앞으로는 액상담배를 사지 않겠다.
- 앞으로는 액상담배를 피우는 사람들과 어울리지 않겠다.
- 앞으로는 액상담배를 집 안에 두지 않겠다.

4 3번의 목록 아래에 이렇게 적는다. 이 기준선을 넘거나 담배를 피우고 싶어지면 'X에게 연락할 것'.

5   문제 행동을 건강한 다른 습관으로 어떻게 대체할지 적어 보자. 아무것도 생각나지 않더라도 걱정하지 말자. 이런 경우의 방법은 뒤에서 다시 이야기할 것이다.

내 계획을 친구나 가족과 공유할 수 있다면 금상첨화다. 책임감이 더 커지기 때문이다.

가장 중요한데, 나는 나를 어떻게 돌보아야 할까? 밤마다 잘 자는 것에 중점을 둘까? 아니면 나 자신을 위해 정성껏 집밥을 지을까?

옛 습관을 버리고 새 습관 들이기

우리는 그동안의 습관, 행동, 그리고 중독적 행동을 부추기는 일상 패턴을 어떻게 바꿀 수 있을까? 혹자는 변화 과정을 여섯 단계로 설명하는 변화의 범이론적 모델을 들어본 적 있을 것이다.[15][16] 우리처럼 패턴 깨기를 준비할 때는 모델의 2, 3, 4단계만 살펴보면 된다. 5단계와 6단계는 이 책 뒷부분에서 다시 이야기하도록 하자.

1 **계획 전 단계** 　기본적으로 부정에 빠져 있고 행동을 바꿀 의향이 없다. 현재 흡연자들이 여기에 해당한다.

2 **계획 단계** 　달라져 볼까 생각하기 시작한다. 예를 들어 흡연이 그만한 가치가 있는 행동인지 분석한다.

3 **준비 단계** 　변화가 좋은 생각이라고 결정하고 변화를 도울 도구나 방법을 궁리하기 시작한다. 가령 니코틴 대체 요법에 대해 조사하거나 동네의 금연 클리닉을

검색하는 식이다.

4   **행동 단계**   준비 단계에서 짠 계획을 적극적으로 실행한다. 이를테면 예약한 클리닉 진료에 다녀오고 추천받은 약을 복용한다.

5   **유지 단계**   새 행동 방식을 계속 유지한다. 클리닉 예약 진료에 꾸준히 다니는 것이 그 예다.

6   **재발 단계**   중독 사이클의 이 단계가 항상 일어나는 것은 아니다. 하지만 일단 재발하면 옛 행동으로 돌아가기 쉽다. 다시 담배를 피우는 것처럼 말이다.

이렇게 각 단계를 간략하게 알아봤으니 다음으로 중독 사이클 전체에서 사용할 수 있는 몇 가지 기술을 살펴보자.

계획 전 단계와 계획 단계

부정 기제는 바로 앞 장에서 자세히 다루었다. 하지만 계획 전 단계와 계획 단계 사이에서 여전히 흔들리고 있다면 마음을 다잡고 자신의 중독적 행동을 매핑(mapping), 즉 객관적으로 분석해 보는 것이 좋다. 이미 보았듯 중독은 자동적으로 나오는 반사 같은 것이므로 자신의 중독이 어떻게 표출되고 어떤 부정적 감정과 맞물려 있는지 스스로 인지하도록 노력할 필요가 있다.[17][18] 계속 흡연을 예로 들어 이야기하자면 다음과 같은 분석이 가능하다.

- **언제 흡연하는가**   직장. 저녁 식사 후. 자기 전.

- **왜 흡연하는가**(중독의 장점)   스트레스가 풀리고 마음이 편안해진다. 회사에서 일정한 휴식 시간을 겸한다. 내가 원래 밖에서 사람 사귀는 것을 좋아한다.

- **누구와 함께 흡연하는가**   직장 동료들.

- **흡연의 어떤 점이 마음에 안 드는가**(중독의 단점)   돈이 많이 든다. 입냄새가 나고 옷에 냄새가 밴다. 건강에 해롭기 때문에 죄책감이 든다. 건강 상태가 그리 좋지 않고 달리기를 하면 숨이 가쁘다.

이 목록을 보면 흡연의 이점도 있지만 그보다는 악영향이 더 많다는 것을 알 수 있다. 바로 이 점이 우리에게는 변화를 적극적으로 고려하고 준비 단계로 넘어가는 데 필요한 객관적 추가 동기가 될 수 있다.

준비 단계

행동을 바꾸기로 결정했다면 이제 준비 단계로 들어간다. 준비는 아래와 같은 구체적인 계획을 세우는 단계다.

1   중독의 이점을 무엇으로 대체할 것인가?
2   중독 행동의 방아쇠 신호를 어떻게 피할 것인가?
3   어디서 외부의 지원을 구할 것인가?

내 중독을 분석하면 중독의 이점이 부각되고, 중독이 충족시키는 내 욕구가 무엇인지가 드러난다. 이런 객관적 분석은 보다 건강한 새 습관이라는 우회 경로를 통해 욕구를 해결하고자 할 때 유용한 방법이다. 전문가 상담이 이 단계에서 도움 되는 것은 말할 것도 없다.

다시 흡연을 예로 들면 담배를 대신해 스트레스를 낮출 대안을 찾는 것이 중요하다. 가령 앞으로 다닐 요가 교실을 알아보거나, 마음챙김 수련 앱을 다운로드해 놓는 식이다. 또 치료사를 찾아가는 것도 괜찮은 방법이다.

자신의 습관을 분석할 때 또 다른 핵심은 갈망을 일으킬 수 있는 환경적, 사회적 신호를 식별하는 것이다. 나는 내담자들에게 그런 신호들을 가능한 한 피하거나 노출을 최소화할 대비책을 미리 구해 놓으라고 조언한다. 기존의 일과나 신호를 변화를 도울 다른 활동으로 대체하는 것처럼 말이다.

예를 들어 일하다가 동료들과 담배를 피우는 일과가 정기적인 휴식 시간을 보장하고 사람들과 어울릴 기회를 제공한다는 것을 당신은 알고 있다. 이때 담배 피우는 장소에 그냥 발을 끊는 것도 하나의 방법이겠으나, 그보다는 이 흡연 신호를 다른 것으로 대체하는 것이 더 나을 수도 있다. 동료들이 흡연하러 갈 때 근처 다른 곳을 한 바퀴 돌고 들어오는 것처럼 말이다.

당연한 소리이지만 사람은 자신의 행동에 책임을 질 줄 알고 남에게 의존해서는 안 된다. 하지만 달라지고 싶다고 친구, 동료, 가족에게 털어놓는 것이 실천에 어느 정도 도움 되는 것도 사실이다. 변화를 실행할 동기를 더 얻고 그들에게도 내 변화를 받아들일 마음의 준비를 시킬 수 있기 때문이다. 당신의 말을 듣고 그들이 당신을 배려하거나 중독적 행동이 다시 반복되려 할 때 당신을 종용해 이끌어 준다면 더없이 좋을 터다. 그러나 변화는 본인의 결정이고 우리는 스스로 기꺼이 할 만하다고 생각될 때 변화를 시도해야 한다. 예를 들어 금연을 생각 중이라는 언질을 직장 동료들에게 해 놓으면 이후로는 동료들이 담배나 한 대 태우러 가자는 말을 당신에게 건네지 않고 당신이 있을 때는 담배 이야기를 꺼내지 않을 것이다.

마지막으로 내 중독적 행동을 고치는 데 도움을 줄 중독 치료 전문가나 의사를 검색하는 방법이 있다. 흡연자라면 의사나 간호사를 찾아가 니코틴 대체 요법에 대한 조언을 구해 볼 만하다.

행동 단계와 새 습관 만들기

행동 단계에 할 일은 계획을 실행에 옮기는 것이다. 단, 나는 새 습관을 들이는 것에 대해서도 여기서 함께 이야기하려 한다.

앞서 준비 단계에서는 각자 인식하는 중독의 이점을 대체할 자기 관리 방법을 찾는 것에 대해 이야기했다. 그런데 그러자면 새로운 행동이나 일상에 익숙해지려는 의식적 노력이 반드시 뒤따라야 한다. 그렇다면 새로 찾은 건강한 습관을 어떻게 내 것으로 만들 수 있을까?

1 **작은 것부터 시작하기** 기억하자. 인간은 변화를 두려워하는 존재라는 것을. 그러니 매일 16킬로미터씩 달리는 것은 너무 비현실적일 수 있다. 하지만 하루 10분 달리기는 충분히 실천 가능하다.

2 **일정한 시간이나 장소를 정해 놓기** 시간이나 장소를 정해 놓으면 건강한 습관을 새 신호와 연결시키고 의욕적 마음가짐을 유지하는 데 도움이 된다. 예를 들어 집에 있을 때는 항상 저녁 같은 시간에 아내 또는 남편과 식탁에 앉아 저녁 식사를 함께 하자고 정하는 식이다.

3 **익숙해지는 과정에서는 단순한 과제 주기** '건강하게 먹겠다'보다는 '아침으로 그래놀라를 먹겠다'처럼 최소한의 고민만 필요한 목표를 정한다. 이 방법은 융통성이 별로 없을지 몰라도 새 습관을 익히는 학습 단계에서 반복적 단순 행동을 보다 빨리 자동화한다.[19][20][21]

4 **친구와 함께 하기** 친구와 함께라면 모든 일이 한결 쉬워지는 법이다. 친구가 있으면 새 습관이 더 즐겁게 느껴지고 친구로부터 자극을 받기도 한다.[22]

5 **자신에게 상 주기** 당연한 이야기이지만 보상이 있으면 새로운 습관이 더 잘 자리 잡는다. 규칙을 잘 지킬 때마다 스스로에게 작은 선물을 주자.

6 **즐겁게 할 수 있는 건강한 습관 찾기** 나는 내 안의 열

정을 끌어내는 새로운 활동을 했을 때 진정으로 달라질 수 있었다. 내 경우 예술 활동이 오랫동안 갇혀 있던 내 자아의 일부와 나를 연결되게 해 주었다. 노래를 좋아하는 내가 합창단에 들어간 것이 그런 활동 중 하나였다.

앞서 이야기했듯 습관과 신념 체계는 서로 영향을 주고받는다. 따라서 나만의 자기 관리 방법을 찾고 자기 자신을 돌보고 건강한 습관을 형성함으로써 우리는 자신의 정체성을 더 긍정적인 방향으로 개량할 수 있다.

내 경우를 예로 들면 한동안 운동을 멀리했을 즈음 담당 치료사와 영양사가 유산소를 배제한 새 운동 계획을 짜야 한다고 말했다. 결국 요가가 적격이라는 데 의견이 모였다. 처음에는 새 운동이 싫었다. 하지만 요가는 무언가를 끈기 있게 하면 변화를 체감하게 된다는 것을 내게 가르쳐 주었다. 원래 나는 유연성이 빵점이었는데, 시간이 흐르면서 온몸이 열리고 예전에는 상상도 하지 못했던 동작을 갑자기 할 수 있게 되었다. 그러고 나니 자신감이 생기고, 자존감을 확인하기 위해 남들 비위를 맞출 필요가 없다는 것을 깨달을 수 있었다. 자존감은 오로지 내 일이지 타인과는 아무 상관도 없는 문제였던 것이다. 그뿐만 아니라 나는 요가를 하면서 내 몸이 할 수 있는 것에 대한 새로운 인식도 얻었다. 이 뜻밖의 수확은 머릿속에서 재잘대던 섭식 장애를 침묵시키는 데 특히 큰 도움이 되었다.

새로운 습관을 익혀 행동을 바꾸는 것은 쉽지 않은 데다 일심 전력해 꾸준히 반복해야만 이룰 수 있는 일이다. 그런데 정확히 얼마나 오래 걸린다는 말일까?

『유럽사회심리학저널(European Journal of Social Psychology)』에 발표된 한 연구에서 필리파 랠리(Phillippa Lally)를 필두로 한 연구진은 지원자 96명을 대상으로 일상생활에서 새 습관이 형성되는 과정을 조사했다. 그 결과 어떤 행동이 자동적으로 나오게 되기까지는 평균적으로 두 달 조금 넘는 시간이 걸렸다.

흥미로운 점은 행동을 실천할 기회를 한 번 놓친다고 습관 형성 과정에 실질적인 지장이 있지는 않았다는 것이다.[23] 한마디로 가끔은 실수를 해도 괜찮다는 이야기다. 새 습관을 들이는 것은 장기적인 노력이 필요한 일이고, 단지 몇 번의 실수는 최종 결과를 뒤집지 못한다. 물론 완벽할 필요는 없다. 다만 중독 행동을 참을 때는 '순간의 탈선'이 새 습관 학습 과정에서 일어나는 단순한 실수가 아니라 '재발'을 뜻할 수 있다. 그러므로 중독에 관한 한 실수도 가급적 피하는 것을 권한다.

머릿속 습관과 사고 패턴 바꾸기

패턴과 습관 교정이 가능한 것은 보이는 행동뿐만 아니라 머릿속

사고 과정도 마찬가지다. 보통은 전문가 치료를 통해 진행되지만, 혼자서도 얼마든지 생각의 습관을 고치는 연습을 할 수 있다. 그 요령 중 하나는 감사 목록을 작성하는 것이다. 그날의 감사한 일 네다섯 가지를 생각해 매일 기록하다 보면 어느덧 마음이 짜증, 원망, 자기혐오 따위가 아니라 고맙다는 생각으로 채워질 것이다. 작은 것들에 감사하는 태도는 하루 동안 잘 안 된 일보다는 잘 풀린 일에 더 집중하도록 생각을 전환하는 데 도움이 된다. 연구에 따르면 감사 목록이 삶의 밝은 측면을 인식하게 할 뿐만 아니라 화목한 사회생활, 개인의 안녕, 신체 건강(특히 수면과 스트레스 측면)을 향상시킨다고 한다.[24]

수치심

수치심이 종종 중독의 원인이 된다는 이야기는 1장 후반부에서 이미 했다. 이것에 더해 중독 전문가 코스모 더프 고든(Cosmo Duff Gordon) 박사는 수치심이 어떤 중독 과정이나 물질에 얽힌 사회성 문제를 낳을 수 있다고 주장한다.[25]

실제로 많은 중독자들이 수치심으로 가득한 성격과 주목받는 것에 대한 두려움 탓에 친밀하고 솔직한 관계를 구축하는 데 어려움을 겪는다. 그들의 특징은 동반의존성 요소가 없거나 사랑 중

하루 동안 감사한 일을
적어보는 연습

오늘 하루 감사할 일 다섯 가지를 적어 보자. 매일 자기 전에 일기 쓰듯 하는 것이 가장 좋으니 일기장이나 빈 메모장을 항상 침대 옆에 놓아두자.

대단한 내용이 아니어도 괜찮다. 낯선 사람이 지어 보인 미소에 위로를 받았는가? 오늘 날이 맑았는가? 아니면 회사에서 동료와 즐거운 대화를 나누었는가?

독이 아닌데도 그렇다는 것이다.

더프 고든 박사는 수치심의 해독제는 수용이라고 말한다. 수치심에서 벗어나려면 자기 자신을 받아들이고 자신의 부끄러운 부분을 주변 사람들과 공유해야 한다는 것이다. 우리는 관계 안에서 솔직해져도 괜찮다는 것을 인지하고 진짜 자아를 사람들에게 드러내 보일 수 있어야 한다.

수용에는 스스로를 용서하는 것도 포함된다. 중독 문제가 있는 이들은 나쁜 사람으로 보이게 행동하거나 떳떳하지 못한 일들을 종종 한다. 예를 들어 나는 술 취했을 때의 나 자신이 너무 싫었다. 술에 취하면 시끄럽게 떠들면서 난폭하게 굴었고, 지인들에게 무례한 짓도 많이 했다. 그래 놓고는 지난밤 일을 기억하지 못하기 일쑤였고, 그때 내가 쏟아낸 망언 중 일부는 그대로 되돌아와 몇 년이나 나를 쫓아다니며 괴롭혔다. 나는 어제였든 몇 년 전이었든 내가 했던 그런 행동 때문에 나 자신을 혹독하게 비난했다. 하지만 그래서는 안 되었다. 그보다는 몰상식한 말과 행동으로 사람들을 괴롭히던 나 자신을 용서하고 스스로에게 더 상냥하게 대하는 것이 옳은 방법이었다.

내 치부를 적고
타인과 공유하는 연습

먼저 각자 수치심을 느끼는 일을 적는다. 무엇보다 스스로에게 솔직해야 한다는 것을 기억하자. 그런 다음 할 일은 적은 내용을 당신이 믿는 사람에게 보여 주는 것이다. 수치심을 나누는 것은 12단계 회복 과정 중 4단계에 해당하지만, 이 연습을 위해 꼭 모임에 참석하거나 특별한 프로그램에 참여해야 해야 하는 것은 아니다. 오랫동안 길들여져 있던 패턴을 깨고 달라지기 위해서는 수치심에서 비롯한 두려움에 맞서 싸워야 한다.

연결

수치심이 중독의 핵심 원인이고 자기 자신을 받아들이고 주변 사람들과 공유하는 것이 수치심을 해소할 열쇠라면, 중독의 반대말은 연결이라고 할 수 있을 것이다. 〈당신이 중독에 관해 안다고 생각하는 모든 것은 틀렸다〉는 제목의 인기 TED 강연에서도 영국 저널리스트 요한 하리(Johann Hari)는 중독의 원인에 관한 연구들을 언급하면서 중독의 반대는 맑은 정신 상태가 아니라 연결이라고 요약했다.[26]

오늘날 현대인이 선호하는 연결의 형태는 대개 휴대폰을 매개체로 한 것이다. 하지만 사람들이 잊고 있는 것이 있다. 바로 우리 인간은 공동체를 이루어 살아왔고, 서로의 체온이 느껴지는 소통을 통해 번성하는 존재라는 것이다. 아무리 요즘이 소셜미디어와 스마트폰 덕에 그 어느 때보다 긴밀하게 연결된 시대라고 하지만, 각 관계의 친밀감과 진실성은 예전만 못하다.

캐나다 심리학자 브루스 알렉산더(Bruce Alexander)가 1980년대에 수행한 흥미로운 연구가 있다.[27] 그는 실험 쥐들을 모르핀 탄 물통이 들어 있는 두 우리에 나누어 넣었는데, 한 우리에는 모르핀 물 말고도 쳇바퀴, 알록달록한 색깔의 공들, 풍성한 먹이, 새끼를 낳아 기르기에 넓고 쾌적한 공간 같은 다양한 활력소를 준비했다. 그런 다음 이쪽에 쥐를 더 많이 넣어 대규모 공동체가 형성되게 하고 쥐 공원이라는 별명을 붙였다. 반면에 다른 우리는 들어간 개체 수도 적고 물통 말고는 다른 자극제가 없었다.

결국 협소한 우리 쪽 쥐들은 금세 모르핀에 중독되었고, 때로는 과다 복용으로 이어졌다. 그에 반해 쥐 공원 입주자들은 모르핀 물을 거들떠도 안 보거나 홀짝대기만 할 뿐이었다. 이 관찰 결과는 중독이 단순히 마약의 물리적, 생물학적 소비 자체에 관한 것이 아니라 친밀한 유대의 결여와도 연관 있음을 시사한다.

약이나 행동 습관을 버릴 결심을 미처 하지 못하는 내담자들과 상담할 때마다 나는 만약 그랬다가 더 이상 무리에 끼지 못할까 무섭다는 이야기를 지겹도록 듣는다. 친구들과 함께 술을 마시거나 약을 하거나 게임을 할 때 연대감을 느낀다는 것이다. 그러나 나는 이런 연대감의 본질을 의심하지 않을 수 없다. 중독의 마법 아래서 느끼는 소속감이 진짜 연대일까? 중독 행동을 여럿이 모여 한다고 과연 나와 저들이 진정으로 결속될까? 아니면 그냥 나도 남들과 엇비슷하게 따라간다는 자기 위안인가? 혹시 소외될까 하는 두려움에 나쁜 습관을 버리지 못하고 있는 것은 아닌가?

내 경우 더 이상 도움이 되지 않는 사람들과 중독 행동을 함께 하던 패턴을 깨는 것이 변화의 가장 큰 기폭제였던 것 같다. 외롭고 겁나는 순간이 전혀 없었다는 이야기가 아니다. 내가 하고 싶은 말은 의지 삼을 인맥의 범위를 나를 진심으로 걱정하고 내가 달라지도록 돕고 싶어 하는 진짜 친구들로 좁힐 필요가 있었다는 것이다.

자신의 인생에 영양가가 없다고 느껴지는 친구나 지인이 있는가? 만약 그런 친구임에도 거리를 두고 나서의 일이 걱정된다면 이 두려움의 원인이 무엇인지 살펴보는 것이 좋다.

한편 내 변화의 결심에 다른 사람들이 거는 기대를 고려하는 것도 중요하다. 단, 사람들은 누군가의 달라지겠다는 결심에 각자의 감정을 투사하고 저마다의 판단을 내리지만 그것이 당사자에게 꼭 정답은 아님을 기억해야 한다. 내 인생을 망치는 옛 습관을 내가 버리겠다는데 달가워하지 않는 이도 있을 것이다. 하지만 그런 반응은 내가 아니라 그들이 어떤 사람인지를 말해 줄 뿐이다. 우리의 변화가 그들에게 어떤 자극제가 될지는 우리로서는 알 수가 없다.

가령 앞으로 몇 달 동안 쇼핑을 하지 않을 것이라고 가장 친한 친구에게 선언했다고 치자. 그런데 만약 그 친구도 나쁜 쇼핑 습관을 갖고 있다면 당신은 친구에게 거울 역할을 하게 될 것이다. 그러면 친구는 위기감을 느끼고 화를 내거나 당신을 말리려 할지 모른다.

친구들과 어울려 중독적 행동을 시작하기 전에 자신에게 물어보기를 권한다. 지금 내가 진심으로 이것을 하고 싶은 것인지, 친구들이 없었다 해도 여전히 하고 싶었을지를 말이다.

재차 강조하건대 변화를 고민 중이라는 사실을 꼭 여기저기 퍼뜨려야 하는 것은 아니다. 어차피 자기 인생이고, 스스로 정보를 공유하지 않는 한 누구도 간섭할 일이 아니니까. 겪어 본 바 때로는 확신이 더 들 때까지는 달라지겠다거나 습관을 고치겠다는 결심을 남들에게 말하지 말고 기다리는 것이 최선이라고 나는 생각한다. 왜냐하면 사람들이 저마다의 경험에 미루어 내가 어떻게 해야 한다고 생각하는 바와 진정으로 내게 가장 좋은 방법이 일치하지 않을 때가 있는데, 그러면 변하겠다는 내 결정이 그들의 의견이나 투사된 감정과 충돌하기 때문이다.

경험상 내게 변화라는 여행의 가장 좋은 점은 나와 더 비슷한 부류의 사람들을 만날 수 있다는 것이었다. 스스로에게 변화를 허락하자 내 삶에 새로운 취미와 새 친구들이 들어올 공간이 생겨났다. 그들은 요가나 암벽등반 같은 공통의 취미를 함께하는 것만 아니라 내 언어를 이해하고 나를 더 잘 응원해 줄 수 있었다.

변화는 나라는 인간을 성장시켰고, 내가 원하는 것도, 내가 바라는 내 삶의 이상적 모습도 마음먹기에 따라 달라질 수 있다는 것을 깨닫게 했다. 변화는 힘들지만 보람 있는 일이다. 만약 그렇지 않다면 어느 누구도 굳이 달라지려 하지 않을 것이다. 때때로 변해 보기 전에는 어떤 보상이 기다리고 있을지 알 수 없다는 것이 짜증 나기는 하지만 말이다.

변화는 긴 여정이고, 가끔은 내가 잘 하고 있는 것인지 의구심도 들 것이다. 그러나 경험자로서 돌이켜 보건대 중독이 나를 구렁텅이에 빠뜨렸고, 변화는 거기서 벗어나게 해 주었다는 것을 이제는 안다.

자기 긍정 연습

이번 장은 약간 부끄러울 수도 있는 연습으로 마무리할까 한
다. 일기장이나 메모지를 펼쳐서 당신이 자신에 대해 자랑스
럽게 생각하거나 좋아하는 자질 세 가지를 적어 보자. 잘 생
각이 안 나도 괜찮다. 그럴 때는 당신이 사랑하는 이를 떠올
리면서 그 사람의 어떤 점에 흠뻑 빠졌는지 생각하면 도움이
될 수 있다. 당신 자신 안에서도 그런 부분들을 찾을 수 있는
가? 자, 내가 먼저 시작해 보겠다.

난 친절해.
난 재미있어.
난 믿음직스러워.

8장

기분에 휘둘리지 않고
기분을 잘 다루는 방법

좋은 기분, 나쁜 기분, 추한 기분

언제였는지 치료사를 만나기로 되어 있는데 아무 할 말도 없었던 날을 기억한다. 그 주에는 별다른 한 일이 없던 데다 피곤해서 이야기를 나누고 싶지가 않았다. 나는 팔장을 끼고 앉아 심드렁하게 말했다. "별로 할 말이 없어요."

"괜찮아요." 치료사가 대답했다. "그냥 눈을 감고 떠오르는 것을 되는 대로 이야기해 주세요."

나는 눈을 감았다. 머릿속이 새하얬다. 그러다 이것이 다 얼마나 무의미한 짓인가, 내가 치료사의 시간을 얼마나 낭비하고 있는가 하는 생각이 들기 시작했다. 그냥 일상으로 돌아가고 싶었다.

솔직히 내게는 치료가 필요하지 않았다. 그때 눈물이 나기 시작했다. 이 아픔이, '인생은 불공평하다'는 생각이, 이 분노가 내 안에서 폭발했다. 도대체 이 감정은 어디에서 온 것일까? 어째서 예전에는 느껴 보지 못했던 것일까?

마지막으로 가만히 앉아 있었던 것이 언제인지 기억나지 않았다. 내 일상은 언제나 이런저런 일과로 꽉 차 있었다. 게다가 틈틈이 친구들과 어울리느라 쉴 틈이 없었다. 집에 있을 때는 텔레비전을 켜 두거나 핸드폰을 만지작거렸다. 하루의 배경이 **친구들**로 채워지지 않으면 잠들지도 못했다.

우리 인간은 감정을 통제하려는 경향이 있다. 우리는 좋은 기분을 추구하고 나쁜 기분은 기피한다. 마라톤을 뛰거나 늦게까지 야근하는 것처럼 집중할 거리를 찾기도 한다. 짜릿한 성취감을 느끼거나 기분 전환을 하기 위해서다. 가끔은 그러는 것이 도움이 된다. 하지만 어떨 때는 우리를 중독적 행동에 빠지게 만들 수도 있다.

내가 직접 깨달은 사실이기도 하지만, 혼자 차분히 앉아 나 자신의 기분과 대면하는 것은 어려운 일이다. 그러나 가만히 앉아서 그냥 있는 것은 건강에 좋다. 기분 분석에 너무 깊이 빠져서는 안 되겠지만, 솟아오르는 기분을 그대로 느끼게 두면 내게 필요한 것이 무엇인지 이해하는 데 도움이 된다. 그러면 자기 돌봄 전략을 세우기가 쉽고, 어떤 치료를 받든 더 잘 집중할 수 있다.

회복 과정에서는 기분을 다루는 것이 힘들 수 있다. 큰 쾌감을 주거나 나 자신과 내 기분에서 벗어나게 해 주는 무언가를 그만두면 우리는 애초에 무슨 수로든 피하려고 했던 기분과 맞닥뜨리게 된다.

그런 의미에서 지금부터 생각과 기분에 대해 이야기해 보자. 생각과 기분은 중독의 사이클에 어떤 영향을 미치고, 우리는 이것을 어떻게 이용할 수 있을까? 이 장에서는 기분과 대면하는 연습이 좀 필요할 수도 있다. 하지만 내가 장담하는데 새로운 기분과 친해지고 그것을 받아들이는 절호의 기회가 될 것이다. 기분은 우리의 적이 아니다. 기분을 있는 그대로 받아들이고 한순간에도 기분이 얼마나 확 달라질 수 있는지 깨닫게 되면 우리는 기분으로부터 자유로워질 수 있다.

기분과 감정은 무엇이고 어떻게 다를까?

사람은 누구나 감정을 가지고 있고, 우리 모두는 기분을 느낀다. 하지만 기분과 감정이 어떻게 다른지 정확히 아는 사람은 별로 없다. 나 역시 그랬다. 치료사가 설명해 주기 전까지는 말이다.

내가 내담자에게 설명할 때는 감정은 우리 몸이 어떤 상황에 보이는 신체 반응이라고 이야기한다. 그런 다음 기분은 우리 마음이 그 감정을 해석하는 방식 혹은 그 감정에 따라오는 생각이라고 말해 준다. 따라서 대부분의 경우 먼저 어떤 생각이 들지 않고는 기분이 생길 수 없다. 기분은 각자가 감정을 마주하는 주관적 경험이기에 매우 개인적이다. 특정 순간에 내가 어떤 기분을 느끼는지는 오직 당사자만 알고, 그것을 다른 사람들에게 설명하는 것은 몹시 어렵기 마련이다.

두 사람이 면접을 하루 앞두고 있다고 치자. 그래서 둘은 심장이 두근거리고 식은땀이 난다. 가슴도 좀 답답하다. 지금 이들은 면접에 대해 같은 감정을 경험하고 있다. 그런데 한 사람은 이 감정을 '면접을 망칠 것 같아. 너무 긴장돼'라고 해석하는 반면, 다른 한 사람은 '이번 면접을 꼭 훌륭하게 통과해야지. 빨리 내일이 오면 좋겠다!'라고 생각한다.

주지하듯 기분은 현재 처한 상황을 어떻게 해석할지에 영향을 미치고, 이에 따라 사람이 그 상황에 어떻게 대응할지를 결정한다. 그렇게 기분은 우리가 삶을 경험하고 살아가는 방식을 크게 좌우하게 된다. 기분은 저마다의 욕구를 들여다보게 하는 창문이기도 하다. 그래서 자신의 기분을 잘 분석할 줄 알면 내가 그때그때 무엇을 필요로 하는지 정확히 파악할 수 있다.

대개 사람들은 나이를 먹을수록 자신의 감정과 기분을 감춘다. 이런 습관이 생기는 것은 성장기에 겪은 다양한 트라우마로부터 스스로를 보호하기 위한 뇌의 전략일 수도 있고, 감정을 드러내는 것을 좋게 보지 않는 문화적 관습('앙다문 입술'이라는 표현이 왜 그렇게 자주 쓰이는지 생각해 보라) 탓일 수도 있다. 그런 까닭에 많은 사람들이 감정 표현에 익숙하지 않고, 사람의 감정은 다양한 방식으로 나타날 수 있음을 모른다. 그러니 자기 기분을 스스로 인지하는 것이 어려운 것은 당연하다.

게다가 시시각각 변하는 것이 감정이기에 어느 한순간에 겪는 감정이 무엇인지 콕 집어 말하기가 더더욱 어려워진다. 나는 기분을 내 안에 흐르는 에너지라고 생각하는 것을 좋아한다. 내가 보기에는 이 에너지가 고정적이지 않다는 점이 매력적인 것 같다. 기분은 끊임없이 변하면서 한시도 같은 상태에 머물지 않는다. 심지어는 한순간에 여러 감정이 동시에 덮친 경험도 여러 번 있었다. 가령 분노와 스트레스와 두려움과 희망이 한꺼번에 느껴지는 식이었다.

중독을 내면의 결핍 때문에 외부 자극에 의지하는 것이라 설명한다면 우리가 어떤 감정과 기분을 느끼는지 이해하고 우리의 필요는 무엇인지 파악하는 것이 중요하다. 그런 맥락에서 사람이 경험할 수 있는 다양한 감정을 알아두면 유용할 것 같다. 내담자들에게 나는 어느 순간 자신이 느끼는 기분이 무엇인지 꼬집어 말하기가 어려울 때는 다음에 나오는 기분 표에서 골라 보라고 추천한다. 그러면 자신의 감정을 더 잘 이해하고 사람들과 수월하게 의사소통하는 데 도움이 된다.

화	슬픔	놀람	두려움	희망	행복	신남	혐오
좌절한	외로움	충격받은	불안한	평화로운	사랑	기대감	역겨운
모욕당한 듯한	수치심	놀라운	긴장되는	감사한	강인한	흥미로운	싫어하는
속상한	상실감	실망한	걱정되는	받아들여진	각성된	호기심 생기는	반대하는
공격적인	우울한	배신당한	조심스러운	신뢰하는	긍정적인	긴장되는	시기하는
비판적인	불행한	깜짝 놀란	염려되는	차분한	힘 넘치는	의욕이 솟는	질겁한
성난	죄책감	혼란스러운	패닉에 빠진	기대되는	황홀한	열망하는	끔찍한
격노한	창피한	경악스러운	안절부절 못하는	갈망하는	관대한	압박감을 느끼는	혹평하는
적대적인	고립된	감동받은	신경이 곤두선	축복받은	포용적인	압도된	경멸하는
분노한	버려진	자극받은	마음이 괴로운	낙관적인	자랑스러운	조급해지는	몹시 싫어하는
격분한	공허한	마음이 울컥한	겁에 질린	자신감 있는	자신감 있는	열정적인	질색하는
배알 꼴리는	절망적인	환멸을 느낀	공포에 질린	고대하는	유쾌한	에너지 넘치는	공포스런
짜증나는	낙담한	말을 잃은	불안정한	확신하는	용감한	열정적인	증오하는
복수심 불타는	억울한	환희에 찬	취약한	고무적인	감격한	고양된	가증스러운
앙심을 품은	비통한	경외심	위협을 느끼는	밝은	기쁜	생동감 있는	사무치게 미운

기분을 눈으로 보는 연습

이쯤에서 일기장이나 빈 종이를 또 꺼내 볼까. 미리 경고하지만 이 연습은 약간 불편하고 어색할지도 모른다. 자, 앞의 기분 표를 보자. 어느 기분이 가장 불편하게 느껴지거나 피하고 싶은가? 그 기분에 대해 생각한 다음 그림으로 그려 보자. 이 기분은 어떤 모양인가? 색깔은? 여러 색으로 되어 있는가? 당신의 이 기분은 어떻게 생겼고, 어떤 질감을 가지고 있는가?

기분을 그리고 가능한 대로 색칠까지 하고 나면 그리면서 마음이 어땠는지 되짚어 보자. 그림을 그리는 동안 편안했는가 아니면 불편했는가? 마음속에 그림을 비평하는 생각이 들었는가? 마지막으로 그림을 보면서 대답해 보자. 당신은 이 기분과 무슨 관계인가? 당신은 무슨 이유로 그 기분을 피하고 싶어 했는가?

종종 우리는 불편한 기분을 억누르기만 하다가 시간이 한참 지나 그 기분을 품기조차 버거워한다. 이번 연습은 그런 기분과 대면하고, 가능하면 다른 시각으로 바라보고, 그 기분에 대한 각자의 경험을 차차 바꿔 가는 것이 핵심이다. 지금 우리는 콕 집어 나쁜 기분을 연습하고 있지만 사실은 모든 기분이 우리에게 뭔가를 말해 주려 한다는 것을 기억하자. 이 연습을 하고 나면 다음에 또 똑같은 기분을 마주해도 그것을 인정하고 내게 필요한 것이 무엇인지 내면의 소리를 귀 기울여 듣는 것이 좀 더 편안해질 것이라고 믿는다.

생각과 기분

기분이 어떤 것인지 조금 더 알게 되었으니 이제는 생각의 중요성과, 생각이 기분과 어떻게 연결되는지를 이야기해 보자. 내가 보기에 중독을 풀어낼 때 가장 어려운 부분은 그 강박적 성질인 것 같다.

2020년 『네이처 커뮤니케이션(Nature Communications)』에 사람의 생각 빈도에 관한 연구 결과를 요약한 논문이 발표되었다. 이 연구에 따르면 평범한 사람은 하루에 6000가지가 넘는 생각을 한다고 한다.[1] 물론 정확한 숫자는 개인차가 있을 것이다. 반면에 내가 치료받을 때 직접 들은 바로 중독자는 하루에 같은 생각 네 가지 정도를 1만 2000번 내지 6만 번씩 한다는 이야기가 있다.

그것이 사실인지 아닌지는 잘 모르겠다. 하지만 이 말을 들었을 때 불현듯 납득되는 것이 있었다. 예전의 나는 생각과 기분의 스위치가 어떻게 해도 꺼지지 않아서 계속 내가 내 마음대로 안 된다는 느낌이었다. 머릿속에서는 같은 생각이 끝없이 맴돌아 나를 강박적 사이클에 가두었다. 기분도 마찬가지라 나는 오랫동안 이 위태로운 상태에서 벗어나지 못했다. 오직 술이나 약이나 폭식을 하는 동안에만 그런 생각을 억누르고 무감각해질 수 있었다. 짐작이 되겠지만 똑같은 생각 네 가지만 하루에 1만 2000번 내지 6만 번씩 하는 사람에게는 잠깐 마음의 고요가 얼마나 큰 안도감을 주는지 모른다.

그 시절의 나는 내게 문제가 있다고, 내 마음이 왜 이러는지 아무도 이해하지 못할 것이라고 믿었다. 그러다 본인도 중독자였다는 이야기를 더프 고든 박사로부터 처음 들었을 때 나는 믿을 수가 없었다. 하지만 중독이 마음의 병이라는 것을 알고 나니 숨어 있던 의미가 보였고, 처음으로 내가 혼자가 아니라고 느껴졌다.

내 경우는 개인적으로 그다지 달갑지 않은 기분에 익숙해지는 것이 회복 과정에서 중요한 숙제였다. 중독자들은 대개 자신의 기분에 더 민감한 편이다. 중독자는 같은 감정도 더 강렬하게 느끼고, 감정에 쉽게 압도된다.[2] 나 역시 정확히 그랬다. 치료를 시작하기 전에는 어떤 기분을 느낄 때의 나 자신이 싫었다. 그런데 돌이켜보면 사실은 내가 기분을 다루는 방법을 몰랐던 것 같다. 나는 불편한 기분을 어떻게 포용하고 스스로를 달래야 하는지 모르고 있었다. 항상 이 기분을 빨리 바꾸어야 한다는 생각뿐이었다.

좋은 기분과 나쁜 기분

기분과 감정은 생존에 필수적인 요소다. 기분과 감정은 세상과 내 주변 환경을 해석하고 위험을 인식해 피함으로써 안전하게 살아가게 한다. 이를테면 뒤따라오는 호랑이를 보고 무서워하는 기분은 우리에게 도망칠 더 많은 기회를 줄 것이다. 좋은 것이든 불쾌한 것이든 감정은 두려움의 대상이 아니라는 소리다.

그뿐만 아니다. 기분은 인간으로 하여금 아름다운 것을 감상하고 사람과 사람 간에 지속적인 관계를 맺게 한다. 우리 인간은 좋은 기분을 더 느끼고 싶어 하고 나쁜 기분은 기피하는 경향이 있다. 그런데 좋은 기분이 정확히 무엇일까? 일반적으로 사람들은 좋은 기분 하면 마음이 편안하거나 신나는 상태를 떠올린다. 만족감, 기쁨, 행복을 느낄 때처럼 말이다. 그런 반면 분노, 슬픔, 외로움 같은 소위 나쁜 기분은 피하거나 잠재우려는 게 인간의 특징이다.

하지만 나는 이 이치를 바꾸려고 노력할 필요가 있다고 생각한다. 내담자들과 상담할 때 나는 '세상에 나쁜 기분이라는 것은 없다'는 인식을 갖게 하는 데 특히 무게를 둔다. 가령 슬픔도 외로움도 나쁘지 않다, 이 두 가지는 우리 모두가 인간으로서 경험하는 수많은 기분 중 하나에 불과하다고 말해 주는 식이다.

이른바 나쁘다고 말하는 기분은 우리에게 무엇인가를 가르쳐 주는 모든 경험이다. 나쁜 기분이 되는 것은 오직 내가 그 기분에 의미를 부여할 때뿐이다. 기분에 의미를 부여하면 그 기분은 내가 하는 감정 경험의 의미를 부풀린다. 그 결과 우리는 지금 느끼는 감정과 이 상황의 현실을 구분하기가 어려워진다.

당신에게 손을 흔들지 않는, 길 건너 지인 이야기로 돌아가 보자. 다음 날 당신은 걱정되기 시작한다. 그 사람이 당신을 무시한 것이거나 당신이 그를 화나게 만든 행동을 했을지 모른다는 생각이 자꾸 든다. 그 사람이 당신에게 손을 흔들지 않았다는 데서 불안감이 싹튼 것이다. 불안감은 우리의 걱정스러운 생각이 옳았다고 확인시키고, 우리의 두려움이 현실이라고 믿게 만드는 습성이 있다. 그런데 기분은 생각과 연결되어 있기 때문에 우리는 그 생각이 진실이라고 믿게 된다.

불안감 같은 기분을 느낄 때 그런 감정 경험이 가짜라거나 당시 상황에 아무 책임이 없다는 이야기가 아니다. 다만 우리가 어떤 기분을 느낀다고 해서 우리의 이야기가 반드시 진실이 되지는 않는다는 말을 하려는 것이다.

사람은 자신의 감정을 통제할 수 없고, 감정이 언제 어떻게 변할지를 조절하지도 못한다. 그렇기에 불편한 기분이 올라올 때면 자신이 통제력을 잃었다는 생각이 들기도 한다. 사람들은 고통스러운 상황에 처하면 모든 기분은 바뀐다는 사실을 쉽게 잊는다. 반면에 기쁨이나 행복을 경험할 때는 그 기분이 영원히 지속되기를 바란다. 우리가 도파민 수치를 높게 유지하고자 자꾸 바깥세상의 것을 동원하는 또 다른 이유다. 그러나 모든 것은 때가 되면 지나가기 마련이다.

어떤 사람들은 아이에게 무슨무슨 기분은 나쁜 것이고, 감정을 다 표현하면 안 된다고 가르친다. 그렇게 성장한 어른은 나쁘다고 배운 기분의 조절을 점점 더 어려워하고, 표현 자체를 못 하게되기 십상이다. 예를 들어 어릴 때부터 울면 안 된다거나, 항상 미소를 지으라는 훈계를 들으며 자란다고 치자. 이런 가르침은 내 기분이 어때야 하는지, 그 기분을 어떻게 표현하거나 억눌러야 하는지에 대한 각자의 믿음에 영향을 준다. 하지만 이것은 아이를 망치는 훈육 방식일 수 있다. 사람이 평생 행복하기만 할 것이라는 혹은 절대 슬퍼해서는 안 된다는 생각은 비현실적이기 때문이다. 이는 부정적 감정은 묻어 두거나 회피하면서 항상 행복의 감정만 추구해야 한다는 잘못된 가치관을 강요한다.

그 결과는 크게 두 가지다. 첫째, 쾌락과 자극을 좇는 사회를 조장한다(기분이 좋아지는 것이라면 다 해라는 식이다). 둘째, 정서적으로 둔감한 인간을 양성한다. 이런 사람은 불안, 분노, 두려움 같은 감정에 귀 기울이지 않고 이런 감정이 가리키는 내면의 욕구를 알아채지 못한다. 사람들이 오직 바깥의 것만 보고 자신의 내면은 직시할 줄 모르는 인간으로 조련되는 셈이다.

기분과 중독 사이클

불편한 기분이 언제 사라질지 알 수 없을 때 기분을 바꿀 궁리를 하는 것은 자연스러운 반응이다. 사람은 기분이 좋아지고 싶으면 일부러 도파민을 폭발시키는 행동을 한다. 코카인이나 엑스터시를 하는 것처럼 말이다. 한편 어떤 사람은 나쁜 기분을 회피하는 방법을 사용하기도 한다. 가령 헤로인은 사용자에게 황홀경을 선사하지만, 덤으로 고민거리에서도 벗어나게 할 수 있다. 가보르 마테가 적절하게 표현했듯 중독자에게 고통의 방패막이 되는 동시에 세상과 즐겁고 의미 있게 소통하게 한다는 데 마약의 매력이 있는 셈이다.[3]

비슷한 원리로 어떤 중독적 행동을 할 때 일어나는 도파민 분출은 사람을 다른 온갖 기분에도 무뎌지게 한다. 그런 까닭에 일진이 나쁘거나 기분이 처지거나 지금 기분을 바꾸고 싶을 때 사람들은 소셜미디어처럼 도파민을 뿜어내는 무엇인가로 눈을 돌린다. 문제는 행동 중독은 물질 중독과 달리 현재 기분에서 벗어나기 위해 그 행동을 반복한나는 사실이 종종 분명하게 드러나지 않는다는 것이다. 게다가 중독 행동을 하는 것은 단순히 나쁜 기분을 피하고 좋은 기분을 좇는 것보다 훨씬 복잡한 일이다. 어떤 중독자는 중독 행동을 하고 나면 찝찝한 기분이 들어 또 그 기분을 털어 내고 싶어진다는 점에서다.

딱 마침 소비 중독에 빠진 내 내담자의 사례가 떠오른다. 상담 시간에 중독 행동 사이클 안에서 경험하는 기분에 대해 이 내담자와 이야기를 나눈 적이 있다. 그녀는 보통 사고 싶은 옷이나 뷰티 아이템을 인터넷으로 구경하는 내내 주체할 수 없는 흥분에 젖는다. 쾌감은 상품이 배송될 때까지 지속된다. 하지만 택배가 온 것을 확인한 순간 물건에 대한 흥미가 온데간데 없어지고, 불과 어제 주문했던 상품에 완전히 무관심해진다. 그녀는 과소비한 자신을 책망하면서 실망감에 휩싸인다. 뒤이어 찾아오는 기분은 그녀의 표현 그대로 공허함과 무의미함이다. 그리고 이런 기분은 그녀로 하여금 또 다시 인터넷 쇼핑몰 창을 다시 열게 한다.

여기까지 이야기를 들으면 쇼핑의 쾌감은 영원하지 않고 중독 사이클 안에서 그녀가 느끼는 기분에는 유쾌하지 않은 것도 있음을 누구라도 알 수 있다. 솔직히 결국에는 크나큰 실망감과 공허함에 가라앉을 것이라는 것을 그녀도 모르지 않는다.

나는 그녀와 함께 이런 행동을 하나하나 짚어 본 후 한동안 쇼핑을 참고 나면 어떤 기분이 드는지 시험해 보기로 했다. 며칠 후 그녀가 밝힌 감상은 자신이 실패자라는 기분이 표면으로 떠올랐다는 것이다. 그녀는 자신이 인생 목표를 이루지 못해 스스로를 크게 실망시킨 느낌이 든다고 말했다. 이 감정이 워낙 압도적이고 두려워서 그녀는 한순간도 견딜 수 없었다. 자신이 형편없는 인간이라는 자각에 짓눌리느니 차라리 쇼핑 중독의 사이클에 다시 빠지는 것이 낫겠다고 생각할 정도였다. 쇼핑을 하면 적어도 새로운 기분과 불편하게 마주할 일 없이 소소한 즐거움을 얻을 수 있으니 말이다.

행복한 사람보다 올바른 사람이 되는 것이 낫다는 말이 있다. 내가 내담자들에게 잘 쓰는 격언인데, 풀이하면 사람은 중독 사이클에서 벗어나 행복을 찾으려고 노력하기보다 자신이 원하는 기분이 들도록 익숙한 생각을 머릿속에 자꾸 되새김하려는 경향이 있다는 뜻도 된다. 겪어 보지 못한 다른 기분은 낯설게 느껴진다. 게다가 그런 감정이 어디서 왔는지, 언제 멈출지 우리는 알지 못한다. 그렇기에 통제력을 잃었다는 느낌이 드는 것이다.

당신에게도 어떤 기분으로 끝날지 이미 알면서도 끊지 못하는 행동 패턴이 있는가? 이 사이클에 스스로를 가두어 두고 특정 기분을 회피하고 있지는 않는가? 이런 행동을 깨려고 나선다면 어떤 느낌일 것 같은가?

차분히 자신을 마주하기가 어째서 무서울까?

나는 너무 오랫동안 모든 종류의 기분을 외면하면서 살았기 때문에 중독 치료를 시작하자마자 온갖 감정이 홍수처럼 밀려들기 시작했다. 그래서 하루아침에 두려움, 죄책감, 외로움 같은 감정을 한꺼번에 상대해야 했다. 이런 감정은 때때로 사람을 압도한다. 결국 술을 끊고 여러 주가 흐른 어느 날 나는 상담을 받으러 가는 기차 안에서 생전 처음으로 공황 발작을 겪었다. 그때는 심장마비인 줄 알았지만 말이다.

내가 했던 경험을 하나 더 털어놓고 싶다. 별 문제 아닌 것처럼 보일지 몰라도 사실은 중요한 일인데, 바로 하루하루가 지루해지기 시작했다는 것이다. 이 기분 때문에 재활 초반에는 뭐라도 주의를 돌릴 소일거리를 끊임없이 하지 않으면 안 되었다. 만약 바쁘게 움직이지 않으면 바로 무료함을 느꼈다.

어째서 처음에는 회복 과정이 지루하게 느껴질까? 중독 치료를 시작하면 회피해 온 모든 것을 피부로 느끼기 시작한다. 내 생각에 지루하다는 기분은 자기 자신에 주목하는 것에 대한 불편함의 다른 표현인 것 같다. 그러나 이런 불편함은 비단 재활 중인 중독 환자만의 것이 아닐 것이다. 많은 현대인이 자신의 내면을 똑바로 바라보는 것을 주저하는 듯하니까.

더프 고든 박사는 코로나19 유행이 한창이던 시절 우리 사회에서 중독 혹은 중독적 행동이 증가한 현상을 알아챘다.[4] 미국 질병통제예방센터 역시 코로나 대유행 초기(정확히는 2020년 6월)에 미국 성인 인구의 13퍼센트가 비상 시기를 견디려고 중독 물질을 사용하기 시작했다고 집계했다.[5]

여기서 질문. 코로나 봉쇄 조치가 새 중독자들을 낳은 것일까? 어쩌면 그랬을 수도 있다. 봉쇄가 대부분의 사람들에게 몹시 힘든 시간이었던 것은 사실이다. 하지만 더프 고든 박사는 그들 중 상당수는 예전부터 중독자였을 것이라고 말한다. 그때껏 출퇴근하는 행위 등을 통해 상황적 통제가 되고 있었는데, 재택근무를 시작하자 통제 수단이 사라진 것이라는 분석이다. 한마디로 이미 존재하고 있던 중독의 고삐가 봉쇄 기간에 풀린 셈이다.

그렇다면 고삐가 풀린 계기는 무엇이었을까? 나는 사람들이 그 어느 때보다도 맹렬하게, 어쩌면 난생 처음으로 자기 자신과 마주하지 않으면 안 되게 몰아붙여졌기 때문인 것 같다. 그때껏 깊이 묻어 두었거나 모른 체하던 온갖 감정이 한꺼번에 수면 위로 떠올랐으니 그 격동 속에서 스스로를 직시하는 것이 힘에 부칠 수밖에.

만약 중독적 행동을 반복하는 것이 감정을 통제하거나 불편한 기분을 차단하려는 방편이라면 그런 불편한 감정과 처음부터 사이좋게 지낼 방법은 없을까? 당연하지만 그런 기분을 안고 있는 것이 늘 수월할 수는 없다. 누구든 살면서 우환을 만나기 마련이니까. 그러나 적어도 우리는 힘든 시기와 불편한 기분에도 차고 기움이 있음을 이해하려는 노력은 할 수 있다. 꼭 감정을 완벽하게 통제하거나 억누르려 하지 않아도 된다. 차분히 자신의 내면을 들여다보고 내 마음이 어떤지 느끼는 것만으로 잘하고 있는 것이다.

그런데 차분히 있는다는 것은 무슨 의미일까? 당연히 꼭 양손을 가지런히 모으고 입을 꾹 다문 채 앉아 있어야 한다는 뜻은 아니다. 뭐, 그렇게 해도 상관은 없지만 말이다. 여기서 차분히 있는다는 것은 자기 자신 혹은 자신의 기분에 신경을 집중하는 것을 뜻한다. 정신 산만하게 하는 바깥세상의 잡음은 잠시 꺼 두고 내 본심을 가리던 덮개를 걷어 내는 것이다. 다만 방식은 사람마다 다를 수 있다. 바닥에 앉아 명상을 해도 되고, 그림에 색칠을 하거나 퍼즐을 맞추면서 해도 괜찮다.

나는 내담자들에게 배경 소음 없이 요리를 하거나 출퇴근길 처음 20분 동안은 음악이나 팟캐스트를 듣지 말고 걷기에만 집중해 보라는 숙제를 잘 낸다. 텔레비전을 보면서도 자꾸 휴대폰을 만지작거리는 사람이라면 휴대폰을 내려놓고 텔레비전 시청에만 집중하는 것으로 이 훈련을 시작할 수 있겠다.

내 내담자 S의 사연을 잠깐 들어 볼까? S는 스트레스가 많은 고위직 임원이었다. 그녀는 이 회의 저 회의 불려다니는 것이 일상이었고, 주말에도 일을 했다. 그녀에게는 주말에 여유를 즐기거나 가만히 앉아 아무것도 안 하는 것만큼 시간 낭비가 또 없었다.

그래서 나는 S에게 쉬는 시간을 정해 놓고 두어 시간 넷플릭스를 본 다음 어떤 기분이 드는지 일기를 쓰라고 제안했다. 그녀는 아무것도 안 하고 가만히 있어야 하는 것이 못마땅했다. 그래서 이 시간 동안 매번 속으로는 이른바 더 중요한 일을 떠올렸다.

하지만 몇 주 뒤 어느 일요일 저녁, S는 마침내 조용히 아무것도 안 하고 시간을 보내는 요령을 터득했다. '정말 쓸데없는 짓'이라는 생각이 걷히자 그녀가 목도한 기분은 외로움과 무가치감이었다. 그녀는 서러워졌다. 전 애인에게 문자메시지를 보내 위로를 받고 싶은 충동까지 느꼈지만 문자를 진짜 보내지는 않았다. 그러고서 이튿날 아침 잠에서 깼을 때는 머리가 맑았고 살짝 안도감이 들었다고 했다.

우리 둘은 이 무가치감의 기분과 그녀의 성취 강박에 대해

차분히 자신과 마주하는 연습

이제 당신 차례다. 잠시 멈추어서 나 자신만을 온전히 생각하자. 그런 다음 이 시간을 떠올리면서 몇 가지 질문에 답해 보자.

당신은 나 자신과 단둘만의 시간을 피하려고 어떤 행동을 하는가? 주위가 너무 조용하다 싶으면 바로 휴대폰으로 손을 뻗는가? 집에서 혼자 있을 때도 항상 배경 소음에 귀를 기울이는가? 잠시 침묵의 시간을 가진 후에는 마음이 어디를 향하던가? 계획이 취소되었는데 달리 할 일이 없어서 안절부절하지 못했던 경험이 있나? 집에서 멀뚱멀뚱 있는 것이 싫어서 빈 시간을 당장 다른 일정으로 채워 넣으려고 애썼는가?

그런 상황에서 당신이 피하고 있는 감정은 무엇인가? 당신 생각에 당신이 자기 자신과의 진중한 시간을 갖는다면 어떤 모습일까?

떠오르는 답을 일기장에 기록해 두자. 다음에 또 혼자 고요히 있는 연습을 할 때 새로운 생각이 들면 여기에 추가로 적으면 된다.

함께 이야기를 나누었다. 알고 보니 그녀의 이런 마음은 근본적으로 어린 시절에 비롯한 것이었다. 부모님으로부터 인정받고 싶었지만 이 욕구를 채울 방법이 오로지 공부를 잘하는 것뿐이었던 것이다.

생각 패턴 깨기

평소와 다른 무언가를 하면 어색하고 불편하게 느껴지기 마련이다. 하지만 지금은 그러는 것을 적극 추천하고 싶다. 일단 안전지대를 벗어나는 것이 우리가 안주하고 있는 일상적 패턴을 깰 첫걸음이니까. 안전지대가 편안한 것은 우리가 스스로에게 한껏 산만해지도록 허락하기 때문이다.

모든 것이 초고속인 오늘날에는 많은 현대인들이 무언가를 이룰 때까지 목표를 향해 쉬지 않고 달려야 한다고 믿는다. 그러나 나는 자기 자신과의 시간을 갖는 것 역시 진정으로 가치 있는 목표이고, 자기 내면의 소리를 듣는 것도 성취라고 말하고 싶다.

그런 의미에서 나는 더 많은 일을 고요 속에서 해 볼 것을 권한다. 달리기를 하거나 산책을 갈 때 휴대폰을 방에 놔두고 집을 나서 보자. 요리할 때는 팟캐스트나 음악을 틀지 말고 오로지 음식에만 집중하자. 바깥에서 들리는 소음이 없을 때 의식의 표면에 떠오르는 기분에 흠칫 놀랄지도 모르겠다. 하지만 그런 기분을 반추하는 것은 자신에게 도움 되지 않는 생각 패턴을 깨는 데 중요한 단계다.

말이 나온 김에 조금 더 밀어붙이면 가만히 있으면서 자기 자신과 마주하는 동안 창의적으로 생각해 보라고도 권하고 싶다. 물론 창의적이 되는 것이 말처럼 쉬운 일은 아니다. 평소 자신의 기분을 외면하던 사람이라면 스스로를 창의적으로 표현하는 것이 몹시 어색할 테니까. 또한 완벽주의 성향이 있는 사람에게는 옳거나 완벽하지 않은 것이 아무 쓸모 없거나 거슬리는 짐짝으로 느껴질 것이다.

마음챙김

이렇듯 나 자신과 마주하고 있으면 다양한 감정이 쏟아져 나온다. 그런 감정 중에는 별로 유쾌하지 않은 것도 있다. 이때 우리는 어떻게 대처해야 할까? 물론 이럴 때 치료사와 상담하면 도움이 된다. 이와 관련해 다음 장에서 여러 가지 치료법에 대해 이야기할 텐데, 여기서는 이런 감정이 올라올 때 어떻게 대처해야 하는지부터 살펴보려 한다.

솔직히 말해 내가 추천하는 방법은 아무것도 하지 않는 것이

상황을 시각화하는 연습

이제는 차분히 앉아 창의적으로 생각하면서 그러는 동안 떠오르는 기분에 주목하는 시각화 연습을 할까 한다. 당신의 어린 시절로 시간을 되돌려 보자. 여덟 살에서 열두 살 사이가 어떨까. 그 시절 당신의 모습을 떠올릴 수 있는가? 당신은 어떤 옷을 입고 있는가? 장소는 어디였는가?

　이어서 그때 당시 속상했거나 슬펐거나 외롭거나 화가 났던 상황을 생각해 보자. 머릿속에 처음으로 떠오르는 기억으로 하자. 그날 무슨 일이 있었는가? 당신은 어디에 있었고, 누가 옆에 있었는가?

　빈 종이를 꺼내 당시 상황을 능력껏 그림으로 그리자. 수준 높은 예술 작품을 만들어 내라는 것이 아니다. 그러니 정답도 오답도 없다. 그냥 손 가는 대로 적당히 그려도 괜찮다. 당시 상황을 표현할 수만 있으면 대충 형태만 알아볼 수 있으면 된다. 다만 그림 안에 당신 자신도 그려 넣는 것을 잊지 말자. 그림 속 당신은 앉아 있는가, 아니면 서 있는가? 주변에 아무도 없이 혼자인가?

　그림을 다 그렸으면 한번 찬찬히 살펴보자. 나 자신을 위해 잠깐 시간을 내는 것이다. 그림을 보니 어떤 느낌인가? 그림을 보고 비판적인 생각부터 드는가? 그 생각은 옆으로 제쳐 두고 그림 속 일이 있었을 때 어린 마음에 들었던 기분을 기억해 보자.

　다음에 할 일은 어른이 된 현재의 자신을 그림 안에 넣는 것이다. 속이 잔뜩 상한 어린 나를 위로하는 현재 자신의 모습을 그리자. 당신은 아이에게 팔을 둘렀는가? 아이를 안아 주고 있는가? 이 상황에서 당신은 아이에게 어떤 말을 건넬 것 같은가?

　눈을 감고 잠시 어린 시절의 나와 단둘이 있어 보라. 아이의 괴로운 마음을 공감해 주고 아이를 능력껏 달래 보라. 그러면서 어떤 느낌이 드는가? 어린 자신에게 연민이 느껴지는가 아니면 아이가 나와 무관한 생판 남 같은가?

　다시 말하지만 정해진 정답이나 오답은 없다. 단, 어린 시절의 자신과 마음을 잇고 싶은데 그것이 어렵다면 옛날 사진들을 참고하는 방법을 추천한다. 컴퓨터 바탕화면으로 설정하거나 냉장고에 붙여 놓는 것처럼 말이다. 앞으로 일주일 동안 어린 시절의 자신과 함께 보내는 상상을 하는 것도 좋다. 출근할 때도 소파에 기대앉아 텔레비전을 볼 때도 둘이 함께한다고 생각하는 것이다. 자신이 아이를 돌본다고 상상하고 이 아이가 느끼고 있는 감정을 공감하도록 노력하자.

다. 그저 지금 내 감정이 어떤지만 주의 깊게 인지하라고 권하고 싶다. 이른바 마음챙김을 하는 것이다.

이 책의 여러 사례들을 통해 우리는 그 사람이 현재를 바라보는 방식에 과거가 어떻게 영향을 미치는지를 알 수 있었다. 사람의 신념 체계, 방어기제, 정체성, 생각은 각자의 성장 배경, 살면서 겪은 일들, 주변 사람들과의 관계, 마음에 담고 있는 수치심 같은 과거를 토대로 형성된다. 이런 과거의 요소들은 사람의 생각과 기분에 실시간으로 영향을 미치고, 현재 상황과 환경을 해석하는 방식을 좌지우지한다. 이때 마음챙김 수련을 하면 무게중심을 현재로 옮길 수 있다.

마음챙김은 인도 아대륙에서 약 2500년 전에 생겨난 개념이다.[6] 오늘날에는 40여 년 전에 존 카밧진(Jon Kabat-Zinn) 교수가 체계화한 이래로 심리 치료 영역에서 점점 더 널리 활용되고 있다.

마음챙김 연습을 할 때는 지금 이 순간에 집중한다. 온 감각을 활짝 열고 지금 내가 있는 곳이 어디인지, 내가 무엇을 하고 있는지, 내 몸이 어떤지를 생각한다. 중간에 잡생각이나 감정이 떠올라도 굳이 막지 않되 거기에 얽매이지 말고 둥둥 떠내려가도록 둔다. 이렇게 하면 우리 뇌가 현실을 있는 그대로 인지하고 생각을 우리 몸의 실제 경험과 분리할 줄 알게 훈련된다.[7]

마음챙김 수련은 장소에 구애받지 않으며, 잠시 차분하게 혼자 있을 여건만 된다면 어떤 식으로도 실천할 수 있다. 아니면 아예 자리 잡고 명상이나 호흡인식법을 쓰는 방법도 있다.

시간이 흐르면서 현재에 집중하는 데 점점 익숙해지고 내 생각과 기분을 또렷하게 인식하되 시시비비를 따지지 않게 되면 생각과 기분이 내게 휘두르던 지배력이 약해진다. 카밧진 교수는 이 경지에 이르기 위해서는 일상에서 마음챙김을 실천하면서 길러야 할 일곱 가지 태도가 있다고 말한다.[8 9 10]

1   **판단하지 않는다**   우리는 종종 자신의 생각이나 경험을 비평한다. 이것은 좋아, 저것은 싫어 하는 식이다. 다음부터는 그럴 때마다 마음챙김을 되새기고 자신의 생각에 아무 평가도 하지 말자. 그러다 보면 사람의 평가란 지나치게 비관적인 때가 많고 속단하는 경향이 있다는 것을 깨닫게 될 것이다. 마음챙김을 연습하면 열린 마음과 포용을 배울 수 있다.

2   **인내한다**   우리는 현재 일어나고 있는 일을 무시하고 덜 중요한 엉뚱한 일에 매달린다. 하지만 인내심을 가지면 지금 이 순간을 살 수 있다.

3   **초심자의 마음을 갖는다**   모든 일을 처음 겪는 것처럼 대하려고 노력하자. 어떤 경험에 익숙해지면 선입견이

명상

먼저 적당한 장소를 찾아 편안한 자세로 앉는다. 원한다면 눈을 감아도 좋다. 그런 다음에는 호흡에 신경을 집중한다. 코나 입으로 공기가 들고 나는 느낌, 오르락내리락하는 흉곽의 움직임, 바람이 들어갔다 나가는 소리에 집중한다. 머릿속에 다른 생각이 떠올라도 괜찮다. 다만 그 생각에 붙잡혀 있지 말고 그냥 흘려보내라. 만약 생각이 잘 흩어지지 않더라도 자책하지는 말자. 자신이 특정 생각에 집착하고 있다는 것을 알아차리자마자 생각을 놓아주고 다시 호흡에 집중하면 된다.

생기기 때문이다. 모든 가능성에 문을 열어 두자. 어제
도 샌드위치를 먹었을지 모르지만 지금 이 샌드위치를
먹는 경험은 이번이 처음이니까 말이다.

4   **자기 자신을 믿는다**   자기 자신에 대한 믿음이 클수록
주변과의 관계에도 신뢰가 생긴다. 게다가 앞으로 맞닥
뜨릴 장애물에 더 용감하게 대처할 수 있다.

5   **애쓰지 않는다**   현대인은 무엇인가를 이루려고 쉼 없
이 달리는 것에 익숙하다. 반면에 마음챙김은 아무것도
하지 않음을 연습하는 훈련이다. 마음챙김을 할 때는
무엇을 성취할 필요가 없다. 생각도 정해진 방향 없이
자연스럽게 흘러가면 그만이다. 마음챙김의 목표는 지
금 이 순간에 머무르는 것이니까.

6   **있는 그대로 받아들인다**   내 현재를 어떻게 개선할 수
있는지만 계속 생각하는 사람에게는 현재가 없는 것과
같다.

7   **집착을 버린다**   생각이 자유롭게 부유하다가 흘러 나
가게 두자. 특정 생각에 매달리거나 자신의 마음을 일

정한 방향으로 몰아붙이지 말자. 내버려두는 것도 놓아
주는 한 가지 방법이다.

마음챙김을 실천하는 방법은 수없이 많다. 헤드스페이스
(Headspace) 같은 스마트폰 앱이나 유튜브만 뒤져도 다양한 명상 프
로그램을 금방 찾을 수 있다. 이것저것 찬찬히 살펴보고 나에게 맞
는 것을 고르면 된다.

수련을 할 만한 시간과 장소를 생각해 두자. 꼭 집어서 해야
하는 건 아니다. 어디에 있든 식사 중이라면 식재료의 맛과 질감을
더욱 의식하고 산책을 하면서 주변의 풍경과 소리에 온 감각을 여
는 것도 마음챙김 실천이다.[11]

금단증상과 갈망

금단증상은 중독 치료 초기를 지루하게 만드는 또 다른 원인이다.
규칙적으로 짜릿함을 선물하던 도파민 효과가 우리 몸에서 사라
지면 만사가 불만족스러운 불쾌감에 빠질 수 있다는 점에서다. 그
래서 중독 치료의 8할은 인내심과 신뢰라고 표현해도 과언이 아니
다. 우리는 결국 내 몸이 잘 적응하고 뇌가 항상성에 도달해 소소
한 일상이 유도하는 한결같은 도파민 수치에 만족하게 될 것이라

고 믿어야 한다. 물론 금단증상에 딸려 온 부정적인 기분이 변해서 다시 행복해질 것이라고 믿는 것이 쉬운 일은 아니지만 꾹 참고 금욕을 유지한다면 해낼 수 있다.

금단증상은 사람마다 제각각이고 그 사람의 습관이나 중독된 물질에 따라서도 달라진다. 일반적으로는 금욕을 시작한 지 얼마 안 되었을 때는 불안, 짜증, 불면증, 불쾌감, 갈망을 경험할 수 있다.

뇌가 어떻게 우리를 물질이나 행동이 고파지게 만드는지는 이미 이야기했는데, 물질에 중독된 사람은 이런 갈망이 몸에서부터 표출된다. 식은땀이 나고, 심장이 두근거리고, 불안하거나 속이 메스꺼워지는 식이다. 그런 까닭에 헤로인, 필로폰, 술처럼 신체적으로 중독되는 물질을 끊기로 한 사람은 의료 시설에서 전문가의 관리 감독 아래 안전하게 금욕을 시작하는 것이 중요하다. 중독된 물질을 끊기 전에 반드시 의사와 먼저 상담하는 것을 잊지 말자.

그렇다면 심리적 중독은 어떨까? 이런 유의 중독자가 경험하는 갈망은 불안감이나 중독된 행동을 못 하게 된다는 사실에 대한 두려움으로 나타나기 쉽다. 혹자는 강박적 생각에 휩싸이기도 한다. 게다가 더 이상 산만하게 굴지 않고 내면에 집중하기로 할 때 새롭게 피어오르는 불편한 감정은 이런 갈망을 더 악화시킨다.

휴대폰을 예로 들어 보자. 정확한 통계는 나라마다 편차가 있지만, 미국인 경우 전체 중 6.3퍼센트가 스마트폰 중독이라는 연구 결과가 있다.[12] 미국에서 실시된 또 다른 설문 조사에서는 응답자의 57퍼센트가,[13] 중국에서 의대생들이 참여한 설문 조사에서는 52.8퍼센트가 스마트폰 중독인 것으로 집계되었다.[14] 짐작하건대 이 이야기를 듣고 속으로 뜨끔한 독자들이 많을 것 같다.

내 경우는 행동을 봤을 때 확실히 휴대폰 중독이다. 폰을 늘 지니고 있지 않으면 가끔씩 불안해지고, 손을 뻗었는데 그 자리에 휴대폰이 없으면 당황해 허둥지둥하니까. 길을 걸어가는 동안이든 아침에 눈을 뜨자마자든 내가 언제 어디서나 휴대폰이 잘 있나 거의 본능처럼 확인하는 것은 부정할 수 없는 주의 분산 수단이다. 사실상 휴대폰과 한 몸이 되었다고 말해도 좋을 정도다. 휴대폰이 손 닿을 거리에 없을 때는 휴대폰을 열고 싶어 미친 듯이 답답해진다. '그새 부재중 전화가 와 있을지 모른다'거나 '중요한 이메일을 놓친 것은 아닐까'라는 생각에 집착할 때도 적지 않다.

내게 스마트폰이 그런 것처럼 당신이 중독된 그것이 옆에 없으면 갑자기 어쩔 줄 모르겠는가? 인터넷이나 소셜미디어에 접속이 안 되면 짜증이나 서러움 혹은 좌절감을 느끼는가?

예전에 섭식 장애 치료를 받을 때 들었던 이야기인데, 심리적 갈망은 지속 시간이 15~40분 정도라고 한다(신체적 갈망은 이보다 훨씬 더 오래 지속된다).[15] 갈망이 있는 동안에는 이 불편한 기분이 영영 사라지지 않을까 봐 무서워질 것이다. 하지만 기억하자. 갈망도 불편함도 시간이 지나면 사라진다는 것을.

그렇더라도 막상 갈망이 생길 때는 어떻게 대처해야 할까? 가장 좋은 방법은 건강한 방식으로 자기 자신의 주의를 돌리는 것이다. 실제로 고칼로리 설탕 범벅 간식이 당길 때 15분 정도 산책을 하면 진정이 된다는 증거가 있다.[16] 친구에게 전화를 걸어 지금 기분을 솔직하게 털어놓거나 그냥 일상 이야기로 잠시 수다를 떠는 것은 어떨까? 아니면 컬러링 북에 색칠을 하거나 퍼즐을 맞추어도 된다. 건강한 방법으로 갈망을 떨쳐 내면 마음이 한결 차분해지고 끝자락에는 자긍심과 성취감마저 들 것이다.

물론 가끔씩 갈망이 워낙 강렬해서 휴대폰이든 뭐든 당장 집어 들지 않으면 큰일 날 것 같은 기분이 들 때도 있을 것이다. 설상가상 금욕하는 동안에는 여태 회피해 온 생각과 기분이 갈망과 함께 몰려오기도 한다. 그러나 마음챙김으로 자신의 생각과 기분을 인정하고 그대로 흘러가도록 두자. 그러면 언제 그랬냐는 듯 다 지나갈 테니.

내가 좋아하는 요나탄 마르텐손(Jonatan Martensson)의 명언이 있다. 기분은 파도와 같다. 파도가 오는 것을 막을 수는 없지만 어떤 파도를 탈지는 우리가 선택할 수 있다. 현재 내 심리 상태를 더없이 완벽하게 묘사하는 말이다. 요즘 나는 매 순간 온갖 기분을 경험하며 살고 있다. 기분은 마치 파도처럼 내가 어디에 있든 어떤 상황이든 아랑곳않고 계속 밀려든다. 하지만 파도에 일일이 알은체하거나 대응하지 않는 요령이 생기니 더 이상 불편한 기분 때문에 나 자신에게 해코지하는 일이 없어졌다. 자신의 기분을 인지하고 정확히 파악하는 것은 감정이라는 파도를 타는 데 도움이 될 뿐만 아니라 중독 치료의 디딤돌을 쌓는 것이기도 하다. 이 부분에 대한 이야기는 어떤 사람들에게 도움을 구할 수 있는지와 함께 다음 장에서 더 자세히 나누기로 하자.

9장

도움을 구할 줄 알아야
회복할 수 있다

회복의 씨앗

2024년 9월이면 내가 중독에서 벗어난 지 10년째가 된다. 예전에는 상상도 하지 못했던 일이다. 하기야 회복 단계가 내 인생에서 이렇게 큰 부분을 차지할 것이라고도 전혀 예상하지 못했다. 과거의 나는 내 평생에 자유는 없을 것이라고 생각했던 것 같다. 중독적 행동에서 자유로워지는 것은 물론이고, 오랜 세월 나를 지배한 자기혐오와 낮은 자존감에서 탈출하는 것도 다 꿈 같은 이야기였다.

이 자리를 빌려 내 회복 과정이 완전히 끝난 것이 아니라는 점을 꼭 말해 두고 싶다. 예전에도 그랬고, 앞으로도 그럴 것이다. 스스로를 단련하려고 이런 말을 하는 것이 아니다. 나는 회복 과정이 결코 순탄하지 않다는 사실을 알려 주려는 것이다. 중독에서 회복되는 과정은 난장판이기 쉬우며 어렵고 불편한 것은 기본이고 때로는 앞이 깜깜하게 느껴지기도 한다.

나는 중독 치료, 특히 치료 초기를 이야기할 때 씨앗에 비유하는 것을 좋아한다. 새까만 흙 속에 심은 씨앗 말이다. 작은 씨앗은 조만간 지면에 닿아 앞으로 쑥쑥 자라는 데 필요한 햇빛과 조우하겠지만, 언제쯤 그렇게 될지 전혀 모른다. 그럼에도 씨앗은 묵묵하게 어둠을 뚫고 위로 나아간다. 그러다 마침내 자신이 있어야 할 곳에 도달한다.

앞에서 우리는 금욕하고 습관을 바꾸고 정신 수양으로 마음을 보듬음으로써 씨앗이 싹을 틔우는 과정을 살펴보았다. 하지만 거기서 끝이 아니다. 새싹에는 다시 통원 치료나 시설 입소라는 빛의 인도가 필요하다. 모든 사람이 혼자서 혹은 주 1회 상담 정도로만 금욕에 성공하는 것은 아니다. 언급했듯이 경우에 따라서는 집에서 혼자 애쓰는 것이 몹시 위험할 수 있기 때문에 그런 사람은 안전한 의료 시설의 울타리 안에서 해독을 시작해야 한다.

타인의 도움을 받는 것은 실패자라는 뜻이 아니다. 경우에 따라서는 외부의 지원이 가장 건강한 방법이고, 여럿의 힘을 모으면 완전히 회복하는 것이 한결 수월해진다. 예전의 나는 치료를 받으러 다니는 것이 내가 약하다는 증거라고 믿었다. 그래서 내 인생을 스스로 통제하지 못한다는 생각에 자괴감이 들었다. 하지만 지금은 자신 있게 말할 수 있다. 그때 그렇게 치료를 받은 것이 여러모로 내 인생을 구했다고. 덕분에 나는 파괴적 행동을 멀리할 수 있었고, 나아가 술이나 약을 안 하고 굶지도 않는 삶도 존재한다는 것을 깨달았다. 치료는 내 감정을 이해하는 지지자들과 나를 연결시켰고, 처음으로 혼자가 아니라고 느끼게 했다.

내 회복 과정은 자기 돌봄, 친구와 가족의 협력, 조력자(나처럼 회복 과정에 있는 다른 중독자)의 격려, 전문 치료사의 지도가 종합된 형태였다. 이처럼 우리가 받을 수 있는 도움과 지원에는 여러 가지 종류가 있다.

친구와 가족에게 도움 구하기

'손을 내밀다'는 여기저기서 자주 듣는 표현이다. 하지만 실제로 실천하는 것은 말처럼 쉽지 않다. 특히 이 책에서 한창 이야기하는 금욕이나 회복의 뜻을 잘 모르는 지인에게 손을 내밀 때는 더욱 그렇다. 이럴 때 우리는 어떻게 해야 할까? 그들에게 어떻게 말을 건네야 할까?

어떤 내담자들은 내게 묻는다. "사정을 시시콜콜 설명하지 않고 도움을 청할 방법은 없나요?"라든가 "치료 이야기는 빼고 제 속마음을 누군가에게 털어놓으려면 어떻게 해야 하죠?"라고.

내 대답은 절대적인 정답은 없다는 것이다. 중독 치료를 제대로 이해하지 못하는 이에게 내 재활 과정을 어떻게 납득시킬지는 지극히 개인적 판단을 요구하는 사안이다. 운이 좋다면 남들보다 쉽게 협조를 끌어내는 사람도 있을 것이다. 하지만 나는 그 순간 내게 필요한 것이 무엇인지가 관건이라고 생각한다. 자신의 필요를 채우고자 남의 힘을 빌리는 것은 도와 달라는 부탁을 하는 것과 본질적으로 같은 일 같기 때문이다.

소비 중독의 사례를 살펴볼까. 이런 상황을 가정해 보자. 당신은 오늘 몹시 길고 힘든 하루를 보냈다. 집에 오니 웹서핑이나 하면서 멍하게 있고 싶다는 마음뿐이다. 그러면 긴장이 풀릴 것이 확실하고, 그것이 가장 쉬운 방법 같기 때문이다. 하지만 한편으로는 잘 알고 있다. 쇼핑을 끊으려고 한창 노력 중인 마당에 이것은 건강한 방법이 아니라는 것을 말이다.

이 순간 당신에게 필요한 것이 무엇인지 생각해 보라. 누군가는 친구가 놀러 와서 함께 시간을 보내면서 갈망을 잊게 해 주기를 원할지 모른다. 집안 식구가 오늘 힘들었던 일을 토로하는 당신에게 귀 기울여 들어주거나 귀가 시간에 딱 맞추어 파트너가 저녁상을 차려 놓는 것은 어떨까. 일단 자신에게 무엇이 필요한지 알았다면 그것을 부탁하는 요령을 배워야 한다. 이 부분이 좀 힘들 수는 있다.

부탁하는 것은 어째서 무서울까? 욕구를 충족받아 본 적이 별로 없는 사람은 갑자기 그런 것을 남에게 부탁하는 것이 벅차고 어색하게 느껴지기 십상이다. 가령 부모에게 안아 달라고 할 때 거절을 당한 아이에게는 정서적 결핍이 그대로 남는다. 그런데 계속 그러다 보면 마음 한구석에서 도움 요청을 포기하게 된다. 정서적 욕구를 대충 자급자족하는 데 익숙한 어른이 되는 것이다.

욕구 충족을 위해 도움을 구하는 행위는 사람을 유약하게 만든다. 유약해진다니 위험한 것 아닌가 하는 생각이 들지 모르겠다. 부탁을 한다는 것은 거절당할 가능성이 있다는 뜻이니까 말이다. 중독 치료 중인 사람은 새로운 것을 시도하고 생소한 기분을 경험하면서 이미 연약해진 상태다. 즉 거절당할까 두려운 마음이 평소보다 커지기 쉽다.

게다가 때로는 친구나 가족이 내가 바라는 식으로 반응하지 않기도 한다. 내 마음속에서 무슨 일이 벌어지고 있는지를 그들은 이해하지 못하는 것이다. 그것이 얼마나 실망스럽고 사무치게 외로워지는 일인지 나는 너무나 잘 안다. 앞에서도 이야기한 적 있지만 어떤 이들은 내 중독을 자신의 문제를 회피할 수단으로 이용한다. 아니면 각자 현실 부정에 빠져 있거나. 그런 부정의 대상에는 내가 힘들어한다는 사실도 종종 포함된다. 내 상황을 인정하지 않는 사람에게 도움을 구하는 것이 몹시도 어려운 것은 당연하다.

한편 집안에서의 내 역할이 가로막 구실을 해 가족들의 현실 부정을 키울 수도 있다. 당신이 평소 가족의 화목을 최우선으로 했거나 매사 혼자 알아서 하던 사람이었다고 치자. 그런 사람이 자기가 궁하다고 돌연 도와 달라며 손을 내민다면 식구들 눈에 당신은 그들이 기대하는 인간상과 가까울 리 만무하다. 그러면 결과는 욕구를 해결하지 못하거나, 식구들이 당신을 모른 체하거나 둘 중 하나이기 쉽다.

가족에게 손을 내밀기가 어렵더라도 당신 잘못이 아니라는 것을 기억하자. 가족이라고 꼭 서로를 도울 능력을 갖춘 것은 아니다. 그것이 당신이 도움을 받을 자격이 없다는 뜻도 아니고 말이다.

이럴 때는 일상의 울타리 밖에서 지원군을 찾는 것이 차라리 낫다. 내 경우 전환점이 된 것은 일대일 및 그룹 대화 치료와 알코올 중독자 모임이었다. 진문가나 비슷한 경험자들과 솔직하게 이야기를 나누다 보면 남에게 도움을 구하는 것이 훨씬 쉬워질 수 있다.

12단계 프로그램

나는 만약 12단계 프로그램이 없었다면 지금처럼 회복하지 못했을 것이라고 생각한다. 이 프로그램은 알코올이나 마약 같은 굵직한 중독만 다루는 것이 아니다. 요즘에는 게임 중독(GAA, Gaming Addicts Anonymous), 빚 중독(DA, Debtors Anonymous), 섭식 장애(OA, Overeaters Anonymous), 코카인 중독(CA, Cocaine Anonymous) 등 다양한 중독 모임에 12단계 프로그램이 들어가 있다. 이 프로그램이 모두에게 맞는 방법인 것은 아니다. 하지만 내게는 확실히 도움이 되었고, 무엇보다 나와 비슷한 처지에 있는 사람들과 연결시켜 주었다.

익명의 알코올중독자(AA, Alcoholics Anonymous) 모임은 1935년 미국 오하이오주에서 증권중개인 빌 W(Bill W)와 외과의사 밥 S(Bob S)에 의해 설립된 단체다. 알코올중독자였던 두 사람이 서로를 알게 되기 전, 빌은 금주에 성공했지만 밥은 여전히 어려움을 겪고 있었다. 그러다 마침내 안면을 트던 날 밥은 자신보다 훨씬 더 잘 극복한 실존 인물을 영접한 셈이었다. 밥은 알코올중독은 영혼의 병이고 정신과 감정과 신체를 갉아먹는 해악이라는 빌의 이야기에 정신이 번쩍 들었다. 그렇게 두 사람은 알코올중독자 모임을 만들었고, 이 단체는 지금까지 수백만 명의 중독자들에게 힘이 되고 있다.[1]

혹자는 AA 같은 모임에 들어가는 것이 어떻게 도움이 되는지 의아할 것이다. 하지만 앞에서 이야기한 것처럼 중독의 반대 개념은 연결이다. 대부분의 중독자가 누군가와 연결되고 사랑을 주고받고 어딘가에 소속되어 있다는 느낌을 받고 싶어 한다. 나는 내가 어디에도 어울리지 않는다는 생각으로 몇 년을 살다가 모임에 나가기 시작했을 때 이 사람들이 나와 똑같은 언어를 구사한다고 처음으로 느꼈다. 참석자 모두 약이나 알코올에 비슷하게 중독된 경험이 있기 때문만은 아니었다. 다들 말투나 이야기하는 모습이 마치 나처럼 속이 텅 빈 사람 같았기 때문이었다. 그 시절 나를 중독적 행동에 심취하도록 몬 것은 내 안의 공허함이었다.

이것은 AA 설립자들이 중독을 내과적 질환이라기보다 영혼의 병이라고 말한 이유이기도 하다. 중독자는 언뜻 몸이 중독된 것처럼 보인다. 하지만 애초에 중독 물질에 손을 대게 하는 것은 각자 벗어나려고 발버둥치는 내면의 감정이다. 비교적 짧은 내과적 디톡스 과정을 마치고 들어가는 12단계 프로그램을 종종 본격적 치료라고 말하는 것은 그래서다.

그렇다면 12단계 프로그램은 어떤 식으로 진행될까? 어떻게 수백 만 중독자들을 물질이나 행동 중독에서 벗어나 회복되도록 도울 수 있었을까? 이 프로그램은 사회적 상호작용을 기본으로 한다. 그렇기에 동료들의 정서적 응원뿐만 아니라 선배들의 성공담을 듣고 배울 수 있다. 자신의 중독적 행동을 다스릴 방법을 고민할 때 실용적 조언을 얻기도 한다. 또한 재활에 우호적인 이들과 관계가 탄탄해지고 일상이 회복을 위한 활동과 모임 중심으로 돌아가기 시작하면 자기 자신뿐만 아니라 조력자들과 프로그램 자체에 대한 책임감이 생긴다. 이 책임감은 중독 재발을 예방하는 데 특히 큰 도움이 된다.

예를 들어 나는 술을 마시고 싶은 충동이 들 때면 행동의 결과를 미리 상상하고 AA 모임 동지들에게 또 술에 손을 댔다고 고백하는 장면을 떠올렸다. 보통 그렇듯 중독이 재발하면 더 이상의 환대는 없다는 이야기가 아니다. 다만 적어도 나는 그런 일이 일어날 경우 자괴감에 빠질 것이라는 상상만으로도 술을 포기할 충분한 동기가 되었다는 말을 하고 싶은 것이다.

12단계 프로그램은 정적 강화의 원리를 이용해 진행된다. 다음 30일째, 또 다음 30일째처럼 중간 목표를 달성할 때마다 기념 칩을 수여하는 방식이다. 모임을 마무리하면서 해당 참석자가 그날 받은 칩을 들어 보이면 모두가 그 사람에게 박수를 쳐 준다. 그중에서도 가장 중요한 칩은 아직 금주를 시작하지도 않은 신입 회원이 받는 것인데, 마침내 선택을 하고 모임의 첫 테이프를 끊었다는 심경의 변화를 상징한다. 내 경우는 이 칩을 수집하는 것이 재발 방지에 확실히 큰 도움이 되었다. 특히 60일 기념칩을 받던 날은 생생하게 기억한다. 그때 내 마음을 가득 채웠던 자부심과 성취감은 이전에 느껴 본 적이 없는 것이었다.

스마트 리커버리

지금까지 12단계 프로그램을 알아보았는데, 이것이 모든 이에게 맞는 방법은 아니라는 것을 분명히 해 두고 싶다. 일례로 영적으로 접근한다는 면을 누군가는 거북해할 수 있다. 수백만 명에게 효과가 있었다는 것은 틀림없는 사실이지만, 당신이 꼭 그들과 같으리라는 법은 없고, 그래도 괜찮다. 다른 길이 또 있으니까.

그래서 이번에는 스마트 리커버리라는 전략을 소개한다. 스마트(SMART)는 '자기 관리와 회복 훈련(Self-Management and Recovery Training)'의 머릿글자를 딴 줄임말이다. 이 프로그램은 중독 같은 문제적 행동을 고치고 싶어 하는 사람들에게 훈련과 교육을 제공한다. 대상은 술과 약은 물론이고 인터넷, 쇼핑, 도박, 음식, 담배 중독까지 널리 포괄한다.

스마트 리커버리는 어떤 점에서 다를까? 이 전략은 사람은 누구나 선택권이 있으며 해묵은 나쁜 습관을 뿌리 뽑을 힘을 가지고 있다는 굳건한 믿음을 전제한다. 스마트 리커버리는 지극히 현실적이라는 것이 특징인데, 앞에서 언급한 석 있는 인지행농치료를 비롯해 다양한 치료 기법을 활용한다. 스마트 리커버리 전략의 주요 골자 네 가지는 다음과 같다.

1   **동기와 목표**   중독적 행동이 당장은 쓸모 있을지 몰라도 길게 볼 때 생존, 행복, 고통 회피라는 인간의 근본 목적을 이루는 데는 효과적인 방법이 아니라는 것을 증명해 보이고자 한다.

2   **신념**   본인이 어떤 신념 체계를 가지고 있는지 알고 그것을 분석해 교정하도록 돕는다.

3   **감정**   중독자가 자신의 감정에 더 잘 대처하고 점점
더 자신을 수용하도록 돕는다.

4   **행동**   옛 습관을 버리고 중독적 행동 대신 새 습관에
익숙해지도록 돕는다.

스마트 리커버리는, 우리는 여러 개인으로 이루어져 있으며, 각자가 자기 자신에게 가장 효과적인 방법을 찾아야 한다고 제안한다. 이것을 돕는 이른바 도구 상자라는 교구가 있는데, 정확한 활용법은 프로그램에 참여하면 전문 지도사들이 가르쳐 준다.[2]

모임은 온라인으로도 대면으로도 쉽게 참여할 수 있다. 참석자에게는 각자 재활 과정에서 활용할 워크북을 제공한다. 내가 특히 유용하다고 느낀 도구는 ABC법, 즉 행동(Action), 신념(Belief), 결과(Consequence)다. 이 도구는 어떤 생각의 부정적 영향에서 벗어나도록 도와준다. 예를 들어 가끔 '네가 나를 화나게 했어'라고 말할 때가 있다. 그런데 엄밀히 이것은 정확한 표현이 아니다. 상대방이 당신을 화나게 한 것이 아니라 그가 행동하는 방식이 당신 심기를 건드린 것이 맞다. 다시 말해 당신이 느끼는 분노의 바탕에는 사람들이 당신이 원하는 방식으로 행동해야 한다는 전제가 깔려 있는 것이다.

막히는 도로에서 앞을 양보했는데, 그 차 운전자가 내게 고맙

다는 인사를 안 한다고 상상해 보자. 그렇더라도 우리에게는 남들에게 성의를 보여라 말아라 강요할 권한이 없다. 따라서 이런 상황에서 일일이 화내지 않는 것이 본인에게는 차라리 편할지 모른다. 성을 내 봐야 내 하루를 망칠 뿐이니 말이다.

만약 모든 운전자가 내게 고마워해야 한다고 생각하지만 아무도 내 뜻대로 하지 않는다면 바로잡으려고 무엇이든 하고 싶어질 것이다. 그러나 사람들의 행동을 통제하는 것은 현실적으로 불가능한 일이기 때문에 이런 상황은 종종 분노나 불만에 불을 지핀다. 이럴 때 생각을 전환해 필수 조건('저들은 내게 감사해야 해')을 희망 사항('저들이 고맙다고 하면 좋을텐데')으로 바꾸면 더 이성적으로 행동할 수 있다.

ABC법은 상황을 객관적으로 분석하고 개인의 통제 밖에 있는 외부 요인들을 뜯어고치려 애쓰지 않고도 그 상황에 대한 생각을 바꾸도록 돕는다.[3] 이 연습에 익숙해지면 나중에 비슷한 일이 또 생겨도 기분이 별로 상하지 않게 된다. 다음과 같은 과정을 거쳐 중독적 충동에 더 침착하게 대처하도록 훈련되는 것이다.

- **행동(Action)**　앞에 끼어들게 해 주었는데 저 사람이 내게 감사 인사를 하지 않았어.

- **행동에 대한 신념(Belief)**　양보를 받았으면 감사 표시를

하는 게 마땅하지.

- **신념의 결과**(Consequence)　너무 화가 나. 괜히 비켜 줬어. 집에 도착할 때까지 계속 생각날 것 같아. 좀 진정되게 담배 한 대 피우고 싶다.

- **신념 반박**(Dispute)　저들이 꼭 내게 인사를 할 이유가 뭐야? 다들 그냥 자기 길을 가는 거잖아. 반드시 인사해야 한다고 법에 써 있는 것도 아니고.

- **더 효율적인**(Effective) **새 신념 정립**　고맙다고 하는 것이 예의 바른 거겠지만 근본적으로는 마침 공간이 생겼고 저 차가 그냥 거기로 차선 변경을 했을 뿐이야. 다른 차들이 내게 비켜 주는 것과 마찬가지지. 그러니 공연히 성내지 말자.

만약 당신이 과학적이고 실용적인 방법을 선호하는 쪽이라면 이 전략이 더 적합할 수 있다. 스마트 리커버리는 과거를 돌아보는 것이 아니라 현재에 집중하고 앞으로의 목표를 세운다. 이 프로그램도 모임이나 지지 그룹 안에서 운영되는데 이 방법이 효과적이라고 증언하는 사람들이 적지 않다.

자, 다음은 정신역학에 기반을 둔 치료법들을 살펴볼 차례다. 어떻게 과거를 돌아봄으로써 내 신념 체계를 이해할 수 있는지 알아보자.

일대일 상담 치료

드디어 이 책 첫 장부터 수없이 등장했던 그 개념, '상담 치료'에 대해 본격적으로 풀어 볼까 한다. 상담 치료라고 하면 혹자는 호기심을 갖고 혹자는 움찔할 것이다. 중독 치료사니까 당연한 일이지만 나는 항상 사람들에게 상담을 받아 보는 것을 추천한다. 여러분 중에는 상담 치료 경험이 전무한 이도 있고, 몇 번 시도했지만 자신에게 맞는 치료사를 못 만난 이도 있을 터다. 어느 쪽이든 내가 예전부터 심심찮게 목격한 바로는 '상담 치료는 정말 문제가 있을 때만 받는 것'이라고 생각하는 사람이 많은 것 같다.

간혹 어떤 이들은 고작 상담 서너 번을 치료의 전부로 여긴다. 당장의 고민 이야기만 나누고서는 이제 치료가 끝났으니 앞으로 나아갈 수 있다고 믿는 것이다. 이런 착각이 어디서 나오는지는 충분히 짐작되지만 절대 그것으로 끝이 아니라는 것이 내 생각이다.

물론 비록 특정 문제나 감정만 해결하기 위해서일지라도 치료를 받는다는 것 자체가 유익한 것은 사실이다. 하지만 내가 보기에 상담 치료의 정수는 치료사와 내담자 사이의 연결에 있다. 치유의 8할이 이 관계성 안에서 이루어지기 때문이다.

치료사는 어떤 개인 사정이 있든 항상 제시간에 내담자를 맞이해야 한다. 이런 한결같음은 내담자로 하여금 슬픔, 두려움, 분노처럼 다른 사람들에게는 내보이기 어려운 감정을 치료사 앞에서는 솔직히 드러내도록 이끈다. 또한 치료사는 내담자가 어떤 상태든 그들을 있는 그대로 인정해야 한다. 무엇보다 상담 시간은 오로지 내담자만을 위한 시간이어서 다른 어느 누구도 끼어들 수 없다. 그렇기에 자기 자신을 1순위로 하는 것이 익숙하지 않은 사람은 일대일 상담 치료가 버겁게 느껴질 수 있다.

치료사와 내담자 사이는 평범한 인간관계에서는 이와 똑같은 경계나 형태를 찾아볼 수 없는 독특한 관계다. 치료사와의 유대는 내담자가 자신의 모든 약점을 그대로 받아들이고 사람을 신뢰하는 법을 배우게 한다.

이런 신뢰 관계는 치료 과정에서 난관에 부딪힐 때 특히 그 가치를 발휘한다. 고비야말로 상담을 성실히 받아야 할 시기이기 때문이다. 신뢰를 얻은 치료사는 꽁꽁 감추어진 자신의 내면을 탐구하고 그때껏 외면해 온 문제를 마주하도록 내담자를 도울 수 있다.

상담 치료는 때때로 지루하다. 치료사가 따분한 사람이라서 그렇다는 생각도 든다. 똑같은 이야기를 하고 또 하는데 하나도 달라지는 것이 없는 것 같다. 하지만 잠재의식에 쌓여 있는 묵은 잡동 사니들을 전부 끄집어내는 것은 한두 시간 안에 되지 않는다. 많은 노력이 필요한 데다 재미까지 없지만 아주 큰 가치가 있는 일이다.

치료는 긴 여정이고 종점이 항상 있는 것도 아니다. 그러나 그 길을 걸으면서 우리가 경험하는 발견, 수용, 희망은 실질적인 차이를 만들어 낸다.

중독 치료 방법은 여러 가지가 있고, 큰 돈이 들지 않는 선택 지도 많다. 책 말미의 참고 자료 부분에 추천할 만한 웹사이트 링 크를 정리해 놓았으니 찬찬히 검토하기 바란다.

그룹 치료

그룹 치료는 내 회복에 큰 도움이 되었던 또 하나의 치료법이다. 나는 그룹 치료에 참여하면서 긴장을 내려놓고 사람들 앞에서 솔 직해지는 귀한 경험을 했다. 다른 참석자들의 피드백 덕에 내 경 험을 검증받는 효과는 덤이었다. 그럼에도 가끔 그룹 치료가 부담 스럽게 느껴질 때가 있었다. 다른 참석자들이 내 거울 역할을 하 기 때문이었다. 나는 상대방의 어떤 특징에 짜증 나는 것이 그 특 징이 내가 자신에 대해 마음에 들지 않아 하는 점과 꼭 빼닮아서 라는 것을 깨달았다. 심리학자 카를 융(Carl Jung)은 이것을 '심리 투

내 그림자에 빛을 비추는 연습

짧은 연습을 하나 하고 넘어가자. 평소 당신을 짜증 나게 하는 사람을 떠올려 보자. 그 사람의 어떤 점이 그렇게 거슬리는가? 이 싫은 점을 생각해 보고 내게도 그런 면이 있는지 스스로에게 묻자. 그것이 바로 나 자신을 볼 때 스스로 마음에 들지 않는 점인가? 나는 나의 그런 면을 창피해하는가?

이 연습의 목적은 누군가에 대해 마녀사냥을 하는 것이 아니라 자기 자신에게 솔직해지는 것이다. 스스로도 싫어하는 자기 자신의 어두운 면, 즉 카를 융이 말한 이른바 그림자를 인정하면 우리는 스스로 꽤 괜찮다고 생각하는 면이나 일부러 보여 주기용으로 관리한 내 일부만이 아니라 내 전부를 포용할 수 있게 된다.

사'라고 불렀는데, 쉽게 말해 내가 생각하는 내 단점과 똑같거나 비슷한 일면을 가졌다는 이유로 타인을 비판하거나 싫어하는 것을 가리킨다. 전부 심리 투사였다는 사실을 인정하는 것은 매우 힘든 일이지만, 있는 그대로의 자신을 받아들이는 요령을 배우는 데 확실히 도움 된다.

근처에서 운영 중인 그룹 치료 모임이 있는지 찾아보라. 경우에 따라서는 인터넷 검색창에 '우리 동네 그룹 치료'라고만 쳐도 넘치는 정보를 얻을 수 있다. 그룹 모임에는 이미 재활 중인 사람만 들어갈 수 있는 것은 아니다. 처음에는 낯선 사람들이 우글거리는 방에 들어가 내 민낯을 벗어 보이자니 겁나고 주눅들지 모른다. 하지만 장담하는데 나 자신에 대해 얻어 가는 것이 더 많을 것이다.

체험 치료

체험 치료는 섭식 장애와 중독적 행동을 비롯해 일상을 방해하는 다양한 문제를 해결하는 데 유용한 또 다른 치료 기술이다. 이 치료법은 심리 치료의 원리를 기본으로 하되 다양한 교구를 활용한 신체 활동을 통해 고통스러운 감정과 괴로운 현실을 인지하고 극복하도록 이끈다. 체험 치료의 대표적인 예시로 심리극, 미술 치료, 음악 치료를 들 수 있다.

심리극

심리극 치료는 체험 치료의 일종으로, 아직은 어색한 이들이 적지 않을 것이다. 심리극은 그룹 안에서 연출하는 것이 보통이지만 일대일 상담 중에도 활용할 수 있다.

언젠가 심리극을 권장하는 치료사 레베카 맥거렐(Rebecca McGurrell)을 만날 기회가 있었다.[4] 그때 나는 이런 유형의 치료에 어떤 장점이 있고 일반적인 심리 치료와 어떻게 다른지 물었다.

심리극 안에서는 인간관계의 복잡한 역학을 연습할 수 있다. 그런 예시 중 하나가 화내는 연습을 보다 안전한 공간에서 하는 것이다. 평소 '버려질까 두려워서 차마 화를 낼 수 없어'라고 생각하는 사람도 무대 위에서는 연습 삼아 화를 내 볼 수 있다는 이야기다. 심리극은 보통 한 번에 두시간 반 동안 진행된다. 공간에 적응하고 감독과 출연자들이 안면을 트는 데 필요한 시간을 포함한다. 자꾸 극본을 연습하고 연기하다 보면 감정을 효과적으로 표현하는 기술이 무의식에 스며든다. 심리극은 혼자만의 생각에서 벗어나 마주하기 어려웠던 진실한 자신과 대화할 기회를 제공한다.

심리극의 또 다른 특징은 참가자들이 소품을 활용해 치유되는 내용의 시나리오를 직접 짤 수 있다는 점이다. 가령 학대받던 어린 시절을 소재로 극을 펼친다고 치자. 이때 우리는 나를 학대했던 사람과 이야기하는 상황을 설정할 수 있다. 그런 다음 그들의 행동이 잘못된 것이라고 일러 주고 가장 적절한 물건을 상징적 도구로 사용하여 그들의 수치심을 물리적으로 되돌려주는 것이다.

한편 심리극에는 거울 효과라는 환상적인 장치가 들어 있다. 거울 효과는 내가 실제로 겪었던 한 일화나 내 신념 체계를 연기하는 무대를 관객 입장에서 지켜볼 때 일어난다. 이 기법은 지금껏 아무것도 아니라고 치부해 온 지난 경험을 객관적으로 바라보게 한다. 그러면 그 상황이 나에게 미친 영향을 정확히 이해하는 데 도움이 된다.

내담자 중에는 무대에 서서 모르는 사람들에게 자신을 노출하는 것을 싫어하는 분들도 있다. 무대가 때로 스트레스의 원인이 된다는 것은 사실이다. 하지만 짜릿한 카타르시스를 선사하기도 한다. 심리극을 하기로 했다면 단순히 관찰자로만 머무는 건 별로다. 적극적으로 참여하는 것이 좋으므로 동료들을 믿고 마음을 열 필요가 있다.

미술 치료

나는 일찌감치 미술에 재능이 없다는 것을 알고 있었다. 그림이라는 것을 어떻게 그려야 하는지 알 수 없었고, 학교에서는 미술만큼 지루한 수업이 또 없었다. 나는 스스로를 다른 애들과 비교하면서 내 작품을 호되게 깎아내렸다. 그래서 미술 치료를 해 보지 않겠냐는 권유를 받았을 때 나는 공포 수준의 두려움을 느꼈다. 나는 생각했다. 이런 똥손에게 어떻게 미술 치료가 효과 있겠냐고.

결론부터 이야기하면 미술 치료를 받기 위해 꼭 이쪽으로 재능이 있을 필요는 없다. 솔직히 최종 결과물은 그다지 중요하지 않다. 미술 치료의 핵심은 창의적인 사고를 바탕으로 즐겁게 표현하는 것이기 때문이다. 그러기 위해서는 자신의 직감을 믿고 내가 만들어 낸 작품을 품평하지 말아야 한다.[5]

미술 치료는 자기 이해를 높이고 스트레스를 줄여 자신의 감정을 더 잘 처리함으로써 행복과 안정감을 주는 것을 목적으로 한다.[6] 또한 트라우마가 너무 강하거나 말로 묘사하기 어려운 경험을 그림으로 표현하게 한다는 장점도 있다.[7]

미술 치료는 되도록 전문 치료사가 진행하는 것이 이상적이다. 내가 특히 유용하다고 느꼈던 연습 방법 하나는 자유 연상 표현인데, 한마디로 마음의 창을 열어 무의식을 보여 주는 것이다. 이 연습을 할 때는 원하는 재료를 써서 아무것이나 그리고 싶은 이미지를 그리면 된다. 빈 종이에 크레용으로 끄적여도 좋고, 이런저런 재료를 붙여 콜라주를 만들어도 좋다. 미술 작품은 깊이 억눌렀던 감정을 표현하고 당신의 기분을 상대방에게 전달하기 때문에 치료사가 함께 상의할 수 있게 한다.

음악 치료

미술 치료와 비슷하게 음악 치료도 목적은 참가자들이 자신의 감정이나 욕구를 표현하도록 돕는 것이다.[9] 당연히 음악을 전

그림으로 일기 쓰는 연습

『미술 치료의 실제(The Art Therapy Sourcebook)』에서 캐시 말키오디(Cathy A. Malchiodi)는 자유롭게 떠오르는 이미지를 잘 기록해 두라고 조언한다.[8]

우리도 종이와 펜을 꺼내 지금 이 순간 마음속에 떠오르는 것을 그려 보자. 펜이 아니라도 다른 아무 재료나 사용해도 좋다. 창의력을 한껏 발휘하자. 몇 주 동안 일주일에 세네 번씩 이런 그림을 그리자. 종이 한구석에 날짜를 표시하고 그림을 그리면서 어떤 느낌이 들었는지 혹은 무슨 그림을 그린 것인지 몇 마디 적어 두자.

모아 둔 그림들에서 어떤 패턴이 관찰되는가? 일정한 도형이나 색깔, 주제가 보이지는 않는가? 그림이 어떤 감정을 표현하고 있는가? 혹시 그림에 마음에 들지 않는 부분이 있다면 그 부분만 더 크고 자세하게 다시 그려 보자. 새로 그린 그림은 당신에게 어떤 기분이 들게 하는가?

바로 앞 장의 '기분을 눈으로 보는 연습'으로 잠시 돌아가 그림이 불러일으키는 기분을 음미하자. 기분 표에서 지금 당신이 느끼는 기분이 무엇인지 찾아보자. 이 새 감정을 지긋하게 마주하고 있으니 어떤 느낌인가? 무슨 생각이 떠오르는가?

다시 옛날 그림들로 눈을 돌려 귀퉁이에 적힌 날짜를 확인하자. 이 그림들을 그렸을 때 즈음 당신에게 무슨 일이 있었는가? 그림이 당시의 기억을 떠오르게 하는가? 그때 그림을 그린 것이 당시 감정을 처리하는 데 힘이 되었는가? 현재 치료사에게 상담 치료를 받는 중이라면 그림을 가져가서 그림을 볼 때 느낀 기분을 치료사와 이야기하는 것도 좋은 방법이다.

혀 모르거나 재능이 없어도 하등 상관없다.

음악 치료는 함께 놀듯이 하다 보면 치료사와의 유대가 돈독해진다는 장점이 있다. 음악 치료에서는 즉흥연주를 자주 하는데, 내담자가 마음 가는대로 리드하면 치료사가 따라가면서 추임새를 넣는 식이다. 그렇기 때문에 매 회차가 특별할 수밖에 없다. 시간이 지나 신뢰가 충분히 쌓이면 마주하기 힘든 감정을 함께 탐색할 수 있게 된다. 타악기를 비롯해 다양한 악기로 연주를 할 수도 있고, 노래를 부르거나 랩을 하는 방법도 있다. 듣거나 연주해 보고 싶은 곡이 있다면 그것을 음악 치료에 활용해도 좋다.[10][11] 그 밖에 가사 분석, 작곡, 음악에 맞추어 춤추기 역시 음악 치료의 또 다른 형태다.

증거 자료에 의하면 음악 치료는 기분, 스트레스, 자존감, 감정 표현에 긍정적인 영향을 준다고 한다.[12][13] 특히 중독의 경우 금욕 혹은 단기적 재활 중인 이들에게 중독 물질을 향한 갈망을 줄이고 치료 동기를 부여할 보조 치료법으로 음악 치료를 활용할 수 있다는 자료가 있다. 하지만 대부분이 한 치료 시설에서만 수행된 연구였고, 규모가 매우 작았기 때문에 참고 시 주의할 필요는 있다.[14]

일기 쓰기

이 책 장마다 소개해 온 여러 가지 연습법은 하나같이 반복해서 실천하는 것을 추천한다. 하지만 그중에서도 가장 중요한 연습 하나를 꼽자면 바로 규칙적으로 일기를 쓰는 것이다.

일기는 매일 쓰는 것이 제일 좋겠지만 일주일에 3~4일만 써도 훌륭하다. 글쓰기에는 치유의 힘이 있다. 내 기분을 인정하고 소화하는 데 보탬이 되기 때문이다. 연구에 따르면 일기 쓰기는 각자의 내적 경험과 마음의 소리를 판단하지 않고 그대로 받아들이도록 돕는다고 한다.[15]

일기로 쓰는 글은 완벽할 필요가 없다. 오히려 논리적 구조 따위 찾아볼 수 없고 의식의 흐름대로 아무렇게나 나오는 글이 회복에는 훨씬 유익하다. 이상적인 방식은 일기장을 마련해 직접 손으로 끄적이면서 꾸준히 권수를 늘려 가는 것이다(그 시간만큼 휴대폰과 컴퓨터를 멀리하는 효과는 덤이다). 일기 쓰는 습관을 들이면 가끔씩 옛날 일기를 힘들었던 시기부터 시간 순서로 다시 읽으면서 위기를 어떻게 극복했는지 새롭게 상기할 수 있다.

연결이 우리를 구한다

회복 상태를 유지하고 있음에도 나는 여전히 자극과 유혹에 흔들리고 초조해하고 어떤 일에는 어린애처럼 반응한다. 다행인 점은 이제는 마음 편하게 도움을 청할 절친들이 생겼다는 것이다. 전부 재활 과정에서 새로 사귄 것은 아니고 일부는 새 취미 활동에 정을 붙이면서 알게 되었다.

남에게 손을 벌리는 것이 나로서도 쉬운 일은 아니다. 하지만 지금의 나는 내게 무엇이 그리고 언제 필요한지를 훨씬 잘 알고 있다. 나는 내게 필요한 것을 다른 사람에게서 구할 것인지 아니면 스스로 해결할 수 있는 것인지를 나 자신에게 물을 줄 안다. 이 자리에 오기까지 도와 달라고 했다가 거절당한 적도 여러 번이었다. 하지만 그런 일이 반복될수록 나는 중독 욕구와 나 자신을 떨어뜨리는 데 점점 더 능숙해졌고, 이런 욕구가 실은 내게 아무 의미 없다는 확신이 짙어졌다. 당신도 기억하기를 바란다. 사람은 누구나 저마다의 번뇌를 가지고 있고, 상대방을 돕고 싶어도 때로는 거절할 수밖에 없다는 것을 말이다.

중독이든 중독 치료든 인생 자체든 당신은 혼자 감당할 필요가 없다. 운이 좋은 이는 응원해 주는 친구와 가족이 곁에 있을 것이다. 조력자를 갖지 못한 이라도 괜찮다. 세상에는 의사 진료, 12단계 프로그램, 스마트 리커버리, 상담 치료 등 힘이 되는 다른 방법이 많으니까 말이다.

12단계 프로그램을 같이한 A라는 친구가 있다. 나와 거의 같은 시기에 재활 기간을 지낸 친구인데, 어느 날 내가 물었다. 금욕과 삶을 그저 버티는 것이 아니라 즐겁게 영위하는 데 도움을 준 것이 뭐냐고. 그는 프로그램을 무사히 마치게 한 일등 공신은 바로

다른 참석자들의 우정이었다고 대답했다. 사람과 사람 사이의 연
결이 그를 구한 셈이었다.

10장

천천히 한 걸음씩

회복해서 달라진 상태 유지하기

나도 그렇고 내 내담자들도 종종 받아들이기 힘들어하는 개념 중 하나는 한 번 중독자는 영원한 중독자라는 말이다. 중독자라는 꼬리표가 싫다는 뜻이 아니다. 도리어 나는 중독을 딛고 일어서서 인생을 바꾼 내가 너무나 자랑스럽다. 다만 중독이 절대 완치될 수 없다는 사실은 이해하기 어려울 수 있다. 그래서 우리는 중독 욕구나 자기 파괴적 행동이 고개를 들 때 잔잔히 흘려보낼 수 있는 각자의 대응 기술을 개발해야 한다.

회복 상태를 유지한 지 몇 년째든 누구나 옛 중독 습관을 다시 하고 싶다는 생각이 들 수 있다. 이것은 완전히 정상적인 현상이며, 회복에 실패했다는 뜻이 절대 아니다. 나 역시 술 한잔 하거나 새 약을 해 보고 싶다는 생각이 가끔 나지만, 그런 생각이 실질적으로 내 행동에 영향을 주지는 않는다. 생각은 그냥 생각일 뿐이니까. 현재의 나는 솔직하게 말할 수 있다. 내 중독적 행동이 내 삶을 좌지우지하지 않는다고 말이다.

물론 위험 요소가 없지는 않다. 재활 초반에 우리는 옛 습관을 버리고 새로운 습관을 들이는 한편 자기 관리, 마음챙김, 상담 치료에 집중한다. 이때는 나아지겠다는 동기와 목적이 투철하고 지지 그룹이나 조력자의 도움을 받기도 쉬운 시기다. 그런데 몇 달이 지나고 몇 년이 흐르면 혹자는 새 인생 목표를 세우고 회복 과정을 완전히 마무리하고 싶어질 수 있다. 누군가는 삶에 새로운 스트레스 거리와 다른 우선순위가 생기기도 한다. 그 결과로 지지 그룹 모임에 한 번씩 빠지거나 매일 습관처럼 실천하던 관리를 중단하게 될지도 모를 일이다. 어쩌면 개인 시간을 많이 내지 못하는 새 직업을 갖게 되거나, 가족을 새로 이루는 사람도 있을 것이다. 그렇게 시간이 지남에 따라 우리는 가끔씩 갈망이 솟는 것을 자신 탓이라거나 창피하다고 생각하게 되고, 아니면 심지어 애초에 중독이 빠진 적이 진짜 있었는지 의심하기도 하는 것이다.

앞에서 우리는 기존 패턴을 깨고 습관을 고치는 방법을 자세히 이야기했다. 하지만 모든 습관이 그렇듯 그것을 지속적인 변화로 이어 가는 것은 그 자체로 또 하나의 도전이다. 그런 의미에서 무엇이 재발을 부추기는지, 왜 그런 일이 생기는지를 살펴볼까 한다.

재발

재발은 회복 과정에서 흔한 일로, 만약 중독이 재발하면 당신은 혼자가 아니라는 것을 잊지 않는 게 무엇보다 중요하다. 여기서 내가 말하는 재발의 의미는 단순히 물질을 다시 사용하거나 중독 행동을 다시 하는 특정 순간뿐만 아니라 중독 사이클이 되살아나는 것까지 포함한다. 어떤 치료사들은 어쩌다 처음에 한 번 삐끗하는 것을 실수라고, 그 이후에도 같은 실수를 계속 반복하는 것을 재발이라고 구분하기도 한다.[1]

회복 과정은 끝이 없고 마냥 순탄하지만도 않은 길이다. 특히 금욕을 유지하는 것은 약이나 문제 행동을 억지로 참을 때 찾아오는 갈망 때문에 만만치가 않다. 미국 국립약물남용연구소(National Institute of Drug Abuse)는 물질사용장애의 재발률을 40~60퍼센트로 파악하고 있다.[2] 아일랜드의 입주식 치료센터에서 수행된 한 연구에 의하면 아편 중독의 재발률은 무려 91퍼센트에 달한다고 한다.[3] 아편의 경우는 마약의 중독성 높은 성질이 아무리 오래 약을 끊은 사람도 금욕을 완벽하게 유지하기 몹시 어렵게 만든다.

그런데 게임, 쇼핑, 휴대폰 중독 같은 행동 중독은 재발 발생률이 그보다도 높은 듯하다. 우리는 물질 중독에서 회복하려면 금욕하고 평소 일상에서 그 물질을 최대한 멀리해야 한다는 것을 안다. 하지만 휴대폰이나 쇼핑 같은 것은 늘 우리 주변에 있기 때문에 중독적 행동을 안 하는 것이 말처럼 쉽지가 않다.

재발의 순간은 후퇴하는 것처럼 느껴진다. 마치 그동안의 모든 노력이 무너지는 것만 같다. 그러나 재발이 반드시 나쁜 일만은 아니다. 흔히 재발은 눈앞이 깜깜해지는 불상사로 여겨지지만 비록 고통스럽기는 해도 회복의 현실적인 일부분이자 많은 사람이 거쳐가는 통과의례다.

재발은 지금까지의 노력이 허사였다는 증거가 아니라 더 장기적인 금욕과 회복이라는 희망적 목적지로 가기 위한 한 단계임을 기억하는 것이 중요하다. 도중에 재발을 겪는 사람들은 심하게 자책하는 경향이 있다.[4] 그러나 재발은 돌이켜 볼 때 성장의 계기가 되는 일이 많다.

내 내담자 몇몇도 중독이 재발했지만 지나고 보니 자기 자신과 회복의 본질에 대해 배운 것이 많다면서 감사한 경험이라고 이야기했다. 핵심은 재발은 당사자가 체감하기 훨씬 전에 이미 시작된다는 사실이다. 재발은 재활 규칙을 무시하고 중독 치료를 우선시하지 않는 등의 방만함 속에서 남몰래 몸집을 불린다. 나는 몸이 안 좋다는 핑계로 AA 모임에 빠지기가 얼마나 쉬운지 개인적으로 잘 알고 있다. 하지만 재발은 바로 이렇게 별일 아닌 것 같은 부분에서 시작된다.

　　그렇다면 재발은 어떤 모습으로 일어날까? 또한 재발 가능성을 높이는 요인들은 어떤 것이 있을까? 세간에는 그저 중독 대상을 향한 갈망이나 충동을 거부하기만 하면 재발이 예방된다는 흔한 오해가 있다. 사실 재발은 중독적 행동을 부추기는 생각, 기분, 스트레스가 쌓이고 쌓인 정점에서 일어나는 현상이다. 따라서 물질에 일단 손을 대고 나서는 멈추기 어렵더라도 만약 그렇게 되기까지의 단계들을 미리 알고 있다가 감지한다면 우리는 중간에 개입해 돌이킬 전략을 세우고 애초에 실수를 범하지 않게 막을 수 있다.

　　물질 오용과 중독적 행동 때문에 뇌가 어떻게 변하는지는 앞에서 이미 이야기했다. 한편 학계에서는 일정 기간 금욕한 후에 재발이 일어나 다시 중독 행동을 하게 되는 까닭 또한 연구되고 있다. 그런 한 연구에서는 장치를 만들어 실험 쥐가 레버를 누르면 쥐가 중독된 물질이 나오게 하다가[56] 레버를 눌러도 약이 나오지 않게 다시 조작했다. 그러자 실험 쥐들은 이제는 레버를 눌러도 약을 얻을 수 없다는 것을 학습했다. 일명 소거 훈련이라는 기법이다. 결국 더 이상 약이 나오지 않는다는 것을 깨달은 실험 쥐들은 레버 누르기를 멈추었다. 같은 개체들을 이용해 추가 실시된 후속 연구는 재발을 유도하는 세 가지 방아쇠를 아래와 같이 제시한다.

1   재노출
2   스트레스 사건
3   신호

재노출

후속 실험에서는 소거 훈련을 마친 실험 쥐들에게 약을 한 번만 다시 공급했다. 이번에는 레버를 누르면 나오는 방식이 아니라 직접 몸에 주사했다. 그러자 녀석들은 다시 레버를 눌러대기 시작했다. 즉 재노출이 중독적 행동을 재시작하게 유도했다는 것을 알 수 있다.

스트레스 사건

어떤 사람들은 트라우마를 겪은 뒤 물질 사용이나 중독적 행동을 다시 시작하게 되기도 한다. 예를 들어 관계가 파탄 난 뒤 게임 중독에 다시 빠지거나 사별의 아픔으로 중독 물질에 다시 의지하는 식이다. 알코올중독 재발을 분석한 연구에 따르면 큰 스트레스를 주는 사건이 재발 가능성을 높인다고 한다. 또한 스트레스와 우울한 기분이 술에 대한 목마름을 심해지게 할 수 있다는 증거도 있다.[7]

또 다른 한 연구에서는 이전에 물질에 노출되어 중독되었다가 금욕 중인 실험 쥐에게 갑작스러운 스트레스를 주는 실험을 했다. 이 용도로는 발바닥에 전기 충격을 주는 방법을 사용했다. 그러자 녀석들은 전기 충격이 야기한 스트레스 때문에 다시 약을 찾아 레버를 누르기 시작했다. 헤로인, 코카인, 니코틴, 술을 비롯해 중독 물질이 구체적으로 무엇인지와 상관없이 실험 결과는 같았다.

신호

비슷한 동물 연구 중에서는 실험 쥐가 레버를 누르면 술이 흘러나오게 하고 그 순간 냄새와 빛이라는 두 가지 자극을 함께 주었다. 그런 다음 소거 훈련을 거쳤는데, 실험 쥐는 무려 금주 5개월차에도 냄새와 빛에 노출되면 곧장 레버를 누르는 행동을 보였다.[89]

파블로프의 개 실험을 기억하는가? 파블로프는 종을 울린 후에 개에게 먹을 것을 주었다. 그 결과 개들은 벨소리, 즉 신호는 곧 음식이라고 인식하고 벨만 울려도 침을 흘리기 시작했다. 벨이 울리면 먹을 것이 나온다는 사실을 알게 된 것이다.

내게는 휴가 전 짐 싸기가 음식 제한의 신호 역할을 했다. 나는 비키니를 입을 것이라며 여행을 굶을 핑계로 삼았는데, 그렇게 생각하는 동안에는 평소보다 자의식이 커져 남의 시선이 더 신경 쓰였다. 한마디로 짐을 싸는 여행 준비가 몸무게에 집착하라는 신호로 작용한 셈이다.

고위험 상황

이제 우리는 재노출, 스트레스 사건, 신호가 우리의 중독 사이클을 되살릴 수 있다는 것을 동물 실험을 통해 알게 되었다. 그런데 현실에서는 어떨까? 고든 말렛(Gordon Alan Marlatt)과 주디스 고든(Judith R. Gordon)은 재발 예방 모델을 설명하면서 알코올중독자가 일정 기간 금욕 후에 다시 술을 입에 대도록 만드는 이른바 고위험 상황이 존재한다고 제안했다.[10] 이 고위험 상황은 훗날 다음과 같이 세분되었다.

1 **부정적인 감정 상태**　가령 화가 나거나 우울함.

2 **대인 관계**　가령 누군가와 말다툼을 함.

3 **사회적 압력**　사회적 압력은 직접적일 수도 있고(지인이 같이 술 한잔 하자고 제안함) 간접적일 수도 있다(모두가 술을 마시는 파티에 참석함).

4 **긍정적인 감정 상태**　가령 좋은 일이 생겨 축하를 받음. 승진을 기념하기 위해 외식을 하거나 생일을 맞은 친구를 쇼핑센터에서 만나는 것처럼 술이 연관된 신호에 노출되는 것도 여기에 포함된다.[11]

재발의 3단계

재발의 위험 요인들을 기억했다면 지금부터는 재발이 어떻게 일어날 수 있는지, 각 단계마다 어떤 특징이 있는지 살펴보자. 여러 차례 언급했듯 재발은 흔히 점진적으로 일어나고, 중독적 행동이 표면으로 드러나기 수 주 혹은 수 개월 전부터 시작되는 것이 보통이다. 이 말은 곧 재발의 패턴을 일찌감치 포착할 기회가 우리에게 있다는 뜻이기도 하다. 그렇게만 되면 중독 사이클에 완전히 빠지기 전에 각자의 대응 전략을 실행할 수 있다.

재발의 이론 모델은 여러 가지가 있지만 나는 상담할 때 중독 전문가이자 저술가인 스티븐 멜레미스(Steven Melemis) 박사의 것을 잘 활용한다. 그는 재발을 세 단계로 정의한다.[12]

1   감정적 재발
2   정신적 재발
3   신체적 재발

감정적 재발

제일 첫 단계인 감정적 재발은 서서히 시작된다. 이 재발 단계는 정서적으로도 육체적으로도 자신을 잘 돌보지 않을 때 발생하기 쉽다. 이 시기에는 물질을 사용하고 싶다는 의식이 아직 없

다. 중독 사이클에 갇혔을 때의 기억이 여전히 생생해서 다시 돌아
가고 싶지 않은 마음이 크기 때문이다.

하지만 사람이 살다 보면 언제 어떤 우환이 생길지, 스트레
스, 불안, 짜증 등이 치솟는 상황에 처할지 모른다. 한마디로 말렛
과 고든이 말한 부정적인 감정 상태가 되는 것이다. 푹 자지 못하
는 날이 반복되거나 최근 제대로 요리할 시간이 없어서 양질의 식
사를 하지 못했다고 치자. 이런 상태에서는 지지 모임에 참석할 여
력이나 짬이 날 리 만무하다.

그렇다고 모임의 동지나 친구들에게 도움을 요청하지도 않
는다. 그렇게 감정을 혼자 담아 두고 삼키면서 스스로를 고립시
키는 대신 본인보다는 타인의 고통과 감정에 집중한다. 아니면
남들의 행동이 내게 미치는 영향에 더 신경 쓰거나.

이것은 누구에게나 언제든 일어날 수 있는 상황이다. 사람
은 누구든 지치고 불안하고 짜증 나거나 기분이 처져 있으면 중
독적 행동을 하고 싶다는 마음이 커지기 쉽다. 그러면 기분이 다
시 좋아지게 하려고 외부에서만 방법을 찾아다닌다. 이런 감정
상태에 한동안 머무르다가 곧 다음 재발 단계로 스스륵 넘어가는
것이다.

정신적 재발

감정적 재발 상태가 오래 이어지면 마음 한구석에는 재발을

원하지 않는 의지가 아직 있음에도 중독적 행동을 하고 싶다는 생각과 욕구가 커진다. 그래서 하루하루 지날수록 중독적 행동이나 그 행동을 할 때 같이 있던 사람들 혹은 중독 행동을 부추기는 신호에 대해 생각하는 시간이 점점 많아지고, 그 시절의 기억을 장밋빛 추억으로 왜곡한다. 그렇게 갈망이 커져 가면 언젠가부터 문제의 행동을 해도 괜찮은 상황을 골몰한다. 즉 협상을 하기 시작하는 것이다.

협상을 하기 시작하면 속이 시끄러워지기 일쑤다. 협상은 갖가지 상념이 뒤엉켜 돌아가는 생각의 세탁기와 같아서 양심과의 한바탕 씨름판을 벌린다. 그렇게 변명거리를 만들고 규칙을 하나둘 무시하게 한다. 일탈이 쌓이고 쌓일 때 재발로 이어지는 것은 당연하다. 예를 들어 사람들은 '친구 결혼식에서만 술을 마시고 그 다음 날부터는 다시 금주하자'거나 '대마초가 내 최애 마약은 아니니까 대마초는 피워도 괜찮아'라든가 '세일할 때만 쇼핑하는 거야'라고 스스로를 구슬린다. 하지만 이런 마음가짐은 재발의 고위험 상황 앞에서 하릴없이 굴복하게 만들기만 한다.

신체적 재발

신체적 재발은 말 그대로 중독적 행동을 실제로 하거나 중독 물질에 다시 손을 대는 것을 말한다. 이 재발 단계는 일반적으로 잠깐의 일탈을 아무도 모르게 넘어갈 수 있다고 생각할 때 일어난다. 하지만 동물 실험에서 확인했듯 일단 재발이 일어나면 십중팔구는 중독 행동을 멈추지 못하고 중독 사이클에 다시 빠지기 마련이다.

이 재발 단계의 사례를 하나 살펴보자. 연애 중독에 빠졌던 한 내담자가 있었다. 그녀는 간신히 시작한 금욕을 오래 유지하고 싶었지만 혼자 있는 시간마다 밀려드는 외로움 때문에 쉽지는 않았다. 당시 그녀가 금욕을 실천한 방법은 전 남자친구들에게 절대 연락하지 않고, 만약 그쪽에서 먼저 메시지가 오면 모른 체하는 대신 친한 친구나 조력자와 함께 시간을 보내는 것이었다.

그렇게 서너 달을 버티자 자신감이 살아났다. 주변 사람들에게 연락해 도움을 청하고 자기 감정에 솔직해야 한다는 규칙도 잘 지켰다. 그런데 반 년째 즈음 직장 스트레스 때문에 잠을 잘 못 자는 날이 많아졌다. **감정적 재발의 잠재적 징후**가 생긴 것이다. 그녀는 외로움이 다시 고개를 드는 것을 느꼈다. 하지만 친구들이 자신을 질려할 것이라는 염려에 지지 모임 동기들에게 알리지는 않았다. 즉, **스스로를 고립시킨** 셈이다. 그녀는 감정을 혼자 담아 두고 남의 도움은 필요하지 않다고 스스로를 설득했다. 그렇게 그녀는 **감정을 혼자 삼켰다.** 그녀는 금욕 규칙을 기억하고 있었고, 앞으로도 전 남자친구의 메시지에 절대 답장하지 않을 작정이었다. 벌써 6개월이나 그렇게 해 왔으니까 말이다.

당신은 여기서 감정적 재발의 잠재적 징후를 알아챘는지도 모르겠다. 다시 한두 달 뒤, 그녀는 외로움과 불안이 쌓여 점점 견디기 힘들어지는 것을 느꼈다. 하필 이 즈음 전 남자친구가 나오는 꿈을 꾸기 시작하면서 그녀는 그와 다시 만나는 환상을 품게 되었다. 바로 **갈망 증가, 즉 정신적 재발의 잠재적 징후**다. 둘은 옛날에도 서로의 소울메이트였던 데다가 벌써 충분한 시간이 지났으므로 이제는 좋은 친구로 잘 지낼 수 있을 것 같았다. 그녀는 전 남자친구에게 생일축하 문자 정도는 보내도 괜찮을 것 같다는 생각이 들었다. **협상**을 한 것이다. 결국 어느 날 충동적으로 전 남자친구의 절친에게 문자메시지를 진짜로 보내 버렸다. 평범한 안부 문자였지만 **중독 행동을 할 때 같이 있었던 사람들 혹은 중독 행동을 부추기는 신호**에 다시 엮인 순간이었다. 이 행동은 사랑 중독을 부추기는 기분과 충동만 더 불러왔고, 바로 그 주 주말에 전 남자친구에게 직접 연락하면서 결국 중독이 재발하고 말았다. 안타깝게도 그 결과는 예전의 중독 사이클에 또 갇히는 것이었다.

나는 그녀에게 시시비비를 배제한 상담 치료를 시작했다. 이 과정에서 그녀는 자신이 완전한 통제 능력을 가지고 있다고 생각할 때 재발이 이미 시작되었다는 사실을 깨달았다. 시간이 흐르면서 자신도 모르게 조금씩 나태해졌고, 중독 사이클에 갇혀 있던 과거가 얼마나 고통스러웠는지를 점차 부인하게 되었다는 것을 이제는 알 수 있었다.

재발의 원인

치료를 받는 입장과 치료를 하는 입장 둘 다에 있어 본 내게 재발의 최대 원인이 무엇이냐고 물으면 나는 세 가지를 꼽는다. 바로 자신은 애초에 중독자였던 적이 없다는 현실 부정, 안일함, 인간관계(주로 연애 쪽)다.

다시 고개 든 현실 부정

부정 기제에 대해서는 이미 자세히 이야기했지만, 자신이 중독자가 아니라고 진심으로 생각하는 사람에게는 회복을 삶의 최우선 순위로 올리는 것을 현실 부정이 방해한다는 점을 아무리 강조해도 지나치지 않다. 우리가 넘어온 문은 늘 한 뼘쯤 열려 있어서 '솔직히 내가 **진짜** 중독자였던 것 같지는 않다'는 생각이 언제 불쑥 들지 모른다.

안일함

안일함은 다양한 형태로 나타날 수 있는데, 가장 흔한 것은 이런 식으로 말하는 것이다. 술을 끊은 지 벌써 2년째인데 모처럼 딸의 결혼식이니까 샴페인 반 잔 정도는 괜찮겠지. 언제든 다시 금주를 시작하면 되니까. 흔히 사람들은 금주 연차가 꽤 되면 잠깐 쉬더라도 회복 규칙으로 돌아오는 것이 간단할 것이라고 착각하지만 그렇지가 않다. 다들 중독 사이클이 얼마나 강력하고 유혹적인지 망각하는 것이다.

나도 재발 직전까지 갔던 때가 여러 번 있었다. 가장 큰 원인은 내가 중독자라는 사실을 잊어버리거나 인정하기 싫었던 것이지만 언젠가부터 더 이상 회복이 삶의 일순위가 아니게 된 탓도 있었다. 재활을 시작하고 처음 두 해는 모든 것이 안정적이었다. 그때는 내 인생에서 회복이 모든 것에 우선했기 때문이었다(마땅히 그래야 했다). 그래서 주변의 전폭적인 지원을 받을 수 있었는데, 이 응원이 재발을 막는 튼튼한 방파제 역할을 했다. 조금씩 나태해진 것은 몇 년 뒤부터다. 심지어 요즘도 내게 게으름 피울 여유 따위는 없다고 자주 스스로를 다그치지 않으면 안 된다.

인간관계

경험이 풍부한 전문가 리커리시는 로맨스 관계가 안일함 다음으로 큰 재발의 원인이라고 말한다. 어째서냐고? 연애는 지난 트라우마를 상기시키기 때문이다. 관계의 트라우마가 있는 사람이 새로 연애를 시작하면 버림받을 때의 살이 뜯기는 고통, 수치심, 완벽해야 한다는 강박이 되살아난다. 이런 강렬한 감정은 때때로 거의 불가피하게 재발로 이어진다.[13]

나는 약간 성급하게 데이트를 시작하는 바람에 이 말을 실감했던 경험이 있다. 그때가 금주 1년차였지만 거절을 당해도 의연

할 만한 경지는 확실히 아니었다. 결국 나는 한 발짝 물러나 연애할 때를 조금 더 미루어야 했다. 애인의 존재로 미루어 나 자신을 인정받는 것이 익숙했던 탓에 기다리는 것이 쉬운 일은 아니었다. 하지만 회복된 상태를 유지하려면 어쩔 수 없다는 것 또한 나는 잘 알았다.

몇 년 뒤, 마침내 다시 데이트할 기회가 왔고, 나는 제대로 시험대에 올랐다. 어느 날 밤 약속 장소인 바에서 협상하는 목소리로 머릿속이 시끄러웠던 것을 기억한다. 나는 딱 한 잔은 무방하다고 스스로를 설득했다. 나는 데이트 상대가 왜 술을 안 마시냐고 묻는 것이 싫었다. 중독자라는 것을 들키는 것이 여전히 창피했기 때문이다. 나는 진토닉을 주문할 요량으로 자리에 앉았다. 보통은 와인을 마시는데 이것은 와인이 아니니까 틀림없이 괜찮을 것이라고 생각했다. 바로 그 순간, 재활을 함께하는 한 친구로부터 문자메시지가 날아왔다. 친구는 데이트 잘하라며 행운을 빌어 주었다. 고맙게도 친구의 이 연락은 나로 하여금 올바른 선택을 하게 하는 충분한 자극이 되었다.

경험자로서 단언하는데, 술을 안 마신다는 이유로 상대가 당신과 데이트하고 싶지 않다고 한다면 이 태도는 당신이 아니라 그 사람이 어떤 인물인지를 말해 주는 것이다. 당신이 줏대 있게 소신을 지키면 당신에게 딱 맞는 짝을 더 잘 알아볼 수 있다.

재발을 예방하는 방법

그렇다면 어떻게 해야 재발에 빠지지 않을까? 중독적 행동을 다시 하고 싶어질 때 도움이 될 만한 대응 전략으로 어떤 것이 있을까? 내게 실제로 효과 있었던 방법을 소개하면 이렇다.

1   **신호를 피한다.** 피할 수 없다면 적어도 중독 행동으로 몰아갈 수 있는 신호와 전조 행위를 늘 의식한다.

2   자신와 다른 사람들에게 **솔직할 것.**

3   친구, 가족, 지지 모임, 전문 치료사에게 **도움을 구한다.**

4   좋은 일상 습관, 양질의 수면, 운동, 일기 쓰기 등을 실천하면서 **꾸준히 자기 관리를 한다.**

신호 피하기

12단계 프로그램에는 회복 상태를 오래 지속하기 위해서는 사람과 장소와 물건을 바꾸거나 경계하라는 유명한 표어가 있다. 다시 말해 과거의 물질이나 행동 중독을 연상시키는 사람, 장소, 물건을 최대한 피하라는 뜻이다. 이렇게 말하는 것은 앞서 언급했던 신호 때문인데, 동물 실험으로도 증명된다. 나 역시 흥청망청 살던 과거로 돌아가고 싶어질 때마다 이 표어 덕분에 정신을 차릴 수 있었다.

지속적 회복을 힘들어하는 내담자가 찾아오면 나는 내담자
와 함께 이 세 요소를 짚어 보고 중독에 한창 빠져 있던 시절의 환
경을 피할 방법을 궁리한다. 어떤 내담자는 약이 없어 축제가 전처
럼 즐겁지 않고, 어떤 내담자는 대마초를 같이 피우던 친구들과 더
이상 어울리지 못한다. 그러다 보니 종종 상실감이 들지만 그것은
완전히 정상적인 반응이다. 인정하는데, 익숙했던 옛날로 돌아가
고 싶다는 충동은 영원히 사라지지 않을 수도 있다. 하지만 그래도
상관없다. 그런 사람, 장소, 물건이 내 장래에 백해무익하다는 것
을 스스로 기억하고 있으면 되니까. 아쉬운 마음이 한순간에 싹 사
라지지는 않겠지만, 곰곰이 따져 보면 옛날이라고 진심으로 행복
했던 것도 아니지 않은가.

어떤 내담자들은 내게 말한다. 위험 상황을 멀리하는 것이야
말로 나약함의 증거 같다고. 약을 안 하거나 술을 마시지 않는다는
것이 꼭 옛날 환경을 철저하게 피해야 한다는 뜻은 아니다. 그보다
는 '독하게 버티'거나 '무심히 흘려보내'는 능력이 필요하다. 물론
쉬운 일은 아니다. 그래서 나는 스스로 그런 상황을 자처하는 이유
를 내담자에게 묻는다. 자신이 증명하려 하는 것은 무엇이고, 누구
에게 인정받고 싶은 것인지 알 필요가 있기 때문이다.

하나 더 조언하고 싶은 말은 당신이 왜 술을 안 마시는지, 왜
더 이상 게임을 하지 않는지, 혹은 어째서 도박을 끊었는지 궁금해
하는 사람들에게 사정을 일일이 설명하지 않아도 된다는 것이다.

그냥 '오늘은 별로 내키지 않네요' 정도의 대답이면 충분하다.

솔직하기

앞에서 배운 것처럼 중독자일 때는 자기 자신과 다른 사람들을 속이는 것이 일상인 만큼 솔직함은 회복의 핵심 요소 중 하나다. 회복 상태를 유지한 지 벌써 수 년째인 사람도 자신의 감정과 어려움을 솔직하게 드러내면 사람들이 지루해하거나 놀랄까 겁을 낸다. 그러나 오히려 솔직한 태도 덕에 상대방과 더 친해질 수 있다고 나는 생각한다. 앞서 우리는 연결이 중독의 반대말이라는 이야기를 했다. 자기 자신과 상대방에게 정직하고 그들로 하여금 내 불안을 직시하고 이해하게 하면 우정이 두터워지고 사람과 사람이 연결될 수 있다.[14]

이미 한 번 재발한 뒤라면 그 사연을 솔직하게 털어놓자. 그러면 다음에 또 재발하지 않도록 막을 수 있을 것이다. 수치심을 주려는 것이 아니다. 수치심은 옛 패턴으로 돌아가게 하는 이유인데, 그럴 까닭이 없지 않은가. 대신 수치심이라는 놈은 밖으로 노출되면 소멸한다는 것을 기억하기 바란다. 그러기 위해서는 일단 자기 자신에게 솔직해야 한다. 부정 기제의 위력이 얼마나 커질 수 있는지를 감안하면 내가 나 스스로 정직한지 자문하는 것은 조금도 괜한 짓이 아니다.

정직은 회복 상태를 유지하는 필수 요소이고, 자신에게 다시 비밀을 만드는 것은 재발의 징조일 수 있다. 내 경우 머릿속에 떠오르는 모든 생각을 소리 내어 입 밖으로 말하는 습관을 들여 무모한 행동을 막을 수 있었다. 덕분에 지금은 생각은 생각일 뿐 현실이 아님을 분명하게 이해하고 있다.

스스로에게 솔직한 태도는 스트레스를 받거나 나도 모르게 협상을 할 때 특히 중요하다. 때로 이런 상황은 줄줄이 몰려오기도 하는데 내가 그랬다. 내 경우 크리스마스와 새해만 되면 어김없이 스트레스 올리는 일이 벌어졌다. 술과 산해진미와 오락거리가 한자리에 펼쳐지는 연말연시는 내게 1년 중 최악의 시기였다. 게다가 이 시기에는 집안 문제로도 스트레스가 심했다. 그런 까닭에 나는 그간의 노력을 인정해 스스로를 치하하는 기회로 봐 주면 어떨까 홀로 갈등하기 일쑤였다. 어쨌든 명절 아니냐는 생각에서였다.

보통 협상을 한다는 것은 내가 과연 100퍼센트 정직한지 돌아보아야 한다는 뜻이다. 사람은 언제나 자기 편하게 상황을 조작하고 이야기를 왜곡하는 재주가 있다. 하지만 중독자의 경우 그래 보아야 손해 보는 것은 결국 자기 자신이다.

옛 패턴으로 돌아가고 싶은 충동이 일 때는 스트레스 사건으로부터 적당히 거리를 두자. 딱 한 잔은 괜찮다거나 잠깐 구경만 하려고 인스타그램을 다운로드하고 싶거나 도박을 딱 한 판만 하자는 생각이 들 때는 바로 멈추어 서서 기다려라. 그렇게 한두 시간 동안 그런 행동이 어떤 결과를 불러올지 솔직하게 심사숙고하

라. 스트레스 사건이 아무리 압도적이어도 술까지 마실 가치가 있
는지, 지난날의 자기 파괴적 패턴을 다시 시작할 가치가 과연 있는
지 잘 생각해 보자.

도움 구하기

필요할 때 도움을 구하는 것은 아주 중요한 행동이다. 정서적
지원은 물론이고 그 이상의 힘을 얻을 수 있기 때문이다. 조력자의
손을 잡음으로써 매일매일의 부담을 털어놓고 숨 쉴 여유를 갖는
것이야말로 회복 상태를 유지하는 열쇠일지 모른다.

내게는 회복을 유지 중이지만 남에게 손 내밀기를 늘 어려워
하는 아주 좋은 친구가 하나 있다. 언젠가 이런저런 이야기를 나
누다가 내가 물었다. 도와 달라는 말을 할 엄두가 안 났던 순간에
무엇인가 원하는 것이 있었냐고. 그러자 그녀는 집을 비운 동안
화분에 물을 줄 사람이 필요했던 적이 있다고 대답했다. 물 주기
정도야 간단한 일 같지만 남에게 신세 지기 싫어하는 그녀로서는
누군가에게 부탁하자니 마음이 상당히 불편했던 것이다. 하지만
그녀는 용기 내어 지인들에게 소소한 부탁을 하기 시작했고, 결국
정서적 지원 같은 다른 것도 도움을 요청하기가 점차 쉬워지는 것
을 느꼈다.

부탁할 상대를 꼭 친구와 가족에 국한할 필요는 없다. 바로
앞 장에서 설명한 대로 전문가 치료 역시 회복의 여정을 시작하는

훌륭한 출발점이 된다. 게다가 전문 치료는 남아 있는 트라우마를 회복 과정에서 이해하고 받아들이게 해 재발 가능성을 낮추는 효과도 있다. 앞서 우리는 어떻게 중독적 행동이 우리의 시선을 분산시키고 내면의 감정을 외면하게 하는지를 여러 차례 다루었다. 같은 맥락에서 여태 모른 체해 온 내 감정을 치료를 통해 마주하는 것이 유익할 것이라는 점은 누구라도 짐작할 수 있는 사실이다. 만약 우리가 더 이상 나 자신과 마주하는 것을 불편해하거나 스트레스 받거나 스스로를 창피해하지 않는다면 중독적 행동에 의지할 필요도 없어질 것이다.

마지막으로 지지 그룹의 응원은 재발의 조짐을 빈틈없이 감시하게 한다. 지지 그룹은 어깨 위의 악마가 내 귀에 어떤 소리를 속삭이는지 잊지 않게 하고 안일함에 빠지지 않도록 자극한다. 구할 수 있는 모든 형태의 도움을 적극적으로 구하자. 회복과 변화라는 긴 여정에는 이런 자세가 필수다.

꾸준한 자기 관리

먹기, 자기, 물 마시기, 몸 움직이기 같은 가장 기본적인 수준의 자기 관리조차 안 하는 사람은 다른 부분들도 무너지기 쉽다. 적어도 내 경험으로는 그랬다.

자기 관리 방법은 사람마다 다르겠으나 이전 장들에서 강조했듯 반복되는 일상으로 만들고 건강한 습관을 유지할 필요가 있다. 내가 효과 있다고 느꼈던 팁을 하나 주자면 'HALT'라는 말이 있다. 허기(hungry), 분노(angry), 외로움(lonely), 피로(tired)의 머릿글자를 딴 약어인데, 불편한 기분이 들거나 정신적으로 한계에 다다랐을 때 이 단어를 기억하면 파괴적 행동이 나오지 않게 하는 데 큰 힘이 된다.

배고프거나 화가 나거나 외롭거나 피곤할 때는 자기 파괴적 행동에 의지하기 전에 먼저 이런 욕구를 채울 방법을 생각하라. 허기지고 화나고 외롭고 피곤한 상태가 편한 사람은 없기에 누구나 이런 기분을 바꾸고 싶은 것이 당연하다. 계속 놔두면 갈망으로 심해질 수도 있고 말이다. 따라서 요기를 하고, 낮잠을 자고, 친구를 만나고, 건강한 통로로 화를 푸는 식으로 기본 욕구를 그때그때 채워 주자. 그래야 나중에 후회할 더 큰 일을 막을 수 있다.

기본 욕구를 쌓아 두지 않는 습관은 나와 내 갈망 사이에 안전 거리를 유지하는 것뿐만 아니라 마음이 불편하거나 흔들릴 때 내게 필요한 것이 정확히 무엇인지를 파악하는 데도 도움이 된다. 조언해 주는 이가 없어서 자기 내면을 들여다볼 줄 모르는 채 살아가는 사람들이 너무 많은 가운데, 이 자기 관리 규칙은 우리가 의식적으로 내 필요를 우선시하는 것에 익숙해질 훌륭한 연습이 될 수 있다. 자신에게 필요한 것이 무엇인지 스스로 물어서 알면 불안정한 마음을 달래려고 바깥세상의 것들에 기웃댈 필요가 없으니까 말이다.

특히 피로를 좀 더 살펴보자면 나는 회복된 상태를 유지하는 가장 중요한 열쇠 중 하나가 휴식임을 깨닫기까지 여러 해가 지나고서야 깨달을 수 있었다. 그전에는 아무것도 안 하고 가만히 있는 것이 너무나 힘들었다. 몸을 바쁘게 움직여야 마음이 편안해질 것이라고 굳게 믿었기 때문이다. 그런데 지금은 안다. 내가 일부러 바쁘게 산 것은 골치 아픈 생각과 기분을 마주하기 싫어서였다는 것을.

잘 쉬기 위해 요즘 내가 쓰는 전략은 한 주간의 일정에 쉬는 시간을 꼭 포함시키는 것이다. 일정에 떡 적혀 있으면 마음속으로는 쉬는 것이 불편하더라도 그 시간을 오롯이 나만을 위해 쓰게 될 가능성이 높아진다. 특히 신변에 큰일이 있거나 스트레스를 심하게 받는 시기라면 더욱 더 적극적으로 충실히 쉬어 주어야 한다. 원래 나는 목록을 만들어 놓고 한 줄씩 지워 가며 할 일을 해치우는 것을 좋아하는 사람이다. 그러면 통제력이 생기기 때문이다. 하지만 늘 계획대로 흘러가지는 않는 것이 인생인지라 작정했던 일과를 다 끝내지 못하는 날에는 일이 너무 많다고 느껴지기도 한다.

그럴 때 나는 5분 동안 아무것도 안 하고 가만히 있는 시간을 하루 세 번 갖는다. 시간 낭비처럼 보일지 모르지만, 넓게 볼 때 이 하루 15분은 엄청난 효과에 비하면 그리 긴 시간이 아니다. 게다가 이렇게 쉬어 가는 5분은 각자 원하는 방식으로 채울 수 있다. 5분 동안 심호흡을 해도 되고 일기를 써도 된다. 내가 제일 좋아하는 방법은 양반다리를 하고 바닥에 앉아 아무 생각 없이 가만히 있는 것이다. 앞에서도 언급했듯이 대부분의 경우 재발은 몸에서 중독 행동이 나오기 훨씬 전에 시작되지만, 적시에 쉬는 시간을 가지면 충동이라는 재발의 전조를 미리 방지할 수 있다.

끝없이 굽이진 길 위에서

만약 당신이 현재 재활 중인 중독 경험자가 아니라면 재발이라는 개념이 그다지 와닿지 않을 것이다. 재발의 정의를 옥스퍼드영어 사전에서 찾으면 "건강 상태가 일시적으로 좋아졌다가 다시 나빠지는 것"이라고 나온다.[15] 혹시 당신도 반짝 호전되는 듯하다가 악화되었다고 느낀 순간이 있는가? 아침에 일어나자마자 휴대폰으로 피드부터 확인하는 것을 그만두었다가 언젠가부터 옛 습관으로 돌아가 있지는 않았는가? 아니면 한동안 인터넷 쇼핑을 끊었는데 정신 차려 보니 필요하지도 않은 옷 구입에 월급을 몽땅 쏟아부은 뒤이거나 혹은 달콤한 간식을 잘 참고 있었지만 친구 생일날 케이크 한 조각을 거절하지 못한 뒤로 며칠 동안 달달한 주전부리를 달고 산 적은 없는가?

우리는 이런 일화를 재발의 현상이라 말할 수 있지만 오히려 배움의 기회로도 볼 수 있다. 이런 경험을 통해 우리는 무엇을 배

꿈을 크게 꾸는 연습

드디어 내가 가장 좋아하는 연습 시간이 왔다. 바로 비전 보드를 만드는 것인데, 이 연습은 이 장에서 내내 이야기한 주제, 즉 내가 원하는 삶의 모습을 스스로 이어 가는 것과 밀접하게 연관된다.

내 경우 비전 보드를 만들어 보라는 치료사의 권유에도 계속 미루던 때가 있었다. 뭐든 창의력이 필요한 활동은 내게 안 맞는다고 믿었기 때문이다. 하지만 얼마나 어리석은 생각이었는지! 이 연습은 매우 유익할 뿐만 아니라 재미까지 있고, 여러 면에서 치유가 된다. 각자 시간을 내 자신만의 비전 보드를 만들어 보자. 이후 몇 주 동안 자주 들여다볼 만한 가치가 있다.

준비물은 이것저것 붙일 수 있는 넓은 종이나 폼 보드 한 장이면 된다. 이제 살면서 당신이 이루거나 갖고 싶은 것들을 생각해 보자. 늘 선망했지만 감히 시도하지 못했던 꿈이 있는가? 생각이 떠오르면 옛날 잡지나 인터넷을 뒤지자. 그러다 마음을 사로잡는 사진 혹은 그림을 발견하면 잡지에서 오리거나 프린터로 인쇄해 비전 보드에 붙인다.

정해진 규칙 없이 마음 가는 대로 자유롭게 꾸미면 된다. 재주가 있는 사람은 컬러펜이나 물감으로 직접 그림을 그려도 좋다. 아무도 당신 생각의 옳고 그름을 평하지 않는다. 자신이 원하는 어떤 것이든 솔직하게 표현하자. 누군가는 드림카가 꿈일 수도 있고, 누군가는 어릴 때부터 기르고 싶었던 반려 동물을 가장 원할 수도 있다. 선택지는 무궁무진하다.

비전 보드 만들기는 당신이 오로지 당신 자신에게 충실해 보는 특별한 프로젝트다. 어쩌면 태어나서 처음으로 툭 터놓고 자신이 무엇을 원하는지를 스스로에게 물어 보는 시간이 될지도 모르겠다. 이 연습을 하다 보면 자신이 앞으로 어떤 사람이 되고 싶은지를 스스로 명확히 알게 되고, 장기적 인생 목표가 또렷하게 설 것이다.

보드에는 틈틈이 떠오르는 꿈을 하나씩 추가할 수 있다. 필요해 보이면 새 비전 보드를 또 만들어도 상관없다. 이때 비전 보드를 눈에 잘 띄는 곳에 놓아두는 것이 중요하다. 나는 6년 전에 만든 비전 보드를 침대 머리맡에 지금까지 두고 있는데, 햇수가 넘어갈 때마다 어떤 꿈이 실현되었고 어떤 점이 달라졌는지 되돌아보는 재미가 쏠쏠하다. 말 나온 김에 나도 새 비전 보드를 다시 하나 만들어야겠다!

우는가? 깨달음을 토대로 다음에 또 그러지 않도록 어떻게 재정비할 수 있을까? 일화들 속에서 어떤 패턴이 보이는가? 이때 일기 쓰는 습관을 들이면 패턴을 더 잘 찾을 수 있다.

회복은 평생 걸리는 과정이다. 평생이라니 말만으로 벌써 포기하고 싶어질지 모르겠지만, 내게는 이미 일상이 되었고 현재 아주 평화롭게 잘 살고 있다. 내가 보장하는데 회복 과정은 우려와 달리 보통의 삶과 조화롭게 병행 가능하고, 기대 이상으로 만족스러운 결과를 선사한다. 하루하루 회복 규칙을 실천하는 동안 나는 좋은 새 친구들을 많이 만날 수 있었고, 기존 관계는 한층 돈독하고 상호 유익한 관계로 성숙했다. 그뿐만 아니다. 나는 회복 상태를 유지하면서 나 자신과도 더 사이좋게 지내게 되었다. 가끔씩 되살아나는 갈망에 괴로워하고, 무리에서 빠졌다가 기회를 놓칠까 불안감에 안절부절못하고, 굽히고 들어가면서까지 주변 사람들에게 도움을 청할 가치가 있느냐고? 물론이다.

자랑이 아니라 이 정도의 고통과 굴욕을 감내하는 것은 충분히 가치 있고 누구나 할 수 있는 일이라고 강조하고 싶다. 회복이라는 여정이 내내 순탄하지만은 않을 것이다. 실수를 저지르고 아예 재발도 하고 고비와 난관에 시시때때로 부딪힐 터다. 그럼에도 중독 행동의 유도 신호를 피하고, 솔직한 태도를 유지하고, 도움을 적극적으로 구하고, 적절한 휴식과 자기 관리에 집중하고, 자기반성과 일기 쓰기를 계속 실천해 나가야 한다. 그러면 안일함, 현실 부정, 감정적 재발이 스멀스멀 고개를 들더라도 돌이킬 수 없게 되기 전에 고삐를 당길 수 있다.

마지막으로 내가 드리고 싶은 조언은 자기 자신에게 상냥하라는 것이다. 내 몸의 소리에 귀를 기울이고 내 감정에 어떤 평도 하지 말자. 친구들과 지지 모임을 믿고 의지하자. 경고 신호나 남들이 두는 훈수에는 휘둘리지 말라. 열린 자세와 솔직한 마음가짐으로 나아가면 원하는 곳 어디든 못 갈 데가 없다. 시작은 천천히, 그러나 꿈은 크게 꾸자!

나오면서

사람이 살면서 겪는 일은 나무의 나이테처럼 그 사람 안에 영원히 새겨진다. 누구도 예외는 없다. 어떤 테는 인생의 자양분이 된 행복한 순간에 대한 기억이지만, 어떤 테는 과거의 트라우마나 부정적 자아상이 남긴 흔적일 것이다. 의심, 나쁜 기억, 일상의 스트레스라면 누구라도 벗어나고 싶은 것이 인지상정이다. 여가 시간을 갖거나 취미 생활을 하면 확실히 상쾌해지는 것도 그래서이고 말이다.

하지만 굵고 짧게 치고 빠지는 중독적 물질과 중독 행동은 도파민을 과하게 분출하여 보상 경로를 망가뜨린다. 잠시 잠깐 기분을 좋게 하고 눈앞의 고민을 잊게 할지 몰라도 절대 공짜는 아니다. 사람의 뇌가 도파민의 강타에 익숙해지고 내성이 생기기 시작하면 전과 똑같은 쾌감을 얻기가 점점 더 어려워진다. 그렇게 중독적 행동은 사람을 빚더미에 앉게 하고, 친구와 가족을 밀어내고, 몸과 마음의 건강을 해칠 수 있다. 인생 목표 달성을 방해하거나 커리어에 발목을 잡기도 한다. 그러는 내내 애초 중독에 빠지게 된 근본적 이유가 무엇인지는 확인할 생각조차 없다.

우리 뇌와 방어기제는 이런 중독적 행동이 자신에게 유익하거나 꼭 필요하다는 착각을 심는다. 그 결과 내가 빠져 있는 중독 사이클을 제대로 보지 못하게 되고 만다.

바로 이어지는 내용은 내가 직접 겪은 경험, 중독 치료사가 되기까지 거친 훈련, 현장에서의 경력, 동료들의 추천, 문헌 조사 등을 통해 깨달은 꿀팁을 총정리한 것이다. 내 삶을 180도 바꾸어 준 이 요령들을 여러분도 꼭 기억하고 자기 것으로 만들면 좋겠다.

1 어떤 기분도 두려워하지 말자

사람이라면 누구나 좋은 기분만 느끼고 나쁜 기분은 피하고 싶기 마련이다. 그러나 나쁜 기분은 내가 무엇을 필요로 하는지 알게 하고 어떤 부분을 개선해야 하는지 힌트를 던진다. 자기 감정에 집중하는 연습에 가장 도움이 된다고 내가 보장하는 중요한 두 가지 팁을 여기에 공유한다.

- **마음챙김 연습이나 명상하기** 하루 세 번, 최소 5분 이

상 하는 것이 가장 좋다. 방해받지 않을 수 있는 시간을 찾아서 온 정신을 지금 이 순간, 여기 이곳에 모은다. 누군가에게는 집에서 가만히 앉아 있을 때가 딱 좋을 것이고, 누군가에게는 요리를 하거나 산책을 하는 동안이 그런 시간일 수도 있다. 그때 오고가는 기분을 적극적으로 의식해 보자. 단, 어떤 판단도 내리지는 않는다.

- **일기 쓰기**　마음에 떠오르는 생각과 느낌을 일기장에 빠짐없이 적어 두고 자주 되새김하자. 어떤 생각이나 느낌도 판단하지 않도록 주의하자.

2　패턴을 깨자

습관은 학습되는 것이기에 우리 뇌는 습관을 버릴 수도 있다. 건강하지 못한 습관을 부수고 바람직한 습관을 새로 들이면 내 행동과 내가 느끼는 감정 사이에 선순환의 긍정적인 피드백 관계를 형성하는 데 도움이 된다. 여기 패턴을 깰 때 유용한 팁을 소개한다.

내 중독적 행동을 분석해 요소요소 해체하기

자신의 행동을 객관적으로 분석해 새롭게 인식하면 현실을 부정하며 세웠던 마음의 벽을 조금씩 허물고 변화를 앞당길 수 있다. 분석할 때는 아래 요소들에 주목하자.

- **언제 중독 행동을 하는가** 내가 그런 행동을 주로 하게 되는 상황을 파악한다.
- **누구를 상대할 때 중독 행동이 나오는가** 누가 내 중독 행동에 영향을 주는지, 그 사람과 이 문제를 어떻게 해결할 수 있을지 생각해 본다.
- **순기능** 중독적 행동의 이점을 하나하나 꼽아 본다. 그러면 내가 왜 자꾸 그 행동을 하게 되는지 이해할 수 있다.
- **부작용** 중독 행동의 부정적인 결과를 인식하는 것은 회복의 핵심이다.

계획 짜기

중독적 행동의 이점을 무엇으로 대체할 것인가? 중독의 순기능 대신에 의지할 만한 더 건강한 대안을 생각해 보자.

- 행동의 방아쇠를 어떻게 피할 것인가? 어떤 상황에서 누구와 있을 때 그 행동을 하게 되는지 검토해 보고 그런 요인들을 피할 방법을 고민하자.
- 어디서 지원을 받을 것인가? 친구나 가족에게 도움을 구하는 것, 비슷한 고민을 가진 사람들이 모인 지지 그룹,

전문가 치료를 적극적으로 고려하자.

실행하기

- **금욕한다**　스스로를 다스리고 절제하는 금욕 생활은 우리 뇌가 균형을 되찾고 중독 사이클을 깨기 쉽게 만든다.
- **탐닉 욕구를 경계한다**　갈망하는 마음이 고개를 드는 것 같으면 산책을 하거나 친구에게 전화를 걸어 주의를 돌리자. 아니면 결국은 지나갈 기분임을 명심하고 가만히 지켜보는 것도 괜찮은 방법이다.
- **건강한 습관을 새로 들인다**　정해진 시간이나 장소에서 작고 간단한 것부터 실천하자. 친구에게 함께하자고 부탁하거나 성공할 때마다 스스로에게 보상을 주는 것도 좋다.

3　치료를 적극적으로 고려하자

모든 사람이 중독적 행동을 멈추기 위해 치료가 필요한 것은 아니다. 그럼에도 나는 중독자든 아니든 누구에게나 치료를 받아 보는 것을 추천한다. 중독 치료는 혼자 자신만의 세계에 빠질 때마다 떠오르는 잡념을 정리할 아주 좋은 기회이기 때문이다. 중독 치료는 현실 부정 습관을 고치고, 나 자신과 내가 가진 신념 체계를 똑바로 이해하는 시간이 된다. 나아가 저도 모르게 품고 있던 수치심을 털어 버리게 될 지도 모른다.

4 회복된 상태를 유지하자

행동이 움트기 훨씬 전이라도 재발의 불씨가 어느 구석에 뿌려져 있을지 모른다는 사실을 기억하자. 그래서 나는 아래 방법을 추천한다.

- 나 자신과 날 응원하는 친구들을 계속 솔직하고 열린 마음으로 대한다.
- 사람, 장소, 물건을 조심한다. 과거의 중독 경험을 떠올리는 신호가 될 만한 것들을 피한다.
- 자기 관리를 최우선으로 한다. 허기(hungry), 분노(angry), 외로움(lonely), 피로(tired)(일명 HALT)를 기억하자. 물질 사용이나 자기 파괴적 행동을 생각하기 전에 일단 이 욕구들부터 채운다.

이 책이 당신에게 지속 가능한 변화를 불러오기를 바라마지 않는다. 그 변화가 얼마나 클지는 당신의 중독적 행동이 어떤 것인지, 당신이 어떤 개인적 상황에 처해 있는지, 변하려고 얼마나 노력하는지에 따라 달라질 것이다. 하루에 딱 한 시간 더 스마트폰을 내려놓는 것이 의미 있는 변화라면 그것도 성공이라는 이야기다.

나는 중독이란 결국 나 자신의 진실에서 도망치는 것이라고 생각한다. 내가 누구인지, 어디서 왔는지, 어떤 기분을 느끼는지에 관한 진실을 외면하는 것이다. 여기에는 나 자신뿐만 아니라 매일 이런저런 일을 겪으면서 드는 감정도 포함된다.

이 책을 쓰는 동안 내 안에서 감정의 소용돌이가 몇 번이나 휘몰아쳤는지 모른다. 이제는 의연하게 마주할 수 있다고 착각하고 있던 기분들, 치료사로서 혹은 감히 자칭하건대 작가로서 내가 어떤 사람인가에 대한 의문이 흘러넘쳤다. 내 생각에 자아 발견이라는 여정에는 종착점이 없는 것 같다. 그럼에도 기꺼이 발을 디뎌 걷고 싶은 길이다. 세상에 완벽한 사람은 없다. 누구나 길을 가다 보면 장애물을 만나고 포기하고 싶은 순간도 찾아온다. 하지만 한 걸음씩 차근차근 나아가면 그곳에 반드시 도달할 수 있다.

부록

엄마가 딸에게 쓴 편지

우리 딸 탈리타.

너만큼 간절한 기다림과 기도 끝에 세상에 온 아기는 또 얼마 없을 거야. 네가 태어난 것은 내게 기적이었다. 심지어 나는 만약 아이가 평생 하나만 생긴다면 딸이면 좋겠다고 생각했는데 딱 너를 낳은 거야! 말랑말랑한 온몸이 연분홍색이고 둥글둥글해서 품에 쏙 들어오는 너를 말이야.

조그맣던 아기는 무럭무럭 자라서 뒤뚱뒤뚱 걸어다니기 시작했어. 늘 밝고 호기심이 많아서 활동적이었지. 그러다 또 어느덧 작은 여자아이가 되었어. 항상 무엇이 그리 분주하고 어찌나 조잘조잘대는지. 네게는 사람들을 자기 주변으로 끌어모으는 존재감과 묘한 매력이 있었고, 난 그런 너를 돌보는 것이 정말 좋았단다.

그런데 열 살 아니면 열한 살 무렵에 네가 변하기 시작하더구나. 어느새인가 친구 사이에만 집착하고 행동도 그렇게 따라갔지. 처음에는 알아채지 못했고 나중에는 널 이해할 수 없었다. 내가 뭘 해 줘야 할지 알 수가 없었어.

네가 기숙학교를 들어간 뒤에는 얼굴 볼 기회가 더더욱 뜸해졌어. 넌 저 멀리 있었고, 집에 와도 뭔가를 감추는 듯 행동했지. 그러다 알게 되었단다. 네가 음식을 골라 먹는다는 것을 말이야. 비밀은 점점 많아졌고, 너는 내게 거짓말을 하거나 내가 듣고 싶어 한다고 네 나름대로 짐작한 말만 하기 시작했어. 고작 열다섯 살짜리가.

너를 믿고 싶었지만 어느 날 운동복을 갈아입는 네 모습을 우연히 보고 깜짝 놀랐단다. 심장이 쿵 내려앉는 것 같았지. 뭐라도 해서 너를 구해야 했어. 난 네 엄마이고, 너를 보살펴야 하니까. 너를 낫게 하고 싶었단다.

그것이 절망, 울분, 좌절, 무력감, 혼란, 분노, 창자가 얼어붙는 것 같은 두려움이 뒤섞인 길고 긴 지옥의 시작이었지. 잠을 못 이루어 밤을 꼴딱 새우는 날들이 이어졌고, 몇 년을 그렇게 살았다. 끝이 안 보이는 암흑 같았어. 때로는 심장이 갈가리 뜯겨 짓밟히는 느낌도 들었다. 나 혼자 이 모든 것을 감당해야 한다는 것이 너무도 외롭게 느껴졌지. 내가 나쁜 엄마라서 이렇게 된 것 같았어.

그동안 섭식 장애를 암시하는 중요한 힌트나 네게는 마음의 상처였을 일화들을 무시해 온 바람에 정확히 어떤 일이 있었는지 기억이 잘 안 나는구나. 생각나는 가장 최근 일은 프랑스 해변에서 보낸 네 생일이야. 그때 넌 친구 스무 명을 초대했고, 거대한 빠에야를 만들어 달랬고 했지. 음식은 멋지게 완성되었고, 그것을 보고 모두가 신났지.

그런데 친구들이 도착하기 30분 전쯤 네가 부엌으로 가더니 냉장고에서 비트 반 통을 꺼내 접시에 올려놓고 식탁에 앉더구나. 다 모여 파티가 시작되기 전에 저녁을 미리 먹어 두는 거였어(그것을 저녁 식사라고 부를 수 있다면 말이야). 그런 네 모습을 지켜보자니 비현실적으로 느껴지고 몹시 고통스러웠단다. 난 못 본 척하려고 최대한 노력했어. 안 그러면 이것이 얼마나 어이없는 상황인지 깨닫게 하려고 당장 그만두고 정신 차리라고 잔소리를 하게 될 것 같았거든.

M과 T는 상황을 눈치채고 걱정과 충격 섞인 눈길로 믿을 수 없다는 듯 나를 바라보았어. 그것은 내게 고문이었고, 지금 다시 떠올려도 여전히 고통스러울 정도야. 너를 멈추게 할 능력이 내게는 없다는 생각에 절망감이 들었어. 비슷한 다른 일화들도 있지만 어느 하나 다시는 떠올리기 싫구나.

그 일이 있고 한동안은 탈 없이 잘 지내는 것 같았다. 하지만 몇 달 뒤 섭식 장애 증세가 다시 시작되었고, 그런 너를 내가 또 보고 말았어. 내 딸은 어디서든 빛이 나고 사교적이고 이타적이면서 유머 감각과 카리스마까지 갖춘 완벽한 아이였는데. 넌 내가 인정하는 최고의 말벗이자, 최대한 시간을 함께 보내면서 무엇이든 공유하고 싶은 내 짝꿍이었는데 말이야. 넌 똑똑하고 상냥한 아이였어. 내 친구들에게 자랑스럽게 소개하고 어디든 데리고 다녔지. 넌 나를 가장 잘 이해하는 사람이었어. 전형적인 가족의 형태가 아닌 우리 같은 관계도 의지가 되고 안정감을 준다는 데 나와 생각이 같았으니까.

하지만 네 안에서는 괴물이 서서히 자라나고 있었어. 네 겉모습은 아직 꼬맹이 같았지만 행동은 전혀 그렇지 않았어. 혼란스러웠지. 괴물은 숨 막히도록 자기 강박적인 나르시시스트였다. 괴물은 셀카에 목숨 걸고 인스타의 '좋아요' 숫자에 집착했어. 괴물은 오로지 극적 상황 연출만을 위해 사는 것 같았어.

더 나쁜 소식은 괴물이 거짓말과 사실 조작을 숨 쉬듯 했다는 거야. 괴물은 F에게 가서 슬쩍 말하게 했어. 자신이 먹지 않는 이유는 그러는 것을 엄마가 좋아하지 않기 때문이라는 식으로 말이야. 괴물은 알고 있었지. 그 말을 들은 F가 속상해서 자기 엄마에게 털어놓을 테고, 그러면 그 엄마는 내게 와서 당신이 나쁜 엄마라며 나를 탓할 거라는 사실을. 생각하자니 눈물이 나는구나.

괴물이 꾸민 드라마는 독성이 강해서 나로서는 견디기가 힘들었어. 괴물은 나를 어두컴컴한 심연으로 끌어내렸고, 친구들과의 관계를 망가뜨렸어. 맥시, T, 그 밖의 여자친구 여럿과 점차 멀어졌지. 나는 이 괴물과의 모든 접점을 끊어야 했어. 내 건강한 인간관계와 온전한 정신을 지키고 걱정으로 이어지는 불면증과 소녀의 모습을 한 괴물이 천천히 죽어 가는 모습을 지켜보는 고통에서 벗어나려면 말이야.

나를 힘들게 한 또 한 가지는 네가 말라 갈수록 네 몸에 거부감이 커졌다는 거야. 나는 너를 만질 수도, 포옹을 하거나 껴안고 등을 토닥일 수도 없었어. 심지어는 볼에 가볍게 하는 뽀뽀하는 것마저 망설여졌지. 너를 만질 때마다 네가 닳아 사라지고 있다는 진실이 점점 더 강하게 의식되었기 때문이야. 결국 내가 낳은 딸, 우리 꼬맹이는 이미 죽었다고 치고 이제부터는 자식 없이 인생의 다음 단계로 나아가는 것이 차라리 쉽겠다는 생각이 들더구나.

그래서 지금 내가 이렇게 된 거란다. 슬픈 일이지. 그래도 한편으로는 자유로워. 더 이상 괴물과 함께 살지 않아도 되니까. 이제는 내 일상에서 극적인 일은 벌어지지 않아. 웃고 싶으면 웃을 수 있고 마음 편히 쉴 수 있어. 더 이상 레스토랑에 가거나, 식료품을 사거나, 냉장고에 정해진 물건만 넣어 놓고 귀리빵과 비트를 떨어지지 않게 조달하는 일에 신경 쓰지 않아도 돼. 괴물의 심기를 건드릴까 전전긍긍하는 일도, 괴물의 기분을 살펴서 괜찮은지 확인해야 할 일도 없지. 괴물의 일진이 좋든 나쁘든 더 이상 휘둘리지 않아. 조마조마해하면서 눈치 보지 않아도 되니 너무너무 좋단다. 지금 나는 내 인생을 즐길 수 있고, 자괴감이나 좌절에 시달리지 않아도 돼.

누군가 내게 물은 적이 있단다. 살면서 겪은 일 중에 내게 큰 영향을 준 일을 기억하느냐고.

너도 알다시피 너는 네 아빠와 내가 간절히 원해서 시험관으로 태어난 아이야. 일곱 번의 실패 끝에 마침내 너를 가졌을 때 나는 임신 기간 내내 아이가 잘못되면 어떡하지 걱정만 하면서 지냈다. 내 불안이 호르몬 수치를 높여서 너를 코르티솔 수치가 정상보다 높은 아이로 태어나게 만들었을까? 그것이 조금이라도 네 중독 증세에 책임 있을까? 어쩌면 그랬을 수도 있지 않겠니?

여덟 살, 아홉 살, 열 살 때 넌 아빠와 엄마가 이혼할지도 모른다는 걱정에 얽매여 있었어. 매일 밤 넌 고집스럽게 봉제 인형을 죄다 가져와 일렬로 줄 세우고 (4층인) 네 방 창문으로는 도둑이 들어올 수 없다는 것을 확인한 다음 엄마 아빠가 헤어지지 않을 것이라는 약속을 받아 내고 나서야 침대로 가서 잘 준비를 할 수 있었지. 난 매번 약속을 해 주었고 말이야. 그때 당시에는 갈라설 생각이 전혀 없었거든. 그 시절 우리의 결혼 생활은 안정적이었어. 최악의 악몽이 현실이 된 것은 네가 열한 살인가 열두 살이 되고 나서의 일이야.

그 사건 말고는 너는 (이혼한 사이이기는 해도) 양친 모두와 오빠의 사랑을 받으며 자랐다. 고모와 이모, 삼촌, 조부모 등 친척 어른들도 전부 널 사랑해. 너는 최고의 학교를 다녔고, 물질적 뒷바라지도 아낌없이 받았단다.

이 사실이 네 인생을 어떻게 이끌었을지는 오직 너만이 알 거야.

널 사랑하는 엄마가

감사의 말

먼저 코스모와 프랜시스에게 고맙다는 말을 하고 싶습니다. 두 사람은 책 집필만 도운 것이 아니라, 가장 암울하던 시절 나를 구원한 은인이기도 합니다. 변화하고 성장하도록 늘 힘이 되어 주는 내 치료사 칼라에게도 감사 인사를 전합니다.

레베카는 변함없는 응원과 격려를 보내는 고마운 사람입니다. 이런 사람을 동료라고 부를 수 있다니 너무나 큰 행운입니다. 애드와는 내게 많은 영감을 줍니다. 그녀 덕분에 재활이 즐거울 수 있다는 사실을 깨닫기도 했죠.

또한 쇼나가 없었다면 내가 지금 이 자리에 올 수 없었을 것입니다. 그녀의 조언과 지혜가 나를 사람다운 사람으로 빚어냈고, 이 책을 멋지게 완성시켰습니다.

왓킨스출판사의 모두에게도 감사드립니다. 특히 루시와 오스카는 나와 내 책을 믿고 기획을 추진하는 결단력을 보여 주었습니다.

부모님을 비롯한 가족들과 친구들도 떠오르네요. 그 긴 세월 나를 참고 견뎌 주어 고마운 심정 이루 다 표현할 수 없습니다. 다들 조건 없는 사랑과 믿음으로 내가 누구인지 스스로 깨달을 때까지 기다려 주었죠. 그중에서도 남동생 맥스는 내가 가장 형편없는 모습일 때 나의 가장 친한 친구이자 지지자가 되어 주었습니다.

마지막으로 제 남편 네이선 코헨포시 박사를 빼놓을 수 없습니다. 그가 아니었다면 이 책이 말 그대로 세상에 나올 수 없었기에 그가 보여 준 인내심과 격려에는 어떻게도 보답할 길이 없습니다. 당신의 한없는 사랑과 너그러운 성품을 믿고 내 글쓰기를 돕는 데 그렇게 많은 시간을 희생하게 해서 미안하게 생각해. 무엇보다 나조차 못 믿는 나를 믿어 주어서 고마워.

참고 자료

1 영국 웹사이트

치료 정보

- 상담료가 정해져 있지 않은 심리치료사의 명단: www. mind.org.uk/information-support/drugs-and-treatments/talking-therapy-and-counselling/how-to-find-a-therapist/
- 치료 유형, 상담을 온라인으로 받는지, 아니면 직접 방문해야 하는지, 그리고 상담료에 따라 심리치료사를 검색할 수 있는 상담실 명부: www.counselling-directory.org.uk

중독증별 환자 모임

- Alcoholics Anonymous: www.alcoholics-anonymous.org.uk
- Narcotics Anonymous: www.ukna.org
- Sex & Love Addicts Anonymous: www.slaauk.org
- Codependent Anonymous: www.codauk.org
- Overeaters Anonymous: www.oagb.org.u
- Gamblers Anonymous: www.gamblersanonymous.org.uk

기타

- AlAnon UK: www.al-anonuk.org.uk
- SMART Recovery: www.smartrecovery.org.uk

저자가 직접 가 본 치료센터

- Start2Stop: www.start2stop.co.uk
- Montrose Treatment Centre: www.montrosemanor.co.za

2 미국 웹사이트

치료 정보

- 미국심리학회. 소재지별 심리치료사 검색 서비스 제공: www.locator.apa.org
- 전미보건심리치료사 명부: www.findapsychologist.org

중독증별 환자 모임

- Alcoholic Anonymous: www.aa.org

- Narcotics Anonymous: www.na.org

- Sex and Love Addicts Anonymous: www.slaafws.org

- Codependent Anonymous: www.coda.org

- Overeaters Anonymous: www.oa.org

- Gamblers Anonymous: www.gamblersanonymous.org

- Anorexic & Bulimic Anonymous: www.aba12steps.org

기타

- AlAnon US: www.al-anon.org

- SMART Recovery: www.smartrecovery.org

3 한국 웹사이트

- 에이에이한국연합: www.aakorea.org

- 한국중독정신의학회: www.addictionacademy.org

- 지자체별 중독관리통합지원센터: 거주지의 센터 정보는 보건복지콜센터(129),
  정신건강상담전화(1577-0199)에서 확인 가능

- 한국마약퇴치운동본부: www.drugfree.or.kr, 상담 전화 1342

- 한국도박문제관리센터: 상담 전화 1336

1장 중독이란 무엇인가?

1   Brand, Gerard. "Paul Merson: My message to gambling addicts." SkySports, n.d. www.skysports. com/football/story-telling/15205/12499030/paul-merson-my-message-to-gambling-addicts

2   Martin, E A, and Tanya A McFerran. A Dictionary of Nursing. Oxford:Oxford University Press, 2008

3   "Is Addiction Really a Disease?" IU Health, 13 July 2023. iuhealth.org/thrive/is-addiction-really-a-disease

4   Crocq, Marc-Antoine. "Historical and Cultural Aspects of Man's Relationship with Addictive Drugs." Dialogues in Clinical Neuroscience 9, no. 4 (2007): 355–61. doi.org/10.31887/dcns.2007.9.4/macrocq

5   "Is A.A. for You?" Alcoholics Anonymous, 2023. www.aa.org/selfassessment

6   Genetics and Epigenetics of Addiction DrugFacts, August 2019. www.nida.nih.gov/publications/drugfacts/genetics-epigenetics-addiction

7   Liu, Mengzhen, Yu Jiang, Robbee Wedow, Yue Li, David M Brazel, Fang Chen, Gargi Datta, et al. "Association Studies of up to 1.2 Million Individuals Yield New Insights into the Genetic Etiology of Tobacco and Alcohol Use." Nature Genetics 51, no. 2 (2019): 237–44. doi.org/10.1038/s41588-018-0307-5

8   Duffy, V, J Peterson and L Bartoshuk. "Associations between Taste Genetics, Oral Sensation and Alcohol Intake." Physiology & Behavior 82, no. 2–3 (2004): 435–45. doi.org/10.1016/j.physbeh.2004.04.060

9   Edenberg, Howard J, and Tatiana Foroud. "Genetics and Alcoholism." Nature Reviews Gastroenterology & Hepatology 10, no. 8 (2013): 487–94. doi.org/10.1038/nrgastro.2013.86

10   Blum, Kenneth, David Baron, Lisa Lott, Jessica V Ponce, David Siwicki, Brent Boyett, Bruce Steinberg, et al. "In Search of Reward Deficiency Syndrome (RDS)-Free Controls: The 'Holy Grail' in Genetic Addiction Risk Testing." Current Psychopharmacology 9, no. 1 (2020): 7–21. doi.org/10.2174/2211556008666191111103152

11   Filbey, Francesca M. "Is Addiction a Reward Deficiency Syndrome?" Essay. In The Neuroscience of Addiction (Cambridge, Cambridge University Press, 2019), 55–55

12   Kótyuk, Eszter, Marc N Potenza, Kenneth Blum and Zsolt Demetrovics. "The Reward Deficiency Syndrome and Links with Addictive and Related Behaviors." Handbook of Substance Misuse and Addictions, 2022, 59–74. doi.org/10.1007/978-3-030-92392-1_3

13   Edenberg, Howard J. "The Genetics of Alcohol Metabolism: Role of Alcohol Dehydrogenase and Aldehyde Dehydrogenase Variants." Alcohol Research & Health 30, no. 1 (2007): 5–13

14   Lee, Jack J. "Alcohol, 'asian Glow' Mutation May Contribute to Alzheimer's Disease, Study Finds." News Center, 11 December 2019. www.med.stanford.edu/news/all-news/2019/12/alcohol-asian-glowmutation-may-contribute-to-alzheimers.html

15   Felitti, Vincent J, Robert F Anda, Dale Nordenberg, David F Williamson, Alison M Spitz, Valerie Edwards, Mary P Koss and James S Marks. "Relationship of Childhood Abuse and Household Dysfunction to Many of the Leading Causes of Death in Adults." American Journal of Preventive Medicine 14, no. 4 (1998): 245–58. doi.org/10.1016/s0749-3797(98)00017-8

16   16 Svanberg, Jenny. "The Impact of Early Life Adversity." Essay. In The Psychology of Addiction (London; New York: Routledge, Taylor et Francis Group, 2018), 55–56

2장   우리가 중독될 수 있는 많은 것들

1   Lembke, Anna. Dopamine Nation: Finding Balance in the Age of Indulgence. London: Headline Publishing Group, 2023

2   Rideout, Victoria J, Ulla G Foehr and Donald F Roberts. "Media in the Lives of 8- to 18-Year-Olds." Menlo Park, California: Kaiser Family Foundation, 2010

3   "ICD-11 for Mortality and Morbidity Statistics." World Health Organization, January 2023. http://id.who.int/icd/entity/338347362

4   Zendle, David, Rachel Meyer, Paul Cairns, Stuart Waters and Nick Ballou. "The Prevalence of Loot Boxes in Mobile and Desktop Games." Addiction 115, no. 9 (2020): 1768–72. doi.org/10.1111/add.14973

5   Clarkson, Adam. "Coronavirus: The Gamers Spending Thousands on Loot Boxes." BBC News, 13 November 2020. www.bbc.co.uk/news/ukengland-54906393

6   Sherer, James. "Internet Gaming." Psychiatry.org, January 2023. www.psychiatry.org/patients-families/internet-gaming

7   Mandriota, Morgan. "Gaming Disorder: Symptoms, Causes, and Treatments." Psych Central, 5 January 2022. www.psychcentral.com/addictions/gaming-disorder

8   Mohammad, Shabina, Raghad A Jan and Saba L Alsaedi. "Symptoms, Mechanisms, and Treatments of Video Game Addiction." Cureus, 2023. doi.org/10.7759/cureus.36957

9   Rajesh, Thipparapu, and Dr B Rangaiah. "Facebook Addiction and Personality." Heliyon 6, no. 1 (2020). doi.org/10.1016/j.heliyon.2020. e03184

10   Molino, Monica, Liliya Scafuri Kovalchuk, Chiara Ghislieri and Paola Spagnoli. "Work Addiction among Employees and Self-Employed Workers: An Investigation Based on the Italian Version of the Bergen Work Addiction Scale." Europe's Journal of Psychology 18, no. 3 (2022): 279–92. doi.org/10.5964/ejop.2607

11   Andreassen, Cecilie Schou, Mark D Griffiths, Jørn Hetland and Ståle Pallesen. "Development of a Work Addiction Scale." Scandinavian Journal of Psychology 53, no. 3 (2012): 265–72. doi.org/10.1111/j.1467-9450.2012.00947.x

12   "Gambling-Related Harms Evidence Review: Summary." Public Health England, 11 January 2023. www.gov.uk/government/publications/gambling-related-harms-evidence-review/gambling-related-harmsevidence-review-summary—2

13   "Tony Blair's Bet on Gambling Britain Has Spiralled Out of Control." The Guardian, 15 June 2023. www.theguardian.com/society/2023/jun/15/tony-blairs-bet-on-gambling-britain-has-spiralled-

out-of-control

14   Colon-Rivera, Hector. "What Is Gambling Disorder?" Psychiatry.org, August 2021. www.
      psychiatry.org/patients-families/gambling-disorder/what-is-gambling-disorder

15   Moreira, Diana, Andreia Azeredo and Paulo Dias. "Risk Factors for Gambling Disorder: A
      Systematic Review." Journal of Gambling Studies 39, no. 2 (2023): 483–511. doi.org/10.1007/
      s10899-023-10195-1

16   Ferris, Jackie, and Harold Wynne. "The Canadian Problem Gambling Index." Canadian Centre on
      Substance Abuse, 19 February 2001

17   "Problem Gambling Screens." Gambling Commission, n.d. www.gamblingcommission.gov.uk/
      statistics-and-research/publication/problem-gambling-screens

18   "Help for Problems with Gambling." NHS Choices, 8 January 2021. www.nhs.uk/live-well/
      addiction-support/gambling-addiction/

19   Murali, Vijaya, Rajashree Ray and Mohammed Shaffiullha. "Shopping Addiction." Advances in
      Psychiatric Treatment 18, no. 4 (2012): 263–69. doi.org/10.1192/apt.bp.109.007880

20   Granero, Roser, Fernando Fernández-Aranda, Gemma Mestre-Bach, Trevor Steward, Marta
      Baño, Amparo del Pino-Gutiérrez, Laura Moragas, et al. "Compulsive Buying Behavior: Clinical
      Comparison with Other Behavioral Addictions." Frontiers in Psychology 7 (2016). doi. org/10.3389/
      fpsyg.2016.00914

21   Maraz, Aniko, Mark D Griffiths and Zsolt Demetrovics. "The Prevalence of Compulsive Buying: A
      Meta-analysis." Addiction 111, no. 3 (2016): 408–19. doi.org/10.1111/add.13223

22   British Social Attitudes Survey. Government Equalities Office, 23 May 2013. www.gov.uk/
      government/publications/body-confidence-arapid-evidence-assessment-of-the-literature

23   Body Image Report. Mental Health Foundation, n.d. www.mentalhealth.org.uk/our-work/
      research/body-image-how-we-think-and-feel-aboutour-bodies/body-image-report-
      introduction

24   Bjornsson, Andri S, Elizabeth R Didie and Katharine A Phillips. "Body Dysmorphic Disorder."
      Dialogues in Clinical Neuroscience 12, no. 2 (2010): 221–32. doi.org/10.31887/dcns.2010.12.2/
      abjornsson

25   "Table 23, DSM-IV to DSM-5 Body Dysmorphic Disorder Comparison – DSM-5 …" DSM-5
      Changes: Implications for Child Serious Emotional Disturbance, June 2016. www.ncbi.nlm.nih.
      gov/books/NBK519712/table/ch3.t19/

26   The Knowledge Project, episode no. 159, Dr Anna Lembke: "Between Pleasure and Pain", n.d.

27   Granero, Roser, Fernando Fernández-Aranda, Gemma Mestre-Bach, Trevor Steward, Marta
      Baño, Amparo del Pino-Gutiérrez, Laura Moragas, et al. "Compulsive Buying Behavior: Clinical
      Comparison with Other Behavioral Addictions." Frontiers in Psychology 7 (2016). doi. org/10.3389/
      fpsyg.2016.00914

28   Fehrman, Elaine, Vincent Egan, Alexander N Gorban, Jeremy Levesley, Evgeny M Mirkes, and
      Awaz K Muhammad. Personality Traits and Drug Consumption, 2019. doi.org/10.1007/978-3-030-
      10442-9

29   Khantzian, Edward J. "The Self-Medication Hypothesis of Substance Use Disorders: A
      Reconsideration and Recent Applications." Harvard Review of Psychiatry 4, no. 5 (1997): 231–44.
      doi.org/10.3109/10673229709030550

3장 도취감을 좇아서

1   The Neurobiology of Drug Addiction, 2007. nida.nih.gov/sites/default/files/1922-the-neurobiology-of-drug-addiction.pdf.

2   Olds, James, and Peter Milner. "Positive Reinforcement Produced by Electrical Stimulation of Septal Area and Other Regions of Rat Brain." Journal of Comparative and Physiological Psychology 47, no. 6 (1954): 419–27. doi.org/10.1037/h0058775

3   Olds, James. "Pleasure Centers in the Brain." Scientific American 195, no. 4 (1956): 105–17. doi.org/10.1038/scientificamerican1056-105

4   Fisher, Helen, Arthur Aron, and Lucy L Brown. "Romantic Love: An fMRI Study of a Neural Mechanism for Mate Choice." Journal of Comparative Neurology 493, no. 1 (2005): 58–62. doi.org/10.1002/cne.20772

5   Earp, Brian D, Olga A Wudarczyk, Bennett Foddy and Julian Savulescu. "Addicted to Love: What Is Love Addiction and When Should It Be Treated?" Philosophy, Psychiatry & Psychology 24, no. 1 (2017): 77–92. doi.org/10.1353/ppp.2017.0011

6   Blum, Kenneth, Tonia Werner, Stefanie Carnes, Patrick Carnes, Abdalla Bowirrat, John Giordano, Marlene Oscar-Berman and Mark Gold. "Sex, Drugs, and Rock 'n' Roll: Hypothesizing Common Mesolimbic Activation as a Function of Reward Gene Polymorphisms." Journal of Psychoactive Drugs 44, no. 1 (2012): 38–55. doi.org/10.1080/02791072.2012.662112

7   Taylor, Petroc. "Mobile Network Subscriptions Worldwide 2028." Statista, 19 July 2023. www.statista.com/statistics/330695/number-ofsmartphone-users-worldwide/

8   Krach, Sören. "The Rewarding Nature of Social Interactions." Frontiers in Behavioral Neuroscience, 2010. doi.org/10.3389/fnbeh.2010.00022

9   Hristova, Dayana, Suzana Jovicic, Barbara Göbl, Sara de Freitas and Thomas Slunecko. "'Why Did We Lose Our Snapchat Streak?'. Social Media Gamification and Metacommunication." Computers in Human Behavior Reports 5 (2022): 100172. doi.org/10.1016/j.chbr.2022.100172

10   Satici, Seydi Ahmet, Emine Gocet Tekin, M Engin Deniz and Begum Satici. "Doomscrolling Scale: Its Association with Personality Traits, Psychological Distress, Social Media Use, and Wellbeing." Applied Research in Quality of Life 18, no. 2 (2022): 833–47. doi.org/10.1007/s11482-022-10110-7

11   Koepp, M J, R N Gunn, A D Lawrence, V J Cunningham, A Dagher, T Jones, D J Brooks, C J Bench and P M Grasby. "Evidence for Striatal Dopamine Release during a Video Game." Nature 393, no. 6682 (1998): 266–68. doi.org/10.1038/30498

12   Polish, Joe, and Gabor Maté. "BEST Explanation of Addiction I've Ever Heard: Dr Gabor Maté." YouTube, 2021. https://www.youtube.com/watch?v=AAJhl2egVtw

13   Joutsa, Juho, Jarkko Johansson, Solja Niemelä, Antti Ollikainen, Mika M Hirvonen, Petteri Piepponen, Eveliina Arponen, et al. "Mesolimbic Dopamine Release Is Linked to Symptom Severity in Pathological Gambling." NeuroImage 60, no. 4 (2012): 1992–99. doi.org/10.1016/j.neuroimage.2012.02.006

14   Linnet, J, E Peterson, D J Doudet, A Gjedde and A Møller. "Dopamine Release in Ventral Striatum of Pathological Gamblers Losing Money." Acta Psychiatrica Scandinavica 122, no. 4 (2010): 326–33. doi.org/10.1111/j.1600-0447.2010.01591.x

15   Skinner, Burrhus Frederic. Science and Human Behavior. New York: Free Press, 1953

16   Linnet, Jakob, Kim Mouridsen, Ericka Peterson, Arne Møller, Doris Jeanne Doudet and Albert Gjedde. "Striatal Dopamine Release Codes Uncertainty in Pathological Gambling." Psychiatry Research: Neuroimaging 204, no. 1 (2012): 55–60. doi.org/10.1016/j.pscychresns.2012.04.012

17   Anselme, Patrick, and Mike J Robinson. "What Motivates Gambling Behavior? Insight into Dopamine's Role." Frontiers in Behavioral Neuroscience 7 (2013). doi.org/10.3389/fnbeh.2013.00182

18   Rick, Scott I, Beatriz Pereira and Katherine A Burson. "The Benefits of Retail Therapy: Making Purchase Decisions Reduces Residual Sadness." Journal of Consumer Psychology 24, no. 3 (2013): 373–80. doi. org/10.1016/j.jcps.2013.12.004

19   Granero, Roser, Fernando Fernández-Aranda, Gemma Mestre-Bach, Trevor Steward, Marta Baño, Amparo del Pino-Gutiérrez, Laura Moragas, et al. "Compulsive Buying Behavior: Clinical Comparison with Other Behavioral Addictions." Frontiers in Psychology 7 (2016). doi. org/10.3389/fpsyg.2016.00914

20   Haupt, Angela. "Psychology Behind Online Shopping: Why It's So Addicting." TIME, 26 July 2022. time.com/6200717/online-shoppingpsychology-explained/

4장   절대 충분해지지 않는다

1   King, Daniel L, Madeleine C Herd and Paul H Delfabbro. "Tolerance in Internet Gaming Disorder: A Need for Increasing Gaming Time or Something Else?" Journal of Behavioral Addictions 6, no. 4 (2017): 525–33. doi.org/10.1556/2006.6.2017.072

2   "Facing Addiction in America: The Surgeon General's Report on Alcohol, Drugs and Health." Washington, D.C.: U.S. Department of Health & Human Services, Office of the Surgeon General, 2016. www.ncbi.nlm. nih.gov/books/NBK424849/#ch2.s8

3   "Facing Addiction in America: The Surgeon General's Report on Alcohol, Drugs and Health." Washington, D.C.: U.S. Department of Health & Human Services, Office of the Surgeon General, 2016

4   "Drugs and the Brain." National Institutes of Health, 22 March 2022. www.nida.nih.gov/publications/drugs-brains-behavior-scienceaddiction/drugs-brain

5   "The Science of Addiction." National Institute on Drug Abuse, 2020. www.nida.nih.gov/sites/default/files/soa.pdf

6   "Facing Addiction in America: The Surgeon General's Report on Alcohol, Drugs and Health." Washington, D.C.: U.S. Department of Health & Human Services, Office of the Surgeon General, 2016

7   MacKey, Boris. "The Addiction Cycle." Rehab 4 Addiction, 26 July 2021. www.rehab4addiction.co.uk/resources/addiction-cycle

8   "The Addiction Cycle: What Are the Stages of Addiction?" American Addiction Centers, 21 October 2022. www.americanaddictioncenters. org/the-addiction-cycle

9   Juser. "4 Behaviors That Occur during the Cycle of Addiction: Blog." Solstice Pacific. Accessed 11 November 2023. www.pacificsolstice.com/blog/4-behaviors-that-occur-during-the-cycle-of-addiction

10   Nash, J. "A Guide to Breaking the Cycle of Addiction." ALYST Health, 14 December 2022. www.alysthealth.com/guide-to-breaking-cycle-ofaddiction/

11   "What Is Process Addiction & Types of Addictive Behaviors?" American Addiction Centers, 11 August 2023. www.americanaddictioncenters. org/behavioral-addictions

12   Sussman, Steven Yale. The Cambridge Handbook of Substance and Behavioral Addictions. Cambridge: Cambridge University Press, 2020

13   Grant, Jon E, Judson A Brewer and Marc N Potenza. "The Neurobiology of Substance and Behavioral Addictions." CNS Spectrums 11, no. 12 (2006): 924–30. doi.org/10.1017/s109285290001511x

14   Brickman, P, and D T Campbell. "Hedonic relativism and planning the good society." In M H Appley (ed.), Adaptation level theory: A symposium (New York: Academic Press, 1971), 287–302

15   Frederick, S, and G Loewenstein. "Hedonic adaptation." In D Kahneman, E Diener and N Schwarz (eds.), Well-Being: The Foundations of Hedonic Psychology (Russell Sage Foundation, 1999), 302–329

16   Svanberg, Jenny. "You Can Teach an Old Dog New Tricks." Essay. In The Psychology of Addiction (London; New York: Routledge, Taylor et Francis Group, 2018), 63

5장   중독의 밑바닥: 황홀감 뒤에 따라오는 부작용

1   Maslow, Abraham H. Religions, Values, and Peak-Experiences. United States: Stellar Books, 2014

2   Maslow, Abraham H, and Robert Frager. Motivation and Personality. New Delhi: Pearson Education, 1987

3   Tedeschi, Richard G, and Lawrence G Calhoun. Posttraumatic Growth: Positive Changes in the Aftermath of Crisis. Edited by Crystal L Park. New York: Taylor and Francis Group, 1998

4   Taylor, Steve. "The Peak at the Nadir: Psychological Turmoil as the Trigger for Awakening Experiences." International Journal of Transpersonal Studies 32, no. 2 (2013): 1–12. doi.org/10.24972/ijts.2013.32.2.1

5   Joseph, Stephen. What Doesn't Kill Us: The New Psychology of Post-Traumatic Growth. New York: Basic Books, 2012

6   Joseph, Stephen, Ruth Williams and William Yule. "Changes in Outlook Following Disaster: The Preliminary Development of a Measure toAssess Positive and Negative Responses." Journal of Traumatic Stress 6, no. 2 (1993): 271–79. doi.org/10.1002/jts.2490060209

7   Stagg, R. "The Nadir Experience: Crisis, Transition, and Growth." Journal of Transpersonal Psychology 46, no. 1 (2014): 72–91

8   Taylor, Steve. Out of the Darkness: From Turmoil to Transformation. London: Hay House, 2011

9   Taylor, Steve. "Transformation through Suffering." Journal of Humanistic Psychology 52, no. 1 (2012): 30–52. doi.org/10.1177/0022167811404944

10   Tedeschi, Richard G, and Lawrence G Calhoun. Posttraumatic Growth: Positive Changes in the Aftermath of Crisis. Edited by Crystal L Park. New York: Taylor and Francis Group, 1998

11   Stagg, R. "The Nadir Experience: Crisis, Transition, and Growth." Journal of Transpersonal Psychology 46, no. 1 (2014): 72–91

12   Foster, Steven, and Meredith Little. The Roaring of the Sacred River: The Wilderness Quest for Vision and Self-Healing. New York: Prentice Hall Press, 1989

13   Fosh, Talitha, and Francis Lickerish. Personal interview for Hooked, 12 April 2023

6장   진실을 마주할 수 있는가?

1   Bennett, Matthew D, and Rick McNeese. "Introduction to Substance Abuse." First Step Recovery, Inc., 10 September 2023

2   Bailey, Ryan, and Jose Pico. "Defense Mechanisms." StatPearls, 22 May 2023. www.ncbi.nlm.nih.gov/books/NBK559106/

3   "Projection." Psychology Today. Accessed 12 September 2023. www.psychologytoday.com/gb/basics/projection

4   Bennett, Matthew D, and Rick McNeese. "Introduction to Substance Abuse." First Step Recovery, Inc., 10 September 2023

5   "APA Dictionary of Psychology." American Psychological Association. Accessed 11 November 2023. dictionary.apa.org/Denial

6   Rinn, William, Nitigna Desai, Harold Rosenblatt and David R Gastfriend. "Addiction Denial and Cognitive Dysfunction." Journal of Neuropsychiatry and Clinical Neurosciences 14, no. 1 (2002): 52–57. doi. org/10.1176/jnp.14.1.52

7   Mcleod, Saul. "Defense Mechanisms in Psychology Explained (+ Examples)." Simply Psychology, 24 October 2023. www.simplypsychology.org/defense-mechanisms.html

8   Tyrrell, Patrick, Seneca Harberger, Caroline Schoo and Waquar Siddiqui. "Kubler-Ross Stages of Dying and Subsequent Models of Grief." StatPearls, 26 February 2023. www.ncbi.nlm.nih.gov/books/NBK507885/

9   Bailey, Ryan, and Jose Pico. "Defense Mechanisms." StatPearls, 22 May 2023. www.ncbi.nlm.nih.gov/books/NBK559106/

10   Svanberg, Jenny. "But Addicts Are All in Denial! How Can You Help Someone If They Don't Want Help." Essay. In The Psychology of Addiction(London; New York: Routledge, Taylor et Francis Group, 2018), 64–66

11   Anderson, Charity. "Addiction Denial: Symptoms, Behaviors & How to Help." Edited by Amelia Sharp and Ryan Kelley. American Addiction Centers, 22 August 2023. www.americanaddictioncenters.org/rehabguide/addiction-denial

12   Rinn, William, Nitigna Desai, Harold Rosenblatt and David R Gastfriend. "Addiction Denial and Cognitive Dysfunction." Journal of Neuropsychiatry and Clinical Neurosciences 14, no. 1 (2002): 52–57. doi. org/10.1176/jnp.14.1.52

13   Fosh, Talitha, and Francis Lickerish. Personal interview for Hooked, 12 April 2023

14   U.S. Department of Health and Human Services and Elinore F McCance-Katz, Enhancing

Motivation for Change in Substance Use Disorder Treatment (2019)

15 Department of Health and Human Services and Arnold M Washton, Approaches to Drug Abuse Counselling (2019)

16 Maté, Gabor. "A Word to Families, Friends and Caregivers." Essay. In In the Realm of Hungry Ghosts: Close Encounters with Addiction (London: Vermillion, an imprint of Ebury Publishing, 2018), 378

17 "FAQ – Al-Anon Family Groups." Al-Anon, 17 April 2023. www.al-anonuk.org.uk/getting-help/faq/

18 Maté, Gabor. "A Word to Families, Friends and Caregivers." Essay. In In the Realm of Hungry Ghosts: Close Encounters with Addiction (London: Vermillion, an imprint of Ebury Publishing, 2018), 380

19 Heshmat, Shahram. "The Role of Denial in Addiction." Psychology Today, 13 November 2018. www.psychologytoday.com/gb/blog/science-choice/201811/the-role-denial-in-addiction

7장 패턴 깨기

1 Fennell, Melanie J. "Low Self-Esteem: A Cognitive Perspective." Behavioural and Cognitive Psychotherapy 25, no. 1 (1997): 1–26. doi.org/10.1017/s1352465800015368

2 "Cognitive Behavioral Model of Low Self-Esteem (Fennell, 1997)." Psychology Tools. Accessed 18 September 2023. www.psychologytools.com/resource/cognitive-behavioral-model-of-low-self-esteem-fennell-1997/

3 "Core Beliefs, Attitudes & Rules in CBT." Psychology Therapy, 2 July 2023. www.psychologytherapy.co.uk/blog/core-beliefs-and-attitudesrules-and-assumptions-in-cognitive-behavioural-therapy-cbt/

4 Fenn, Kristina, and Majella Byrne. "The Key Principles of Cognitive Behavioural Therapy." InnovAiT: Education and inspiration for general practice 6, no. 9 (2013): 579–85. doi.org/10.1177/1755738012471029

5 Cowan, Henry R, Dan P McAdams and Vijay A Mittal. "Core Beliefs in Healthy Youth and Youth at Ultra High-Risk for Psychosis: Dimensionality and Links to Depression, Anxiety, and Attenuated Psychotic Symptoms." Development and Psychopathology 31, no. 1 (2018): 379–92. doi.org/10.1017/s0954579417001912

6 Beck, Judith S. Cognitive behavior therapy: Basics and beyond. 3rd ed. New York: The Guilford Press, 2021

7 Martiros, Nuné, Alexandra A Burgess, and Ann M Graybiel. "Inversely Active Striatal Projection Neurons and Interneurons Selectively Delimit Useful Behavioral Sequences." Current Biology 28, no. 4 (2018). doi.org/10.1016/j.cub.2018.01.031

8 Jeffrey Gaines, Ph.D. "How Are Habits Formed? The Psychology of Habit Formation." Positive Psychology, 20 September 2023. www.positivepsychology.com/how-habits-are-formed/

9 Leotti, Lauren A, Sheena S Iyengar and Kevin N Ochsner. "Born to Choose: The Origins and Value of the Need for Control." Trends in Cognitive Sciences 14, no. 10 (2010): 457–63. doi.org/10.1016/j.tics.2010.08.001

10   Antonatos, Lydia. "Fear of Change: Causes, Getting Help, & Ways to Cope." Edited by Rajy Albuhosn. Choosing Therapy, 29 April 2022. www.choosingtherapy.com/fear-of-change/

11   Lewis, Ralph. "What Actually Is a Belief? And Why Is It So Hard To Change?" Edited by Ekua Hagan. Psychology Today, 7 October 2018. www.psychologytoday.com/gb/blog/finding-purpose/201810/whatactually-is-belief-and-why-is-it-so-hard-change

12   Lembke, Anna. "Dopamine Fasting." Essay. In Dopamine Nation: Finding Balance in the Age of Indulgence (London: Headline Publishing Group, 2023), 76–77

13   Lawler, Moira. "How to Do a Digital Detox." Edited by Seth Gillihan. Everyday Health, 4 August 2023. www.everydayhealth.com/emotionalhealth/how-to-do-a-digital-detox-without-unplugging-completely/

14   Cherry, Kendra. "The Benefits of Doing a Digital Detox." Edited by Claudia Chaves. Verywell Mind, 31 October 2023. www.verywellmind.com/why-and-how-to-do-a-digital-detox-4771321

15   "Stages of Change Model." Loma Linda School of Medicine. Accessed 3 October 2023. www.medicine.llu.edu/academics/resources/stageschange-model

16   Prochaska, James O, and Wayne F Velicer. "The Transtheoretical Model of Health Behavior Change." American Journal of Health Promotion 12, no. 1 (1997): 38–48. doi.org/10.4278/0890-1171-12.1.38

17   Jeffrey Gaines, Ph.D. "How Are Habits Formed? The Psychology of Habit Formation." Positive Psychology, 20 September 2023. www.positivepsychology.com/how-habits-are-formed/

18   Brewer, Judson. "How to Break Up with Your Bad Habits." Harvard Business Review, 16 December 2019. hbr.org/2019/12/how-to-break-upwith-your-bad-habits

19   Gardner, Benjamin, Phillippa Lally and Jane Wardle. "Making Health Habitual: The Psychology of 'Habit-Formation' and General Practice." British Journal of General Practice 62, no. 605 (2012): 664–66. doi.org/10.3399/bjgp12x659466

20   Lally, Phillippa, Jane Wardle and Benjamin Gardner. "Experiences of Habit Formation: A Qualitative Study." Psychology, Health & Medicine 16, no. 4(2011): 484–89. doi.org/10.1080/135485 06.2011.555774

21   Gardner, Benjamin, Phillippa Lally and Jane Wardle. "Making Health Habitual: The Psychology of 'Habit-Formation' and General Practice." British Journal of General Practice 62, no. 605 (2012): 664–66. doi.org/10.3399/bjgp12x659466

22   Frothingham, Scott. "How Long Does It Actually Take to Form a New Habit?" Edited by Timothy J Legg. Healthline, 24 October 2019. www.psychcentral.com/health/need-to-form-a-new-habit

23   Lally, Phillippa, Cornelia H van Jaarsveld, Henry W Potts and Jane Wardle. "How Are Habits Formed: Modelling Habit Formation in the Real World." European Journal of Social Psychology 40, no. 6 (2009): 998–1009. doi.org/10.1002/ejsp.674

24   Wood, Alex M, Jeffrey J Froh and Adam W A Geraghty. "Gratitude and Well-Being: A Review and Theoretical Integration." Clinical Psychology Review 30, no. 7 (2010): 890–905. doi.org/10.1016/j.cpr.2010.03.005

25   Fosh, Talitha, and Cosmo Duff Gordon. Personal interview for Hooked, 5 April 2023

26   Hari, Johann. "Everything You Think You Know About Addiction Is Wrong." TED Talk, June 2015

27   Alexander, Bruce K, Barry L Beyerstein, Patricia F Hadaway and Robert B Coambs. "Effect of Early and Later Colony Housing on Oral Ingestion of Morphine in Rats." Pharmacology Biochemistry and Behavior 15, no. 4(1981): 571–76. doi.org/10.1016/0091-3057(81)90211-2

8장 기분에 휘둘리지 않고 기분을 잘 다루는 방법

1   Tseng, Julie, and Jordan Poppenk. "Brain Meta-State Transitions Demarcate Thoughts across Task Contexts Exposing the Mental Noise of Trait Neuroticism." Nature Communications 11, no. 1 (2020). doi. org/10.1038/s41467-020-17255-9

2   Maté, Gabor. In the Realm of Hungry Ghosts: Close Encounters with Addiction. London: Vermillion, an imprint of Ebury Publishing, 2018

3   Maté, Gabor. "The Keys of Paradise." Essay. In In the Realm of Hungry Ghosts: Close Encounters with Addiction (London: Vermillion, an imprint of Ebury Publishing, 2018), 39

4   Fosh, Talitha, and Cosmo Duff Gordon. Personal interview for Hooked, 5 April 2023

5   Czeisler, Mark, Rashon I Lane, Emiko Petrosky, Joshua F Wiley, Aleta Christensen, Rashid Njai, Matthew D Weaver, et al. "Mental Health, Substance Use, and Suicidal Ideation during the COVID-19 Pandemic – United States, June 24–30, 2020." Morbidity and Mortality Weekly Report 69, no. 32 (2020): 1049–57. doi.org/10.15585/mmwr.mm6932a1

6   Allen, Joshua George, John Romate and Eslavath Rajkumar. "Mindfulness-Based Positive Psychology Interventions: A Systematic Review." BMC Psychology 9, no. 1 (2021). doi.org/10.1186/ s40359-021-00618-2

7   "Breath Meditation: A Great Way to Relieve Stress." Harvard Health, 15 April 2014. www.health. harvard.edu/mind-and-mood/breathmeditation-a-great-way-to-relieve-stress

8   Kabat-Zinn, Jon. Full Catastrophe Living: Using the Wisdom of Your Body and Mind to Face Stress, Pain, and Ollness. New York: Bantam Books, 2013

9   Cox, Janelle. "Finding Peace: 7 Principles of Mindfulness." Edited by Cheryl Crumpler. Psych Central, 30 June 2022. www.psychcentral.com/blog/non-judging-non-striving-and-the-pillars-of-mindfulnesspractice#7-principles

10 "9 Attitudes Jon Kabat Zinn." YouTube, mindfulnessgruppen, 2015. www.youtube.com/ watch?v=2n7FOBFMvXg

11 "Emotional Wellness Toolkit." National Institutes of Health, 8 August 2022. www.nih.gov/health-information/emotional-wellness-toolkit

12 De-Sola Gutiérrez, José, Fernando Rodríguez de Fonseca and Gabriel Rubio. "Cell-Phone Addiction: A Review." Frontiers in Psychiatry 7 (2016). doi.org/10.3389/fpsyt.2016.00175

13 Kerai, Alex. "2023 Cell Phone Usage Statistics: Mornings Are for Notifications." Reviews.org, 30 August 2023. www.reviews.org/mobile/cell-phone-addiction/

14 Liu, Huan, Zhiqing Zhou, Long Huang, Ergang Zhu, Liang Yu and Ming Zhang. "Prevalence of Smartphone Addiction and Its Effects on Subhealth and Insomnia: A Cross-Sectional Study among Medical Students." BMC Psychiatry 22, no. 1 (2022). doi.org/10.1186/s12888-022-03956-6

15 Maté, Gabor. "The Four Steps, Plus One." Essay. In In the Realm of Hungry Ghosts: Close Encounters with Addiction (London: Vermillion, an imprint of Ebury Publishing, 2018), 358–59

16 Ledochowski, Larissa, Gerhard Ruedl, Adrian H Taylor and Martin Kopp. "Acute Effects of Brisk Walking on Sugary Snack Cravings in Overweight People, Affect and Responses to a Manipulated Stress Situation and to a Sugary Snack Cue: A Crossover Study." PLOS ONE 10, no. 3 (2015). doi. org/10.1371/journal.pone.0119278

9장 도움을 구할 줄 알아야 회복할 수 있다

1   "Historical Data." Alcoholics Anonymous, Great Britain. Accessed 12 November 2023. www.
     alcoholics-anonymous.org.uk/about-aa/historical-data

2   "Our Approach." SMART Recovery, 2022. www.smartrecovery.org/ourapproach/

3   "ABC Crash Course." SMART Recovery, 2022. www.smartrecovery.org/smart-recovery-toolbox/
     abc-crash-course/

4   Fosh, Talitha, and Rebecca McGurrell. Personal interview for Hooked, 30 May 2023

5   Margarita Tartakovsky, MS. "Art Therapy Exercises to Try at Home." Psych Central, 6 August 2011.
     www.psychcentral.com/blog/art-therapyexercises-to-try-at-home#1

6   Malchiodi, Cathy A. Handbook of Art Therapy, second edition. New York: Guilford Publications, 2012

7   Stuckey, Heather L, and Jeremy Nobel. "The Connection Between Art, Healing, and Public Health:
     A Review of Current Literature." American Journal of Public Health 100, no. 2 (2010): 254–63. doi.
     org/10.2105/ajph.2008.156497

8   Malchiodi, Cathy. The Art Therapy Sourcebook. Chicago, IL: Contemporary, 1999

9   Aletraris, Lydia, Maria Paino, Mary Bond Edmond, Paul M Roman and Brian E Bride. "The Use of Art
     and Music Therapy in Substance Abuse Treatment Programs." Journal of Addictions Nursing 25,
     no. 4 (2014): 190–96. doi.org/10.1097/jan.0000000000000048

10   "How We Work." Music Therapy Works. Accessed 12 November 2023. www.musictherapyworks.
     co.uk/what-happens-in-a-music-therapysession

11   "Music Therapy: Using the Power of Music." British Association for Music Therapy. Accessed
     12 November 2023. www.bamt.org/content/5078/Live/document/What%20is%20Music%20
     Therapy%20leaflet.pdf

12   Hohmann, Louisa, Joke Bradt, Thomas Stegemann, and Stefan Koelsch. "Effects of Music Therapy
     and Music-Based Interventions in the Treatment of Substance Use Disorders: A Systematic
     Review." PLOS ONE 12, no. 11 (2017). doi.org/10.1371/journal.pone.0187363

13   Witte, Martina de, Ana da Pinho, Geert-Jan Stams, Xavier Moonen, Arjan E R Bos and Susan van
     Hooren. "Music Therapy for Stress Reduction: A Systematic Review and Meta-Analysis." Health
     Psychology Review 16, no. 1 (2020): 134–59. doi.org/10.1080/17437199.2020.1846580

14   Ghetti, Claire, Xi-Jing Chen, Annette K Brenner, Laurien G Hakvoort, Lars Lien, Jorg Fachner and
     Christian Gold. "Music Therapy for People with Substance Use Disorders." Cochrane Database of
     Systematic Reviews 2022, no. 5 (2022). doi.org/10.1002/14651858.cd012576.pub3

15   Baikie, Karen A, and Kay Wilhelm. "Emotional and Physical Health Benefits of Expressive Writing."
     Advances in Psychiatric Treatment 11, no. 5 (2005): 338–46. doi.org/10.1192/apt.11.5.338

10장 천천히 한 걸음씩

1   Melemis, Steven M. "Relapse Prevention and the Five Rules of Recovery." The Yale Journal of Biology and Medicine 88, no. 3 (September 2015): 325–32

2   "Treatment and Recovery." National Institutes of Health, 25 September 2023. www.nida.nih.gov/publications/drugs-brains-behavior-scienceaddiction/treatment-recovery

3   Smyth, B P, J Barry, E Keenan and K Ducray. "Lapse and Relapse Following Inpatient Treatment of Opiate Dependence." Irish Medical Journal 103, no. 6 (June 2010): 176–79

4   Liese, Bruce S, and Aaron T Beck. Cognitive-Behavioral Therapy of Addictive Disorders. New York: London, 2022

5   Stewart, Jane. "Pathways to Relapse: The Neurobiology of Drug- and Stress-Induced Relapse to Drug-Taking." Journal of Psychiatry and Neuroscience 25, no. 2 (2000): 125–36

6   Stewart, Jane. "Psychological and Neural Mechanisms of Relapse." Philosophical Transactions of the Royal Society B: Biological Sciences 363, no. 1507 (2008): 3147–58. doi.org/10.1098/rstb.2008.0084

7   Sinha, Rajita. "How Does Stress Increase Risk of Drug Abuse and Relapse?" Alcohol Research 34, no. 4 (2012): 432–40

8   Jupp, B, E Krstew, G Dezsi and A J Lawrence. "Discrete Cue-Conditioned Alcohol-Seeking after Protracted Abstinence: Pattern of Neural Activation and Involvement of Orexin1 Receptors." British Journal of Pharmacology 162, no. 4 (2011): 880–89. doi.org/10.1111/j.1476-5381.2010.01088.x

9   Perry, Christina J, Isabel Zbukvic, Jee Hyun Kim and Andrew J Lawrence. "Role of Cues and Contexts on Drug-Seeking Behaviour." British Journal of Pharmacology 171, no. 20 (2014): 4636–72. doi.org/10.1111/bph.12735

10   Marlatt, Alan, and Judith R Gordon. Relapse Prevention: Maintenance Strategies in the Treatment of Addictive Behaviors. New York: Guilford Press, 1985

11   Marlatt, G Alan. "Taxonomy of High-Risk Situations for Alcohol Relapse: Evolution and Development of a Cognitive-Behavioral Model." Addiction 91, no. 12 (1996): 37–50. doi.org/10.1046/j.1360-0443.91.12s1.15.x

12   Melemis, Steven M. "Relapse Prevention and the Five Rules of Recovery." The Yale Journal of Biology and Medicine 88, no. 3 (September 2015): 325–32

13   Fosh, Talitha, and Francis Lickerish. Personal interview for Hooked, 12 April 2023

14   Lembke, Anna. "Radical Honesty." Essay. In Dopamine Nation: Finding Balance in the Age of Indulgence (London: Headline Publishing Group, 2023), 182

15   "Relapse, Verb – Definition, Pictures, Pronunciation and Usage Notes." Oxford Learner's Dictionary, 2023. www.oxfordlearnersdictionaries.com/definition/american_english/relapse_2

훅트

초판 1쇄 인쇄 2026년 3월 4일
초판 1쇄 발행 2026년 3월 13일

지은이 탈리타 포시
옮긴이 최가영

책임편집 김혜영
디자인 둘셋
책임마케팅 최혜령, 박지수, 도우리, 양지환, 송지은, 박주미
마케팅 콘텐츠IP사업본부
해외사업 한승빈, 박고은
전자책 김주리
경영지원 백선희, 권영환, 최민선, 이기경, 강아현
제작 재영P&B

펴낸이 서현동
펴낸곳 ㈜오팬하우스
출판등록 2024년 5월 16일 제2024-000141호
주소 서울특별시 강남구 테헤란로 419, 11층 (삼성동, 강남파이낸스플라자)
이메일 info@ofh.co.kr

ⓒ 탈리타 포시

ISBN 979-11-7577-153-6(03180)

- 이 책은 저작권법에 따라 보호받는 저작물이므로 무단전재와 무단복제를 금지하며,
  이 책 내용의 전부 또는 일부를 사용하려면 반드시 저작권자와 ㈜오팬하우스의 서면동의를 받아야 합니다.
- 책값은 뒤표지에 표시되어 있습니다.
- 잘못된 책은 구입하신 서점에서 바꿔드립니다.